| 열정의 **신앙** |

모든 인간은 하나님의 형상을 닮은 존엄한 존재입니다. 전 세계의 모든 사람들은 인종, 민족, 피부색, 문화, 언어에 관계없이 존귀합니다. 예영커뮤니케이션은 이러한 정신에 근거해 모든 인간이 존귀한 삶을 사는 데 필요한 지식과 문화를 예수 그리스도의 사랑으로 보급함으로써 우리가 속한 사회에 기여하고자 합니다.

Mission Statement

하나님이 당신의 삶을 바꾸신다
열정의 신앙

지은이 · 정성진
초판 1쇄 찍은날 · 2005년 9월 2일
초판 1쇄 펴낸날 · 2005년 9월 12일
펴낸이 · 김승태
편집 · 김승태
등록번호 · 제2-1349호(1992. 3. 31)
펴낸곳 · 예영커뮤니케이션
　　　　110-616 서울 광화문우체국 사서함 1661
　　　　유통사업부 T. (02)766-7912 F. (02)766-8934 E-mail: marketer@jeyoung.com
　　　　출판사업부 T. (02)766-8931 F. (02)766-8934 E-mail: edit@jeyoung.com
　　　　홈페이지 www.jeyoung.com

ISBN 89-8350-365-3   03230

copyright ⓒ 2005, 정성진

값 10,000원

• 잘못 만들어진 책은 교환해 드립니다.

| 하나님이 우리의 삶을 바꾸어 가신다 |

열정의 신앙

정성진 지음

예영커뮤니케이션

| 머리말 |

문득 학창 시절 좋아했던 영랑의 시 "돌담에 속삭이는 햇발"의 '새 악시 볼에 떠오는 부끄럼 같이' 라는 구절이 생각납니다. 설교집을 내면서 감사하고 기쁜 마음인 한편, 새악시 같은 부끄러운 마음이 드는 것을 감출 수가 없습니다.

설교는 제게 있어서 늘 짐스러운 작업입니다. 그러나 이 짐을 짊으로 인해 하나님과 동행함을 느낍니다. 그래서 감사하고 큰 힘이 됩니다. 그러면서도 설교를 준비할 때면 늘 아쉬운 마음뿐입니다. '왜 일찍 열심히 공부하지 않았던가? 성경을 깊이 연구하지 못했던가?' 하는 생각을 합니다.

이런 저의 설교를 통해 은혜 받는 성도님들을 생각하면 송구스럽기 그지없습니다. 그래서 최선을 다하고자 노력하지만, 언제나 부족하기에 나태해질 틈이 없고 한 눈을 팔래야 팔 수가 없습니다. 오늘도 양식을 기다리는 성도들을 생각하며 더 좋은 양식을 준비하려고 몸부림을 쳐봅니다. 이것이 저의 목회를 지탱해 주는 힘이 아닌가 생각해 봅니다.

하나님은 언제나 제게 과분한 은혜를 주십니다. 금번에도 아름다운 교회를 건축하고 입당하는 은혜를 주셨습니다. 온 성도들이 한마음으로 3년 동안 기도하며 성전을 건축하는 동안 성도들의 믿음이 견고해지고 교세가 배가 되는 놀라운 은혜를 받았습니다. 저는 건축하는 동안 건축에 대한 설교를 몇 차례 하지 않았습니다. 그 대신 보이지 않는 성전을 견고하게 지을 수 있도록 믿음을 크게 하는 데 초점을 맞추었습니다. 그 결과, 온 성도들의 믿음이 견고한 반석 위에 서고 큰 믿음을 갖게 되어 성전 건축을 무사히 마치게 되었습니다.

이와 함께 입당을 기념하여 『열정의 신앙』이라는 제목으로 설교집을 내는 은혜 또한 허락하셨습니다. 직접 설교를 고르고 책을 만드는 데 수고를 아끼지 않으신 예영커뮤니케이션 대표 김승태 집사님께 감사의 말씀을 드립니다.

건축에 앞장서서 큰 역사를 이루신 건축위원들과 장로님들 그리고 온 성도들에게도 감사를 드립니다. 그리고 기도로 내조하는 아내에게도 감사의 마음을 전합니다.

2005년 9월 4일
일산광성교회 담임목사
정성진

CONTENTS

| 차례 |

머리말 · 4

1장
하나님은 언제나 당신 곁에 있다
01_약한 자를 위로하시는 하나님 · 10
02_영원한 본향을 향해 가는 순례자 · 26
03_사명이 없는 사람은 없다 · 39
04_환난을 당당히 기뻐하라 · 53
05_인생의 경주에서 승리하라 · 68

2장
나그네처럼 가볍게 살아라
06_자유인, 속박을 벗어 던져라 · 84
07_천국을 향해 가는 나그네 · 97
08_새로운 피조물로 거듭난 새 사람 · 111
09_포도원을 허는 여우를 잡아라 · 125

CONTENTS

3장
기도로 이루지 못할 일은 없다
10_ 한 백부장의 믿음 · 136
11_ 세상의 모든 고통을 덮는 기쁨 · 159
12_ 인생을 경영하는 신앙의 CEO · 172
13_ 영혼이 건강하면 만사가 형통하다 · 186

4장
하나님이 당신의 인생을 바꾸신다
14_ 하나님이 당신의 인생을 바꾸신다 · 200
15_ 진리 안에서 자유를 누리는 에덴동산 · 214
16_ 당신은 종으로 부르심을 받았다 · 227
17_ 사랑을 가득 담은 큰 그릇이 되라 · 239

5장
당신은 이 땅의 거룩한 씨앗이다
18_ 당신 한 사람이 중요하다 · 252
19_ 하나님을 느끼게 하라 · 262
20_ 진정한 애국 · 274
21_ 당신은 이 땅의 거룩한 씨앗이다 · 287

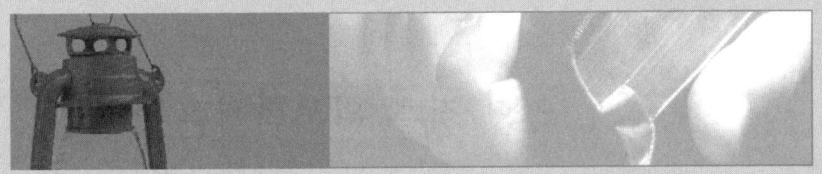

1장 | 하나님은 언제나 당신 곁에 있다

테레사 수녀가 인도의 캘커타에 큰 보육원을 짓겠다고 발표했습니다. 기자들이 몰려와 물었습니다. 건축 기금이 얼마나 준비되었습니까? 테레사 수녀가 책상 위에 동전 3개를 올려놓더니 지금 준비된 것은 여기 있는 3실링뿐입니다. 기자들이 그 말을 듣고 웃었습니다. 그 때 테레사 수녀는 진지하게 말했습니다. 이 3실링이 하나님의 것이 될 때 불가능한 일은 없습니다. 3실링은 믿음의 씨앗이 되었고, 보육원은 완성되었습니다. 테레사 수녀는 하나님이 그와 함께 일하심을 온전히 믿었고, 그 신뢰를 바탕으로 헌신할 수 있었습니다. 참된 헌신은 온전한 신뢰를 포함합니다. 야곱은 예배와 십일조의 헌신을 다짐했습니다. 그것을 지켰고, 하나님은 그를 큰 부자가 되도록 축복해 주셨습니다. 즉 헌신은 축복의 통로입니다. 예배와 헌금 그리고 온 마음과 마음속의 걱정까지 드리는 헌신자에게 축복이 임하게 됩니다.

"만군의 여호와가 이르노라 너희의 온전한 십일조를 창고에 들여 나의 집에 양식이 있게 하고 그것으로 나를 시험하여 내가 하늘 문을 열고 너희에게 복을 쌓을 곳이 없도록 붓지 아니하나 보라"(말라기 3장 10절)

야곱의 하나님은 약한 자를 위로하시는 하나님이십니다. 외로운 자의 친구가 되시며, 헌신하는 자를 축복하시는 하나님이십니다. 그 야곱의 하나님이 지금도 살아 계셔서 우리의 하나님이 되십니다. 또한 죄에 빠져 죽은 우리를 위해 독생자 예수그리스도를 사닥다리로 세워 주시고, 그 위로 오를 수 있도록 연약한 우리를 구원해 주셨습니다. 또한 고독에 몸부림치는 우리에게 찾아오셔서 친구가 되어 주셨습니다.

주님은 우리에게 그분과 함께 걷는 행복을 가르쳐 주셨습니다. 그리고 헌신의 기쁨을 가르쳐 주셨습니다. 몸과 마음, 물질과 걱정, 염려까지도 다 내어드립시다. 주님이 주시는 위로와 평강과 축복이 가득하게 될 것입니다.

01_ 약한 자를 위로하시는 하나님

| 창세기 28장 10-22절 |

지금으로부터 2,590년 전, 유다 왕국은 풍전등화의 위기에 놓여 있었습니다. 바벨론의 느부갓네살이 예루살렘을 포위한 지도 여러 달, 식량이 바닥나고 더 이상 버틸 힘도 없던 유다 왕국은 멸망을 목전에 두고 있었습니다. 그때 하나님이 예레미야 선지자에게 말씀하셨습니다.

"조금 있으면 네 사촌 하나엘이 네게 와서 아나돗에 있는 내 밭을 사라고 할 것이니 너는 그 밭을 사 두어라."

그 말이 끝나자마자 감옥에 갇혀 있던 예레미야에게 하나엘이 찾아왔고, 밭을 사라고 권유하게 됩니다. 예레미야는 하나님의 명령대로 밭을 사고 그 증서를 토기에 담아 인봉하고 땅 속에 묻어 두었습니다. (렘 32:1-15)

이 이야기가 우리에게 어떤 의미가 있습니까? 예레미야 그 자신은 감옥에 갇혀 있고, 나라는 망할 위기에 처했습니다. 희망이 끊어지고 더 이상 아무런 소망이 없던 상황임에도 불구하고 예레미야는 결코 포기하지 않았습니다. 하나님의 말씀을 의지하여 소망을 놓지 않았습니다.

몇 년 전부터 우리 나라의 경제 상황이 장기 침체에 접어들면서 호전이 더뎌지고 있습니다. 이제는 말로만 어려운 것이 아니라 모든 국민이 피부로 느낄 정도가 되었습니다. 신용불량자가 400만 명을 넘었고, 실업자가 100만 명을 헤아릴 정도입니다. 부도로 문을 닫는 회사가 늘어났고, 문을 열고도 파리만 날리는 상점들도 가득합니다. 이런 경제난 속에서 정치권은 보수와 진보가 대립하면서 서민의 경제와 이익은 제쳐두고 당리당략에 따라 이권 다툼만 하고 있습니다. 국제 정치와 외교 또한 고립되고 영향력을 발휘하지 못해 어업 협정이나 독도 문제, 주한 미군 문제 등에서 허술한 외교력의 바닥을 보이고 있습니다. 교육개혁은 점점 개악으로 치닫고 군경 수뇌부의 비리와 연일 계속되는 총기사고로 군경의 사기도 저하되고 있습니다. 고위 인사들과 재벌들의 비리가 연일 톱뉴스가 되고 반인륜 범죄 뉴스가 늘어만 가고 있습니다. 이런 가운데 중국은 세계를 상대로 무섭게 성장하면서 우리의 고구려 역사를 빼앗으려 하고 일본은 경제가 회생하며 군비를 확장하고 있습니다. 동서남북 사방을 둘러봐도 어디하나 시원하게 뚫린 곳 없는 사면초가(四面楚歌)의 상황입니다.

여러분! 하루하루 살기 힘드시지요? 풀리지 않는 일 때문에 답답하시지요? 돈 때문에 어려우시지요? 우리 모두가 그렇습니다. 그러나 결코 포기하지 마시기 바랍니다. 예레미야도 감옥에 갇히고 나라가 망하는 그 순간에 밭을 샀습니다. 하지만 그가 산 것은 밭이 아닙니다. 그는 희망을 산 것입니다.

창세기 28장 본문의 주인공은 야곱입니다. 야곱의 일생을 읽고 있노라면 그렇게 드라마틱할 수가 없습니다. 그의 말년에 애굽 왕 바로 앞에 서서 올린 인사말이 그의 인생을 문학적으로 뛰어난 문장으로 압축해 보여 주고 있습니다.

> "야곱이 바로에게 고하되 내 나그네 길의 세월이 일백 삼십 년이니이다 나의 연세가 얼마 못되니 우리 조상의 나그네 길의 세월에 미치지 못하나 험악한 세월을 보내었나이다 하고" (창세기 47장 9절)

그의 고백대로 야곱은 참으로 험악한 세월을 보냈습니다. 나그네 길을 걸어야만 했습니다. 바로 그 험악한 나그네 길이 시작되는 곳이 본문의 내용입니다. 야곱은 출생부터 심상치 않았습니다. 어머니 리브가가 임신했을 때 다른 임신부들은 아무리 배가 불러봐야 남산 정도인데, 리브가는 태산만한 것이었습니다. 게다가 뱃속에서 태권도 대회까지 열리자 그제야 쌍둥이인 줄 알게 되었습니다. 보통 아이를 낳을 때에는 일 분 간격으로 나오게 되는데, 뒤에 나오는 동생이 형의 발꿈치를 꼭 잡고 나왔습니다. 그래서 이름은 야곱이 되었습니다. 야곱은 '발꿈치를 잡았다' 라는 뜻입니다.

자라면서 형 에서는 장부처럼 듬직한 남자로 성장했고, 야곱은 여자 아이처럼 엄마 치마폭에서 자라났습니다. 그러나 그의 마음속에는

1분 상간에 놓친 장자의 자리를 빼앗으려는 욕심이 항상 꿈틀거리고 있었습니다. 자녀를 기르다보면 둘째가 첫째보다 영악하고 형을 이기려고 하는 집념이 강한 경우를 겪어 보셨을 것입니다. 심리학에서 이것을 야곱 콤플렉스(Jacob's complex)라고 말합니다.

결국 형 에서가 사냥을 갔다가 허기져서 돌아올 때 팥죽 한 그릇에 장자의 명분을 가로채고 말았습니다. 그리고 어머니 리브가와 합작으로 아버지가 늙고 눈이 어두운 것을 이용하여 장자의 축복을 받았습니다.

야곱은 장자의 명분을 팥죽 한 그릇에 산 후, 날마다 내가 형이니 나에게 형이라고 부르라며 얼마나 놀려대었겠습니까? 게다가 장자의 축복까지 가로채자 화가 머리끝까지 뻗친 에서는 야곱을 죽이겠다고 길길이 날뛰었을 것입니다. 에서의 분노에 불안해진 어머니 리브가는 야곱을 친정으로 피신시키기로 결심했습니다. 그래서 야곱은 눈물로 어머니와 작별하고 밧단아람까지 800킬로미터, 즉 2,000리나 되는 길을 괴나리봇짐 하나 메고 떠나게 된 것입니다.

그런데 우리 하나님은 어떤 분이셨습니까? 도망자 야곱을 만나 주신 하나님, 희망이 끊어진 야곱에게 희망을 주신 하나님, 사방에 우겨 싸임을 당했을 때에도 하늘에 열린 문을 두신 하나님이십니다. 땅의 사람인 야곱을 하늘의 사람으로, 또 영적인 사람으로 바꿔 주신 그 하나님께서 동일하게 지금 우리와 함께하신다는 사실을 늘 기억하시기 바랍니다.

연약한 자를 하나님이 위로하십니다

야곱은 난생 처음 엄마 곁을 떠나게 되었습니다. 엄마의 젖을 만져야 잠이 들고 엄마의 치마 곁에 있어야 안심이 되는 그야말로 마마보이였습니다. 그런 그가 형 에서의 분노를 피하여 험한 타향으로 황급히 떠난 것입니다. 형 에서가 뒤쫓아올지도 모른다는 불안감에 사로잡혀 뒤돌아보지도 않고 산을 넘고 내를 건너 광야 길로 접어들었습니다. 어느덧 해가 서산마루에 걸렸습니다. 사방을 둘러보아도 마을은 보이지 않았고, 집이든 사람이든 그 어느 것도 찾을 수 없었습니다. 서산에 지는 해는 눈 깜빡할 사이에 지평선 아래로 떨어졌습니다. 광야에 어두움이 내리기 시작하면서 짐승들의 섬뜩한 괴성들이 여기저기서 들리기 시작합니다. 야곱의 마음에는 두려움과 공포가 가득 밀려왔습니다. 다급히 바위 곁에 몸을 숨기고 숨을 죽였습니다.

집에 있을 때는 '금이야, 옥이야' 하면서 귀하게 자란 몸입니다. 모기에 물릴까 모기장을 치고, 추워 감기가 들까 이불을 덮어 주고, 그래도 잠이 오지 않으면 엄마가 자장가를 불러 주곤 했습니다. 그런 그가 지금은 하늘을 이불 삼고 광야를 요 삼아 돌베개에 머리를 얹고 잠을 청했습니다. 방울뱀이 사람의 냄새를 맡아 다가오고 전갈이 가까이 왔지만 피곤한 야곱은 이내 깊은 잠에 빠지고 말았습니다. 그때 약한 자를 돌보시고 위로하시는 하나님이 나타나셨습니다.

"야곱이 브엘세바에서 떠나 하란으로 향하여 가더니 한 곳에 이르러는 해가 진지라 거기서 유숙하려고 그곳의 한 돌을 취하여 베개하고 거기 누워 자더니 꿈에 본즉 사닥다리가 땅위에 섰는데 그 꼭대기가 하늘에 닿았고 또 본즉 하나님의 사자가 그 위에서 오르락내리락하고 또 본즉 여호와께서 그 위에 서서 가라사대 나는 여호와니 너의 조부 아브라함의 하나님이요 이삭의 하나님이라 너 누운 땅을 내가 너와 네 자손에게 주리니 네 자손이 땅의 티끌같이 되어서 동서남북에 편만할지며 땅의 모든 족속이 너와 네 자손을 인하여 복을 얻으리라 내가 너와 함께 있어 네가 어디로 가든지 너를 지키며 너를 이끌어 이 땅으로 돌아오게 할지라 내가 네게 허락한 것을 다 이루기까지 너를 떠나지 아니하리라 하신지라"(창세기 28장 10-15절)

구약시대에는 하나님께서 자신의 뜻을 나타내는 주요한 계시 수단으로 꿈을 사용하셨습니다. 광야에서 불안과 공포에 휩싸인 채 잠에 빠진 야곱에게 꿈으로 나타나셨습니다. 그 꿈은 너무도 생생했습니다.
사닥다리가 땅 위에 섰는데 그 끝이 하늘에 닿아 있었습니다. 땅에 세워진 사닥다리가 하늘에 닿았다는 것은 하늘과 땅 사이에 교제의 통로가 생겼다는 것을 의미합니다. 곧 하나님과 야곱 사이에 교제와 대화의 장이 마련된 것입니다. 이 사닥다리는 거룩하신 하늘의 하나님과 죄인 된 땅 위의 인간 사이를 이어 주는 영적 가교로서 예수 그리스도를 의미합니다. 예수님께서도 자신이 하나님께로 올라가는 사닥다리가 되심을 다음과 같이 말씀하셨습니다.

"또 가라사대 진실로 진실로 너희에게 이르노니 하늘이 열리고 하나님의 사자들이 인자 위에 오르락내리락하는 것을 보리라 하시니라"(요한복음 1장 51절)

"예수께서 가라사대 내가 곧 길이요 진리요 생명이니 나로 말미암지 않고는 아버지께로 올 자가 없느니라"(요한복음 14장 6절)

죄인인 우리 인간이 하늘 아버지께 나아갈 수 있는 유일한 길은 사닥다리 되신 예수님을 통해서만 가능합니다. 야곱이 사닥다리 위를 쳐다보니 하나님께서 그 위에 서서 말씀하셨습니다. "나는 너의 조부 아브라함의 하나님이며, 너의 아비 이삭의 하나님이다."

이 말씀은 하나님의 영원하심을 말해 주면서 동시에 하나님은 인간의 삶에 구체적으로 역사하시는 분이심을 보여 주고 있습니다. 즉 내가 아브라함을 지켜 주고 이삭을 지켜 준 것 같이 너도 지켜 주시겠다는 말씀입니다. 뿐만 아니라 아브라함과 이삭에게 약속한 축복의 언약이 야곱에게 그대로 이어지게 될 것임을 약속하신 것입니다. 또한 무엇보다 약할 대로 약해지고 지칠 대로 지친 야곱에게 "내가 너와 함께 있어 네가 어디로 가든지 너를 지키고 너를 떠나지 아니할 것이라"는 보호와 동행의 약속으로 위로해 주셨습니다. 지금 야곱은 출세하기 위해 과거를 보러 가는 길이 아닙니다. 돈을 벌기 위해 청운의 뜻을 품고 떠나는 길이 아닙니다. 야곱은 지금 형에게 원한을 사서 생명의 위협을 느끼고 도망하는 도망자요 의지할 곳 없어 찬 이슬 맞고 자는 가장 곤고한 순간에 놓여 있는 것입니다. 그런 그에게 내가 너와 함께하겠고 너를 지켜 주겠다는 하나님의 말씀이 얼마나 큰 위로가 되었을지 쉽게 짐작할 수 있습니다.

하나님은 약한 자를 위로하시는 분입니다. 죄로 인해 마귀에게 위협당하고 죽음 앞에 놓여 있는 우리에게 예수님을 보내셔서 위로해 주셨습니다.

> "수고하고 무거운 짐 진 자들아 다 내게로 오라 내가 너희를 쉬게 하리라" (마태복음 11장 28절)

약한 자의 위로가 되시는 하나님은 야곱을 보호하시고 위로하시고 인도해 주셨습니다. 또 그의 아들 예수 그리스도는 하늘과 땅을 잇는 사닥다리가 되어 우리를 죄에서 구하시고 천국으로 인도하시는 길이 되셨습니다. 우리는 예수 그리스도라는 오직 한 길을 통해 어떤 연약함과 어려움에 처해 있을지라도 예수께로 나오면 위로와 평강을 누릴 수 있는 것입니다.

나의 외로움을 하나님은 아십니다

야곱이 잠을 잔 곳은 '루스'라는 성이었고, 야곱의 집으로부터 85킬로미터 정도 되는 곳입니다. 대략 야곱이 집을 떠난 지 3일쯤 되었으리라 짐작해 볼 수 있습니다. 한 번도 집을 떠나보지 않았던 야곱이 어머니를 떠나 홀로 사흘을 걸어 광야에서 밤을 보내면서 얼마나 고독에 몸부림쳤을까요?

군에 입대하는 장정들이 입영열차에 몸을 싣고 논산훈련소에 입소해서 훈련을 받다가 주일 아침이 되면 "기독교 신자 집합!"이라는 소리와 함께 연무대교회에 가서 예배를 드리게 됩니다. 예배를 드리다 보면 여기저기서 머리를 숙이고 훌쩍거리느라 정신이 없습니다. 예배를 마치고 나올 때에는 눈물을 훔치고 아무 일 없었던 척 하지만 벌겋게 충혈된 훈련병들의 눈을 보게 됩니다. 이렇게 집을 떠난 나그네 길은 외롭고 고달픕니다.

그들처럼 눈물짓던 야곱에게 하나님이 나타나서 내가 너와 동행하겠다고 약속을 하십니다.

"야곱이 잠이 깨어 가로되 여호와께서 과연 여기 계시거늘 내가 알지 못하였도다 이에 두려워하여 가로되 두렵도다 이곳이여 다른 것이 아니라 이는 하나님의 전이요 이는 하늘의 문이로다 하고 야곱이 아침에 일찍이 일어나 베개 하였던 돌을 가져 기둥으로 세우고 그 위에 기름을 붓고 그곳 이름을 벧엘이라 하였더라 이 성의 본 이름은 루스더라"(창세기 28장 16-19절)

하나님을 만난 야곱은 큰 깨달음을 얻었습니다. "하나님이 여기 계신 것을 내가 알지 못하였도다!" 이것은 참으로 놀라운 깨달음입니다. 하나님은 지금 여기에 계십니다. 이 자리에 계십니다. 야곱이 고독에 몸부림칠 때 하나님은 바로 그 곳에 계셨습니다. 마찬가지로 우리가 외로움에 몸부림치고 고독에 눈물을 흘릴 때 주님은 바로 우리 곁에 함께 계신다는 사실을 잊지 말아야 합니다.

가끔 하나님을 가두어 놓는 신앙인들을 만날 수 있습니다. 하나님을 성전에 가두어 놓고 세상에서는 하나님 없이 사는 사람들입니다. 기쁘고 즐거운 일이 있을 때만 하나님을 찾고, 외로움과 괴로움으로 몸부림칠 때에는 하나님 없이 살아가곤 합니다. 이런 신앙인들에게는 늦은 밤에 귀 기울여 듣던 "밤을 잊은 그대에게"보다 "하나님을 잊은 그대에게"라는 말이 더 어울릴 것 같습니다.

하나님은 성전에 갇히시거나 우리의 생각의 틀 속에 가둘 수 있는 분이 아닙니다. 하나님은 어디에나 계시고, 계시지 않는 곳이 없는 분입니다. 이것을 신학에서는 편재성(偏在性)이라고 하는데, 하나님의 속성 중 하나를 표현하는 말로써 하나님께서는 어디에나 계신다는 것을 뜻합니다. 다른 말로는 하나님께서 안 계신 곳이 없다는 뜻에서 무소부재(無所不在)하신 하나님이라고도 말합니다.

어디에나 계신 하나님은 특히 외로운 자의 친구가 되어 주시기를 기뻐하십니다. 우리는 성도들이 함께 드리는 예배나 부흥회 같은 곳에서 하나님을 만날 수도 있습니다. 그러나 우리가 회중 가운데 있을지라도 하나님을 만날 때는 누구든지 단독으로 만나게 됩니다. 하나님은 우리와 일 대 일로 만나기를 원하십니다. 즉 우리가 인생 광야에서 고독으로 몸부림칠 때 찾아오시는 분이 하나님입니다. 그런 의미에서 고통은 우리를 주님께로 인도하는 스승입니다.

하나님은 자녀들에게 고통 자체를 주시려는 것이 아닙니다. 하나님이 주시고자 하는 것은 고통을 통과하여 빚어진 성숙한 영혼이며, 이를 위해 그 과정을 거치게 하실 뿐입니다. 그러나 그러한 고통 없이는 하나님의 사랑과 은혜를 체험할 수 없습니다. 결국 고통은 선물이요, 고독은 하나님을 만나는 기회인 것입니다.

영국의 한 광고회사가 큰 액수의 상금을 내걸고 전 국민을 대상으로 한 퀴즈 이벤트를 열었습니다. '스코틀랜드의 에딘버러에서 런던까지 가장 빠른 시간에 갈 수 있는 방법은 무엇일까요?' 라는 문제였습니다. 비행기가 가장 빠르다는 사람, 기차를 타고 오다가 어느 지점에서 버스를 갈아타고 오는 것이 빠르다는 사람, 새벽에 지름길로 승용차를 운전하고 오면 가장 빠르다는 사람 등 많은 방법들이 나왔습니다. 그러면 퀴즈 이벤트에서 일등을 차지한 방법은 무엇이었을까요? 그것은 '사랑하는 사람과 함께 간다'였습니다. 사랑하는 사람과 함께라면 아무리 먼 길이라도 무척 가깝게 느껴지는 법입니다. 이것이 사랑의 위대함입니다. 주님과 함께라면 아무리 멀고 험한 길이라도 즐겁게 걸을 수 있습니다.

주님과 함께 주님과 함께 걷는 길은 멀고도 가까와
주님과 함께 함께 걷는 길은 주님과 함께 걷는 길은
고통도 기쁨으로 기쁨으로 걷겠네
주님과 함께 걷는 길은 멀고도 가까워
고통을 나누며 기쁨을 나누며 주님과 함께 걸어가노라면
나는 어느새 나는 어느새 주님을 닮아 주님을 닮아가 주님을 닮아가

야곱은 더 이상 외롭지 않고 무섭지도 않았습니다. 이제 그가 느끼는 두려움은 이전과는 다른 하나님 앞에서의 경건한 두려움이었습니다. 야곱은 그곳에 즉시 제단을 세웠고, "이곳이 바로 하나님의 전이요 하늘의 문이로다." 하면서 베개 베고 자던 돌을 세우고 그곳 이름을 '벧엘'이라 불렀습니다. 이곳은 예루살렘에서 북쪽으로 20킬로미터 지점으로서 창세기 12장에서 아브라함이 단을 쌓았던 곳과 일치합니다. 바로 이곳을 야곱은 '벧엘', 곧 '하나님의 집'이라고 이름 지은

것입니다. 인생이 외롭고 괴롭다고 느껴질 때 주님을 바라보십시오. 주님을 만난 그곳이 바로 성전이 됩니다. 고독한 자를 찾아오시는 주님을 바라보시기 바랍니다.

> 괴로울 때 주님의 얼굴 보라 평화의 주님 바라보아라
> 세상에서 시달린 친구들아 위로의 주님 바라보아라
> 눈을 들어 주를 보라 네 모든 염려 주께 맡겨라
> 슬플 때에 주님의 얼굴 보라 사랑의 주님 안식 주리라

"하나님은 고독한 자로 가속 중에 처하게 하시며 수금된 자를 이끌어 내사 형통케 하시느니라"(시편 68편 6절)

광야에서 고독에 몸부림치는 야곱을 만나 주신 하나님께서 동일하게 우리를 만나 주십니다. 주님을 바라보고 주님과 함께 광야 같은 인생길을 걸을 때 밟는 땅마다 하나님의 집이 되는 벧엘의 은총이 우리 삶 가운데 넘치게 될 것입니다.

헌신에는 축복이 뒤따릅니다

2004년 대원외국어고등학교에서 64명의 학생이 미국에서 50위권에 드는 명문 대학에 입학했습니다. 참으로 놀라운 성과가 아닐 수 없습니다. 학생들을 어떻게 지도했는지 확인해 보았더니, 거기에는 한 젊은이의 아름다운 헌신이 있었습니다. 이 박여호수아라는 청년은 어려서 미국으로 이민을 가 24세에 하버드 대학에서 법학박사 학위를

받은 엘리트였습니다. 그런 그가 26세에 장래가 보장된 미국 변호사의 길을 버리고 대원외국어고등학교 해외진학반 지도교사를 맡으면서 64명 전원을 미국 대학에 진학시킨 것입니다.

박선생님은 수천만 원을 준다는 과외교사 자리도 거절하고 평범한 교사로 봉사하고 있습니다. 많은 청소년들에게 그들의 꿈을 펼칠 수 있도록 다리를 놓기 위해 그는 결코 평범할 수 없는 아름다운 헌신을 결단한 것입니다. 하나님은 이렇게 자신의 몸과 마음 그리고 재능과 물질을 온전히 하나님을 위해 바치는 자를 축복해 주십니다.

"야곱이 서원하여 가로되 하나님이 나와 함께 계시사 내가 가는 이 길에서 나를 지키시고 먹을 양식과 입을 옷을 주사 나로 평안히 아비 집으로 돌아가게 하시오면 여호와께서 나의 하나님이 되실 것이요 내가 기둥으로 세운 이 돌이 하나님의 전이 될 것이요 하나님께서 내게 주신 모든 것에서 십분 일을 내가 반드시 하나님께 드리겠나이다 하였더라"

(창세기 28장 20-22절)

하나님을 만난 야곱은 감격하여 제단을 쌓은 후에 서원했습니다. "하나님, 나로 평안히 돌아오게 해주십시오. 내가 이곳에서 제단을 쌓고 십일조를 드리겠습니다." 하고 두 가지를 약속했습니다. 하나는 예배였으며, 또 하나는 물질을 드리는 헌신이었습니다.

예배는 하나님께 몸과 마음을 드리는 헌신이요, 십일조는 하나님께 물질을 드리는 헌신입니다. 이 두 가지가 드려질 때 온전한 헌신이 되는 것입니다. 어떤 사람은 예배는 온전히 잘 드리는 반면, 십일조 생활이 잘 안 되는가 하면, 또 어떤 사람은 십일조 생활은 잘하는데 예배를 잘 드리지 못하는 경우도 있습니다. 두 가지 모두 드려져야 온전한 헌신이라 할 수 있습니다.

야곱이 헌신을 드린 내용이 나오는 창세기 35장을 보면 고향으로 돌아올 때 제단을 쌓으면서 하나님을 향해 '엘벧엘', 곧 '벧엘의 하나님'이라고 불렀습니다. 그리고 온전한 십일조를 하나님 앞에 드렸습니다. 하나님은 기꺼이 마음에서 우러나와서 바치는 헌신을 기뻐하십니다.

한 과부가 자신의 여섯 자녀 외에도 열두 명의 입양한 자녀들까지 양육해서 널리 소문이 나게 되었습니다. 기자가 찾아와 물었습니다.

"어떻게 이 모든 일을 혼자 감당할 수 있었습니까?"

"나 혼자 하는 것이 아니라 동역하고 있습니다."

"누구와 동역한다는 말씀인지요?"

그녀가 대답했습니다.

"오래 전 어느 날 하나님께 기도를 드렸습니다. 주님, 저는 일하겠습니다. 걱정은 하나님이 맡아 주십시오. 나는 그 이후로 걱정해 본 적이 없답니다."

진정한 헌신은 물질뿐만 아니라 모든 것을 하나님께 다 맡기는 것입니다. 심지어 걱정까지도 다 맡기는 것입니다. 하나님께 자신의 전부를 드릴뿐 아니라 온전히 맡기는 것, 이것이야말로 멋진 동역이 아닐 수 없습니다. 주님께서 우리에게 맡긴 사명에 대해 짐스러워할 필요가 없습니다. 온전히 헌신하십시오. 몸을 드리고, 물질을 드리고, 걱정까지도 드리십시오. 그때부터 염려와 두려움이 사라지고 참 자유를 누리게 될 것입니다.

테레사 수녀가 인도의 캘커타에 큰 보육원을 짓겠다고 발표했습니다. 기자들이 몰려와 물었습니다. 건축 기금이 얼마나 준비되었습니까? 테레사 수녀가 책상 위에 동전 3개를 올려놓더니 지금 준비된 것은 여기 있는 3실링뿐입니다. 기자들이 그 말을 듣고 웃었습니다. 그때 테레사 수녀는 진지하게 말했습니다. 이 3실링이 하나님의 것이 될 때 불가능한 일은 없습니다. 3실링은 믿음의 씨앗이 되었고, 보육원은 완성되었습니다. 테레사 수녀는 하나님이 그와 함께 일하심을 온전히 믿었고, 그 신뢰를 바탕으로 헌신할 수 있었습니다.

참된 헌신은 온전한 신뢰를 포함합니다. 야곱은 예배와 십일조의 헌신을 다짐했습니다. 그것을 지켰고, 하나님은 그를 큰 부자가 되도록 축복해 주셨습니다. 즉 헌신은 축복의 통로입니다. 예배와 헌금 그리고 온 마음과 마음속의 걱정까지 드리는 헌신자에게 축복이 임하게 됩니다.

"만군의 여호와가 이르노라 너희의 온전한 십일조를 창고에 들여 나의 집에 양식이 있게 하고 그것으로 나를 시험하여 내가 하늘 문을 열고 너희에게 복을 쌓을 곳이 없도록 붓지 아니하나 보라" (말라기 3장 10절)

야곱의 하나님은 약한 자를 위로하시는 하나님이십니다. 외로운 자의 친구가 되시며, 헌신하는 자를 축복하시는 하나님이십니다. 그 야곱의 하나님이 지금도 살아 계셔서 우리의 하나님이 되십니다. 또한 죄에 빠져 죽은 우리를 위해 독생자 예수그리스도를 사닥다리로 세워 주시고, 그 위로 오를 수 있도록 연약한 우리를 구원해 주셨습니다. 또한 고독에 몸부림치는 우리에게 찾아오셔서 친구가 되어 주셨습니다.

주님은 우리에게 그분과 함께 걷는 행복을 가르쳐 주셨습니다. 그리고 헌신의 기쁨을 가르쳐 주셨습니다. 몸과 마음, 물질과 걱정, 염려까지도 다 내어드립시다. 주님이 주시는 위로와 평강과 축복이 가득하게 될 것입니다.

02_영원한 본향을 향해가는 순례자

| 룻기 1장 1-7절 |

사람들은 왜 명절과 같은 때가 되면 꼭 고향을 찾아가는 것일까요? 이를 두고 학자들은 회귀본능(回歸本能, Homing instinct) 때문이라고 말합니다. 동물들도 더러 태어난 곳에서 다른 곳으로 이동하여 성장한 다음, 산란을 위하여 태어난 곳으로 다시 돌아오는 습성을 가지고 있습니다. 이를 두고 귀소본능(歸巢本能)이라고도 하는데, 강원도에서 그 예를 자주 찾아볼 수 있습니다. 태백산맥 동쪽 사면의 강릉시를 가로질러 동해로 흘러가는 길이 51킬로미터의 남대천에는 해마다 10-11월이 되면 연어축제가 열립니다. 동해의 푸른 물결을 헤치고 팔뚝만한 연어들이 남대천으로 올라옵니다. 이 연어들은 4년 전 남대천 상류에서 부화되어 동해로 나갔다가 알래스카 부근 태평양 바다까지 가서 성장한 다음 알을 낳기 위해 자기가 태어난 남대천 계곡을 향해 수천

킬로미터를 헤엄쳐 돌아옵니다. 이것을 회귀본능이라고 말합니다.

연어 같은 미물이나 만물의 영장인 인간이나 고향을 찾는 본능은 같은 모양입니다. 고향이 무엇이길래 그렇게 찾아가는 것일까요? 인간에게 있어서 고향은 어머니의 품과 같기 때문입니다.

옛말에 사람을 키워내는 데에는 세 가지 요소가 있다고 합니다. 바로 부모와 조국 그리고 고향이 그것입니다. 고향의 환경과 전통은 자라나는 어린이에게 커다란 영향을 주는 만큼 고향은 모두에게 소중합니다. 그러므로 고향 없이는 생명도 없습니다. 고향은 생명이 자라나는 모태이기 때문입니다. 찾아보면 고향에 대한 많은 격언들이 있습니다.

> 태어난 고향은 설사 묘지일지라도 즐거운 법이다. -아라비아
> 고향의 산천은 어떠한 이름난 명승지보다 더 아름다운 곳이다. -조지훈
> 여우가 죽을 때 똑바로 제가 살던 언덕 쪽으로 머리를 향함은 인(仁)이다. -文選
> 남쪽 원나라의 새는 북쪽으로 가도 남쪽 가지에 둥우리를 짓고 북방의 고지(胡地)에서 온 말은 북풍이 불 때마다 고국을 그리며 운다. -文選

여기 고향을 찾아가는 한 여인의 이야기를 통해 고향을 떠난 인간의 실존과 우리가 돌아가야 할 영원한 본향에 대해 상고하고자 합니다.

환란을 피하지 말고 인내하고 싸우십시오

고향을 떠난 사람들의 삶을 타향살이라고 부릅니다. 우리는 "타향살이"라는 흘러간 옛 노래를 잘 알고 있습니다.

1. 타향살이 몇 해던가 손꼽아 헤어 보니
   고향 떠난 십여 년에 청춘만 늙어
2. 부평 같은 내 신세가 혼자도 기가 막혀
   창문 열고 바라보니 하늘은 저쪽
3. 고향 앞에 버드나무 올 봄도 푸르련만
   호드기를 꺾어 불던 그때는 옛날
4. 타향이라 정이 들면 내 고향 되는 것을
   가도 그만 와도 그만 언제나 타향

타향살이를 하는 사람에게는 언제나 서러움이 있습니다. 그것을 "나그네 설움"이라고 합니다.

1. 오늘도 걷는다마는 정처 없는 이 발길
   지나온 자욱마다 눈물 고였다
   선창가 고동소리 옛 님이 그리워도
   나그네 흐를 길은 한이 없어라
2. 타관 땅 밟아서 돈 지 십 년 넘어 반평생
   사나이 가슴 속엔 한이 서린다
   황혼이 찾아들면 고향도 그리워져
   눈물로 꿈을 불러 찾아도 보네
3. 낯익은 거리다마는 이국보다 차가워라
   가야 할 지평선엔 태양도 없이
   새벽별 찬 서리가 뼛골에 스미는데

어디로 흘러가랴 흘러 갈소냐

황혼이 찾아들수록 고향이 더욱 그리워지는 것이 인지상정입니다. 그러니 북녘에 고향을 둔 어르신들은 얼마나 마음이 아프실까요? 나오미도 고향을 떠난 지 십 년이 되었습니다.

> "사사들의 치리하던 때에 그 땅에 흉년이 드니라 유다 베들레헴에 한 사람이 그 아내와 두 아들을 데리고 모압 지방에 가서 우거하였는데 그 사람의 이름은 엘리멜렉이요 그 아내의 이름은 나오미요 그 두 아들의 이름은 말론과 기룐이니 유다 베들레헴 에브랏 사람들이더라 그들이 모압 지방에 들어가서 거기 유하더니 나오미의 남편 엘리멜렉이 죽고 나오미와 그 두 아들이 남았으며 그들은 모압 여자 중에서 아내를 취하였는데 하나의 이름은 오르바요 하나의 이름은 룻이더라 거기 거한지 십년 즈음에 말론과 기룐 두 사람이 다 죽고 그 여인은 두 아들과 남편의 뒤에 남았더라"(룻기 1장 1-5절)

룻기 1장에는 나오미가 고향을 떠난 사연과 고향을 떠난 후에 당한 고통을 자세히 설명하고 있습니다. 당시는 사사시대(士師時代)였습니다. 사사란 재판관(Judge)이라는 뜻을 가지고 있습니다. 여호수아 이후 왕이 없었던 B.C. 1375-1050년, 즉 약 300년 간 옷니엘부터 사무엘에 이르기까지 사건이 있을 때마다 사사가 일어나 외적을 물리치고 통치를 담당했습니다.

흉년을 피해 베들레헴에 살던 엘리멜렉이라는 사람이 아내 나오미와 말론과 기룐이라는 어린 아들들을 데리고 모압 땅으로 이민을 갔습니다. 과거 롯이 그의 큰딸과 근친상간하여 낳은 아들인 모압의 후손들이 살아왔던 지방인 모압은 요단강 동편의 넓은 들판으로 이루어진 땅이었습니다.

그런데 비록 흉년을 피하기 위해서였지만 하나님께서 주신 기업을 버리고 모압으로 이주한 것은 명백한 불신앙적 행위였습니다. 이것은 교회 장로가 술집으로 돈을 번다는 식의 이야기와 상통합니다. 지금 경제가 아무리 어려워도 하나님이 보시기에 가증히 여기는 직업이나 방법을 구하지는 마십시오. 그것이 큰 불행이 될 수 있습니다. 이로 인해 엘리멜렉의 가정에 큰 풍파가 일어났습니다. 엘리멜렉은 '하나님은 왕이시다' 라는 깊은 신앙고백을 담은 이름을 가졌지만 이방 땅으로 갔던 그의 삶은 허무하게도 죽음으로 끝나고 말았습니다. 그뿐 아니라 장성하여 모압 여자들과 결혼한 두 아들도 차례로 죽어 집에는 세 여인만 남게 되었습니다.

여기에 중요한 교훈이 담겨 있습니다. 성도들이 자신에게 닥친 환란과 어려움을 믿음으로 극복하지 못하고 하나님과의 관계를 포기한다면 세상과 벗할 때에는 잠시 평안을 누리는 것 같지만 결국엔 참 평안을 잃게 되고 안식을 누리지 못할 뿐더러 온갖 불행을 당하게 됩니다. 그러므로 환난을 피하지 말고 인내하며 마주 싸워야 합니다.

"본향을 떠나 유리하는 사람은 보금자리를 떠나 떠도는 새와 같으니라" (잠언 27장 8절)

나오미에게 있어 본향을 떠난 것은 믿음을 떠난 것을 의미하고, 결국 보금자리를 잃고 떠도는 새와 같이 큰 고통을 당하게 되었습니다. 고난이 닥쳐올 때 도망가지 마십시오. 고난이 닥쳐올지라도 믿음의 자리를 사수하십시오. 피 터지는 믿음의 전투에서 두 눈 부릅뜨고 더욱 주님께 붙어 있어야 합니다. 그 끝에는 반드시 하늘의 본향이 기다리고 있습니다.

"사랑하는 자들아 너희를 시련하려고 오는 불 시험을 이상한 일 당하는 것 같이 이상히 여기지 말고 오직 너희가 그리스도의 고난에 참예하는 것으로 즐거워하라 이는 그의 영광을 나타내실 때에 너희로 즐거워하고 기뻐하게 하려 함이라"(베드로전서 4장 12-13절)

하나님이 우리 삶을 권고하십니다

나오미는 큰 불행을 당하게 되면서 자신의 믿음 없음을 깨닫고 회개했습니다. 사람이 시험을 당하고 고통을 당할 때 그의 태도가 결과를 낳습니다. 시험을 당할 때 남을 원망하고 인생을 한탄하며 '재수 없다'거나 '운이 없다'고 한풀이를 하는 사람들이 있습니다. 이런 사람은 고난을 스승 삼을 기회를 놓쳐 버린 것입니다. 모든 고통에는 뜻이 담겨 있습니다. 그래서 고난은 우리 인생의 스승입니다. 고난이 주는 의미를 발견하면 새사람이 될 수 있습니다. 나오미도 고난 속에서 자신을 발견하게 되었습니다. 비로소 자신이 있어야 할 자리가 모압 땅이 아닌 베들레헴임을 깨달은 것입니다.

지금 우리가 서 있는 곳이 하나님을 떠난 모압입니까? 베들레헴입니까? 늘 칼 위를 걷듯 긴장하며 자신의 자리를 점검하십시오. 그리고 조금이라도 불신앙의 길을 걷고 있었다면 곧 믿음의 자리로 돌아오십시오. 사탄의 속임과 불신앙은 가랑비에 옷 젖듯 부지불식간에 이루어집니다. 늘 깨어서 긴장하면서 점검해야 할 필요가 있는 것입니다.

"이에 그 두 사람이 행하여 베들레헴까지 이르니라 베들레헴에 이를 때에 온 성읍이 그들을 인하여 떠들며 이르기를 이가 나오미냐 하는지라 나오미가 그들에게 이르되 나를 나오미라 칭하지 말고 마라라 칭하라 이는 전능자가 나를 심히 괴롭게 하셨음이니라 내가 풍족하게 나갔더니 여호와께서 나로 비어 돌아오게 하셨느니라 여호와께서 나를 징벌하셨고 전능자가 나를 괴롭게 하셨거늘 너희가 어찌 나를 나오미라 칭하느뇨 하니라 나오미가 모압 지방에서 그 자부 모압 여인 룻과 함께 돌아왔는데 그들이 보리 추수 시작할 때에 베들레헴에 이르렀더라"(룻기 1장 19-22절)

이 말씀 속에서 룻이 자기가 당한 고난의 의미를 확실히 깨닫고 있음을 알 수가 있습니다. 그가 당한 고난은 하나님의 징계의 채찍이었음을 분명히 고백하고 있습니다. 룻이 고난의 의미를 깨달았을 때 하나님께서는 고향의 소식을 들려 주셨습니다. 물론 그 전에도 고향 소식을 들었을 것입니다. 그러나 그 전에는 그저 넘겨들었던 고향 소식이 이제 크게 들려오면서 마음을 움직인 것입니다.

"그가 모압 지방에 있어서 여호와께서 자기 백성을 권고하사 그들에게 양식을 주셨다 함을 들었으므로 이에 두 자부와 함께 일어나 모압 지방

에서 돌아오려 하여"(룻기 1장 6절)

　고향 땅 베들레헴을 하나님께서 권고하셔서 큰 풍년이 들었다는 소식이었습니다. 여기에서 '권고하사'라는 의미를 살펴볼 필요가 있습니다. '권고(眷顧)하사'의 히브리어는 '파카드'로서 '윗사람이 아래 사람을 감독하다', '주의 깊게 돌보다' 또는 '직접 방문하여 살피다'라는 뜻을 가지고 있습니다. 이는 하나님은 우리가 곤고하거나 환난을 당할 때 멀리서 방관하시는 분이 아니라는 의미입니다. 직접 우리 가운데 찾아오셔서 우리의 아픔을 체휼하시고 우리를 그 환난 가운데서 건져내십니다. 흉년을 당한 이스라엘의 처지를 직접 살피셔서 그들의 필요를 채워 주신 것입니다.

　예수님께서 사람의 모습으로 이 땅에 오신 것은 곧 하나님의 권고하심의 클라이맥스라고 할 수 있습니다. 예수님은 하나님과 동등한 본체이시나 사람의 모습으로 이 땅에 오셨고 우리의 연약함을 직접 체휼하셨습니다. 예수님은 우리의 고난을 아십니다. 예수님 그분도 오늘날의 불황과 불경기를 체험하신 분이십니다. 우리가 고난을 당해 눈물 흘릴 때 함께 눈물 흘리며 함께 아파하는 분이십니다.

　　"우리에게 있는 대제사장은 우리 연약함을 체휼하지 아니하는 자가 아니요 모든 일에 우리와 한결같이 시험을 받은 자로되 죄는 없으시니라"(히브리서 4장 15절)

　나오미는 고향 소식을 들은 후에 잠을 이룰 수가 없었습니다. 고향이 그리워 일이 손에 잡히지 않았습니다. 즉 향수병에 걸린 것입니다. 향수에 젖은 군인들의 마음을 자극하여 전쟁에서 승리한 이야기가 바로 사면초가(四面楚歌)라는 고사입니다. 지금으로부터 2,200년 전 중국을 최초로 통일한 진시황제가 죽자, 천하가 요동하며 영웅호걸들이 일어나 쟁투하다가 유방과 항우가 자웅을 겨루게 되었습니다. 유방은 한나라를 세웠고 항우는 초나라를 세웠습니다. 두 나라의 군사가 회하라는 곳에서 최후의 결전을 벌이게 되었는데, 한고조 유방의 군사가 초나라 항우를 포위하게 되었습니다. 유방이 강공을 펼친 것이 아니라 모사 장량의 계략을 받아들여 한나라 군사 중에 노래를 잘하는 군사들을 뽑아 초나라 노래를 가르쳐 사방에서 노래를 부르게 했습니다. 달 밝은 밤에 고향 노래를 들은 초나라 군사들이 무기를 버리고 고향으로 돌아가는 사람들이 생기면서 사기가 땅에 떨어져 결국은 패하고 말았습니다. 사람은 누구나 고향을 그리워하며 살아갑니다.

"저희가 나온바 본향을 생각하였더면 돌아갈 기회가 있었으려니와 저희가 이제는 더 나은 본향을 사모하니 곧 하늘에 있는 것이라 그러므로 하나님이 저희 하나님이라 일컬음 받으심을 부끄러워 아니하시고 저희를 위하여 한 성을 예비하셨느니라"(히브리서 11장 15-16절)

나오미는 고난을 통해 고향을 생각하게 되었고, 그 소식을 듣자 고향을 찾아 일어났습니다. 우리 모두 고향이 있습니다. 도시 계획과 댐 건설로 고향이 사라진 분도 있을 것입니다. 남북 분단으로 인해 고향에 갈 수 없는 분들도 계십니다. 그러나 실망하지 마십시오. 우리에게는 천국이라는 본향이 있습니다. 우리는 늘 이 땅을 살지만 천국 본향을 바라보면서 살아야 할 것입니다.

우리에게는 본향이 있습니다

나오미가 고향으로 돌아가기 위해서는 대단한 결심이 필요했습니다. 그는 지금 금의환향해서 가는 것이 아니라 망해서 가야만 하는 상황입니다. 우리가 고향에 갈 때는 멋진 옷 차려입고 좋은 차 타고 양손에 선물 꾸러미 들고 가지 쫄딱 망해서 쪽박을 차고 가고 싶지는 않을 것입니다. 그런데 지금 나오미의 신세는 완전히 망하고 빈털터리 신세가 되었습니다. 그럼에도 불구하고 그는 고향을 향해 떠났습니다. 10년 전 모압으로 떠날 때는 풍족하게 떠났지만, 지금은 거지 몰골을 하고 돌아가게 되었습니다. 찬송가 "고통에 멍에 벗으려고"의 가사 내용이 그 마음을 잘 표현하고 있습니다.

1. 고통의 멍에 벗으려고 예수께로 나옵니다
   자유와 기쁨 베푸시는 주께로 옵니다
   병든 내 몸이 튼튼하고 빈궁한 삶이 부해지며
   죄악을 벗어 버리려고 주께로 옵니다
2. 낭패와 실망 당한 뒤에 예수께로 나옵니다
   십자가 은혜 받으려고 주께로 옵니다
   슬프던 마음 위로 받고 이생의 풍파 잔잔하며
   영광의 찬송 부르려고 주께로 옵니다
3. 교만한 맘을 내버리고 예수께로 나옵니다

복되신 말씀 따르려고 주께로 옵니다
실망한 이몸 힘을 얻고 예수의 크신 사랑받아
하늘의 기쁨 맛보려고 주께로 옵니다
4. 죽음의 길을 벗어나서 예수께로 나옵니다
영원한 집을 바라보고 주께로 옵니다
멸망의 포구 헤어 나와 평화의 나라 다다라서
영광의 주를 뵈오려고 주께로 옵니다

나오미는 낭패와 실망을 당한 뒤에 베들레헴으로 돌아왔습니다. 베들레헴의 본 뜻은 '떡집' 으로서 생명의 떡 되신 예수님께로 나올 때에 고통의 멍에가 풀어진다는 사실을 그는 깨달았던 것입니다. 나오미는 예전에 가졌던 교만한 마음을 다 내어 버렸습니다. 그리고 예수님께로 나왔습니다. 십자가 은혜 받으려고 예수님께로 나왔습니다. 그 길이 죽음의 길을 벗어나는 유일한 길임을 성령께서 깨닫게 하신 것입니다. 그는 이제 자신이 가졌던 세상에서의 자랑과 명예를 모두 십자가에 못박았습니다.

"나오미가 그들에게 이르되 나를 나오미라 칭하지 말고 마라라 칭하라 이는 전능자가 나를 심히 괴롭게 하셨음이니라"(룻기 1장 20절)

나오미는 즐거움과 기쁨의 뜻인 반면, 마라는 괴로움과 고통이라는 뜻을 가지고 있습니다. 세상을 따라 산 결과, 그는 즐거움을 잃어버리고 괴로움을 당했습니다. 세상에서 기쁨을 구했으나 고통만 남았습니다. 이제 모든 것을 다 내려놓고 고향으로 돌아오게 되었습니다. 망해서 고향으로 돌아온 사람에게 기다리는 것이 무엇이겠습니까? 비난과 조롱밖에 더 있겠습니까? 그런데 나오미는 그것을 각오했습니다. 그런 그에게 하나님께서는 신령한 것을 예비해 주셨습니다.

아프리카 선교사로 나가 평생을 보낸 노부부가 은퇴하고 뉴욕으로 돌아오게 되었습니다. 배가 항구에 도착하자 부두에 수많은 인파와 군악대가 나와 환영하고 있었습니다. 자신들을 이렇게 환영하는가 하고 흐뭇해했는데, 플래카드를 보니 세계 최초로 대서양 횡단 비행에 성공한 린드버그를 환영하는 인파였던 것입니다. 한평생 하나님을 위해 아프리카에서 헌신한 자신들을 위해서는 가방 하나 들어 주는 사람도 없었습니다. 힘없이 항구를 빠져나와 삼류 호텔에 들어가자마자 설움에 북받쳐 통곡하며 기도했습니다.

"하나님! 우리는 아프리카 오지에서 한평생 복음을 전하다가 젊음을 다 바치고 돌아왔는데 한사람도 환영하는 사람이 없습니다. 그런데 린드버그는 대서양 한 번 횡단한 것을 가지고 전 뉴욕 시민이 환영하고 있으니 얼마나 불공평합니까?" 그때 하나님의 음성이 들렸습니다. "들어라. 린드버그는 그의 고향에 돌아왔지만 너는 아직 고향에 돌아오지 않았다. 네가 본향에 도착하면 내가 하늘의 천군 천사를 동원해서 환영할 것이다. 그때까지 참아라."

우리는 본향을 향해 가는 나그네들입니다. 그러므로 이 세상에서 환영하는 이가 없다고 해서 실망하거나 낙담할 필요가 없습니다. 생의 의미를 깨닫게 하는 고향이 없는 사람도 불행하지만 영원한 본향이 없이 사는 사람이야말로 가장 불행한 사람입니다. 사람은 세상사에 만족해하는 마음을 벗어나야 비로소 그 마음이 본향을 향하게 되어 있습니다. 탕자도 세상의 허무함을 깨달았을 때 비로소 아버지 집을 찾을 수 있게 되었습니다. 탕자의 귀향은 하나님의 모태, 즉 존재의 출발점으로의 귀향이라고 할 수 있습니다.

나오미의 귀향 또한 하나님께로 돌아서는 믿음의 발걸음이요, 본향을 향해 가는 순례자의 길이었습니다. 그는 결국 생명의 떡이 있는 베들레헴에 이르렀고, 그곳에서 새로운 생명을 맛보고 노래하게 되었습니다. 나오미의 생이 모압으로 내려갔을 때는 마라의 고통이었으나 본향으로 돌아왔을 때에는 나오미의 기쁨을 되찾을 수 있었습니다.

"이는 네 생명의 회복자며 네 노년의 봉양자라 곧 너를 사랑하며 일곱 아들보다 귀한 자부가 낳은 자로다 나오미가 아기를 취하여 품에 품고 그의 양육자가 되니 그 이웃 여인들이 그에게 이름을 주되 나오미가 아들을 낳았다 하여 그 이름을 오벳이라 하였는데 그는 다윗의 아비인 이새의 아비였더라"(룻기 4장 15-17절)

육신의 고향은 우리가 성장하도록 꿈을 주었고, 부모 형제가 있는 아름다운 곳입니다. 그리스도인들에게 있어 영원한 고향은 영의 아버지가 계신 천국 본향입니다. 우리는 천국 본향을 사모하면서 달려가는 사람들입니다. 본향을 바라볼 때 세상의 어떤 고난도 능히 견디며 이길 수 있습니다. 그곳에는 영원한 기쁨과 생명이 있기 때문입니다. 이 본향의 영광과 평안이 여러분의 삶 가운데 가득하기를 축원합니다.

03_ 사명이 없는 사람은 없다

| 마태복음 25장 14-30절 |

　옛날에는 쥐가 참 많았습니다. 오죽하면 학교에서 쥐를 잡아오라고 숙제를 내주기까지 했습니다. 쥐를 잡은 증거물로 쥐꼬리를 잘라 가지고 가야 했습니다. 쥐를 잡지 못하면 운동화 끈을 잘라 흙에다 비벼서 쥐꼬리라고 내기도 했습니다. 쥐가 부엌에 들어오는 것은 예삿일이고 어떤 때는 방에까지 들어오기도 했습니다. 잠이 들 만하면 쥐가 종이를 물어뜯는 소리가 들리고 문을 갉는 소리가 들립니다. 그러면 '이놈의 쥐 기어코 잡고 말리라.' 하면서 방비를 들고 쥐를 잡기 위해 한바탕 소란을 피우곤 했습니다.

　또 도둑이 드는 일도 많았습니다. 담도 없고 문을 잠그는 것도 허술했던 터라 도둑에게 집을 털리곤 했습니다. 그런데 기껏 훔쳐간다는 것이 라디오나 시계 또는 옷가지 등이었고, 어떤 때는 된장이나 고추장 그리고 쌀까지 훔쳐가기도 했습니다. 그 당시 동네 사람들로 구성된 야경꾼이 있었습니다. 나무판자 2개를 마주쳐 '딱딱' 하고 소리를 내며 돌아다니다가 수상한 사람이 있으면 호루라기를 불었습니다. 그러면 그 소리를 들은 동네 사람들이 자다가 도둑 잡으러 뛰어나오곤 했습니다.

집에 쥐가 들어오면 잡아야 하고, 동네에 도둑이 들면 반드시 잡아야 합니다. 그런데 만약 내 마음에 도둑이 도사리고 있다면 어떻게 해야겠습니까? 이 세상에서 가장 소중한 마음에 도둑이 들락거리는 데도 잡지 않고 있으면 마음을 모두 도둑맞게 되고 말 것입니다. 이 보이지 않는 마음의 도둑은 우리에게 있어 정말 중요한 꿈을 도둑질해 가고, 성공, 기쁨, 평안 그리고 행복을 도둑질해 갑니다. 이 범인이 누구인지 아십니까? 바로 '게으름' 입니다.

게으름은 우리 가운데 조용히 들어옵니다. 그리고는 나도 모르는 사이에 우리의 꿈을 훔쳐 가고, 성공을 훔쳐 가고, 기쁨을 훔쳐 가고, 행복을 훔쳐 가고, 평안을 훔쳐 갑니다. 성경은 게으른 자에 대해 많은 충고를 남기고 있습니다.

"게으른 자여 개미에게로 가서 그 하는 것을 보고 지혜를 얻으라 개미는 두령도 없고 간역자도 없고 주권자도 없으되 먹을 것을 여름 동안에 예비하며 추수 때에 양식을 모으느니라 게으른 자여 네가 어느 때까지 눕겠느냐 네가 어느 때에 잠이 깨어 일어나겠느냐 좀 더 자자, 좀 더 졸자, 손을 모으고 좀 더 눕자 하면 네 빈궁이 강도같이 오며 네 곤핍이 군사같이 이르리라"(잠언 6장 6-11절)

게으름의 결과는 가난이며, 미움을 받고 종이 된다고 경고하고 있습니다. 본문 말씀은 '달란트의 비유'로 잘 알려진 말씀입니다. 이 비유의 주인공은 다섯 달란트와 두 달란트 받은 종이 아니라 한 달란트 받은 종입니다. 주인은 한 달란트 받은 종에게 '악하고 게으른 종'이라고 하시면서 강력하게 책망하고 있습니다. 그리고 "이 무익한 종을 바깥 어두운 데로 내어 쫓으라."고 하십니다. 여기에서 주인은 하나님이며, 무익한 종은 게으름을 피운 한 달란트 받은 사람이요, 바깥 어두운 데는 지옥을 뜻합니다. 그러니까 게으른 사람은 지옥에 떨어지는 무서운 결과를 맛보게 될 것을 교훈하고 있는 것입니다.

이성계가 회군할 때 청나라와 싸우면 안 되는 이유로 내세웠던 것 중에 하나가 무더위로 인해 활의 시위가 풀어지고 군사들이 지쳐서 싸울 수가 없다고 했습니다. 이때는 사람도 풀어지고 활도 시위가 느슨해지는 때입니다. 다시 말해 나태해지고 게을러지기 쉬운 때라는 말입니다. 이런 때일수록 영적으로 방비를 튼튼히 하고 깨어 있어야 합니다. 그래야 사탄의 공격을 막아내고 영혼과 육체를 건강하게 지킬 수 있습니다.

"하나님은 당신이 회개한다면 용서해 주시기를 약속하셨다. 그러나 게으른 당신에게는 내일을 약속하지 않으셨다." –어거스틴

각자에게 주어진 사명을 깨달으십시오

옛말에 '철들자 망령이다.'라는 말이 있습니다. 너무 늦게 철이 들어 자기의 잘못을 깨닫고 잘해 보려고 하는데 늦어서 잘해 볼 기회가

없음을 비유한 말입니다. 달란트 비유도 그리스도의 재림을 기다리는 성도들이 늦기 전에 우리 자신에게 맡겨진 사명에 충실해야 할 것에 대해 교훈하고 있습니다.

> "또 어떤 사람이 타국에 갈제 그 종들을 불러 자기 소유를 맡김과 같으니 각각 그 재능대로 하나에게는 금 다섯 달란트를, 하나에게는 두 달란트를 하나에게는 한 달란트를 주고 떠났더니 다섯 달란트 받은 자는 바로 가서 그것으로 장사하여 또 다섯 달란트를 남기고 두 달란트를 받은 자도 그같이 하여 또 두 달란트를 남겼으되 한 달란트 받은 자는 가서 땅을 파고 그 주인의 돈을 감추어 두었더니"(마태복음 25장 14-18절)

먼저 달란트(talent)는 선천적인 재능이나 특별한 소질을 뜻하는 재주를 말합니다. 성경에서 비유로 말씀하시는 달란트는 하나님을 위해 사용해야 할 은사를 뜻합니다. 실제로 달란트는 로마의 화폐 단위로서 1달란트는 6,000데나리온의 가치입니다. 그 시대 일반 노동자의 20년 임금에 해당한다고 합니다. 이 비유에서 세 종류의 달란트를 받은 사람이 등장합니다. 다섯 달란트와 두 달란트 그리고 한 달란트를 받은 사람입니다. 이 세 종류는 세상 모든 사람을 뜻합니다. 본문은 세상 모든 사람은 크든 작든 모두 하나님으로부터 재능을 받았다는 것입니다. "굼벵이도 구르는 재주가 있다."는 격언은 세상이 하찮게 여기는 미물에게도 하나님께서 각각 그만의 특별한 재능을 부여하셨다는 의미를 담고 있습니다.

누구나 크든 작든 하나님께로부터 재능을 부여받았음에도 불구하고 어떤 이는 사명을 깨닫고 부지런히 일하여 재능을 발휘하고 꽃피워 풍성한 열매를 맺는데, 어떤 이는 사명을 깨닫지 못해 자신의 재능을 썩히고 맙니다. 이것에 대해 18절에 "한 달란트 받은 자는 가서 땅을 파고 그 주인의 돈을 감추어 두었더니"라고 말씀하고 있습니다.

한 달란트 받은 사람은 자기가 해야 할 일이 무엇인지 도무지 몰랐습니다. 사명을 깨닫지 못했습니다. 사명을 깨닫지 못한 결과에 대해서는 26절에 '악하고 게으른 종'이라고 책망하고 있습니다. 하나님께서 우리를 이 땅에 보내실 때 저마다 사명을 주셨습니다. 아무런 사명 없이 이 땅에 보내심을 받은 사람은 한 사람도 없습니다. 그래서 무엇보다 내가 왜 이 세상에 왔고, 무슨 사명을 받았는지 깨닫는 것이 중요합니다.

자녀를 키우면서 부모님들이 가장 답답해하는 것 가운데 하나가 자녀가 장차 커서 무엇을 해야 할지에 대한 목표가 없는 경우입니다. 이과인지 문과인지, 어느 대학의 어느 과인지 목표가 없으면 그처럼 답답한 일이 없습니다. 마찬가지로 하나님께서도 하나님의 자녀들이 일찍이 소질을 발견하고 재주를 갈고 닦아 그길로 정진하여 주어진 재능으로 하나님을 기쁘시게 하기를 원하십니다.

또 이와는 다른 경우인데, 열심히는 하는데 사명을 깨닫지 못한 채 그냥 열심히 하는 경우가 있습니다. 그런 경우에는 기쁨이 없습니다. 결국 낭패와 실망을 당한 뒤에 손들고 돌아오는 경우가 있습니다. 저도 25살까지 여의도 쪽을 향해서 열심히 뛰었습니다. 그러나 기쁨이 없었습니다. 26살에야 사명을 깨닫고 목회자의 길에 들어섰고, 지금까지 세상이 줄 수 없는 기쁨을 맛보며 살아가고 있습니다.

사명 분별법

1. 남보다 많이 가진 것이 있습니까?
   (많이 배운 것, 많이 소유한 것, 뛰어난 재능 등)
2. 그 일을 할 때 기쁨이 있습니까?
   (다른 사람들은 느끼지 못하는데 나는 즐겁다.)
3. 생각할수록 마음에 부담이 있습니까?
   (내가 저걸 해야 되는데 … 봉사를 해야 하는데 ….)
4. 나만이 가진 상처가 있습니까?
   (고난의 터널을 지나 남을 위로하고 격려하도록)

하나님은 우리 모두에게 사명을 주셨습니다. 어떤 때는 긍정적인 사건을 통해, 어떤 때는 부정적인 사건을 통해 사명을 깨닫게 하시고 그 일로 하나님께 영광을 돌리며 하나님의 마음을 시원케 하는 자녀가 되기를 원하십니다. 사명을 깨닫지 못하면 게으름을 피울 수밖에 없습니다. 한 달란트 받은 종은 계산상으로 따져보면 손해 보지 않았습니다. 그러나 사명을 깨닫지 못했고 일하지 않았다는 점에서 악하고 게으른 종이라고 책망을 받았습니다.

이라크에서 돈 벌러 갔다가 인질로 잡혀서 목이 잘려 죽은 김선일 씨를 순교자라고 하는데 그 이유를 아십니까? 김선일 씨는 선교의 사명을 가지고 있었고, 언어를 익히고 선교사가 되기 위해 이라크의 일자리를 구했던 것입니다. 그는 정식으로 선교사 파송을 받은 것도 아니고 목사도 아니었지만 선교의 사명을 가지고 준비하고 있었던 아름다운 청년입니다. 그러므로 그는 선교의 사명을 행하다 선교지에서 순교한 것입니다. 신학생이 공부하다 죽으면 순교하는 것이요, 신앙인이 교회 오다 죽으면 순교인 것입니다.

> "내가 가로되 주여 무엇을 하리이까 주께서 가라사대 일어나 다메섹으로 들어가라 정한 바 너희 모든 행할 것을 거기서 누가 이르리라 하시거늘"(사도행전 22장 10절)

사울이 다메섹에서 부활하신 예수님을 만나고 처음으로 한 말이 "주여 무엇을 하리이까"였습니다. 이 말의 뜻은 '하나님께서 내게 원하시는 것이 무엇입니까?' 입니다. 다시 말해 '내 사명은 무엇입니까?' 하고 물은 것입니다. 예수님께서 "내가 너를 이방인에게로 보내리라."라는 사명을 주셨고, 그 사명을 위해 평생을 헌신하게 된 것입니다.

우리의 사명은 무엇입니까? 우리 모두 사명을 깨닫고 게으름을 떨쳐버립시다.

환경을 탓하지 마십시오

우리 격언에 "잘 되면 내 탓, 안 되면 조상 탓"이라는 말이 있습니다. 인생을 실패하는 사람은 탓을 잘합니다. 환경 탓, 여건 탓, 조상 탓, 부모 탓, 남의 탓, 경기 탓, 밑천 탓, 재수 탓, 탓탓 하다가 인생이 끝나버립니다. 그러나 인생을 성공하는 사람은 같은 시간과 같은 조건 속에서도 환경을 탓하지 않고 그것을 극복하고 맙니다. 즉 성공과 실패는 태도에 달려있다는 사실을 알 수 있습니다.

"오랜 후에 그 종들의 주인이 돌아와 저희와 회계할 새 다섯 달란트 받았던 자는 다섯 달란트를 더 가지고 와서 가로되 주여 내게 다섯 달란트를 주셨는데 보소서 내가 또 다섯 달란트를 남겼나이다 그 주인이 이르되 잘 하였도다 착하고 충성된 종아 네가 작은 일에 충성하였으매 내가 많은 것으로 네게 맡기리니 네 주인의 즐거움에 참예할지어다 하고 두 달란트 받았던 자도 와서 가로되 주여 내게 두 달란트를 주셨는데 보소서 내가 또 두 달란트를 남겼나이다 그 주인이 이르되 잘 하였도다 착하고 충성된 종아 네가 작은 일에 충성하였으매 내가 많은 것으로 네게 맡기리니 네 주인의 즐거움에 참예할지어다 하고 한 달란트 받았던 자도 와서 가로되 주여 당신은 굳은 사람이라 심지 않은 데서 거두고 헤치지 않은 데서 모으는 줄을 내가 알았으므로"(마태복음 25장 19-24절)

오랜 후에 주인이 돌아와 회계를 한다는 것은 인생은 누구나 하나님 앞에서 심판받을 날이 있음을 말해 주고 있습니다. 주인 앞에 선 다섯 달란트와 두 달란트 받은 종은 기쁨으로 결산을 하고 "착하고 충성된 종아 네가 작은 일에 충성하였으니 내가 많은 것으로 네게 맡기겠노라." 하는 칭찬과 상급을 받았습니다. 그리고 한 달란트 받은 종의 차례가 되었습니다. 이때 한 달란트 받은 종이 이렇게 말합니다.

"주여 당신은 굳은 사람이라"(마태복음 25장 24절)

자기가 일하지 않고 남기지 못한 것을 주인 탓으로 돌리고 있습니다. 게으른 사람은 일을 해보지도 않고 탓부터 합니다. 이런 사람은 계획도 없고, 꿈도 없고, 비전도 없습니다. 아마 한 달란트 받은 사람은 "내게 다섯 달란트를 주셨다면 나도 저 사람들 이상으로 크게 사업을 하고 이익을 남겨 주인에게 드릴 수 있었을 것입니다." 하고 말했을지도 모릅니다. 이것은 변명이고 자기 합리화에 불과합니다. 이렇게 남과 자기를 비교하고 주저앉으면 되는 일이 없습니다. 비교의식은 불평불만을 낳게 되고 마음을 병들게 하며 멸망으로 인도할 뿐입니다. 지금 내게 주어진 여건이 한 달란트라면 그 자리에서 출발해야 합니다. '밑져야 한 달란트밖에 더 밑지겠는가?' 그렇게 생각하면 마음이 편해질 것입니다.

이스라엘 사람들은 황량한 광야를 탓하지 않고 젖과 꿀이 흐르는 땅으로 만들었습니다. 덴마크의 달가스 대령과 그룬트비히 목사는 북해의 험한 바람과 척박한 농토를 탓하지 않고 낙농업의 나라로 만들었습니다. 박정희 대통령은 보릿고개를 넘기지 못하던 이 나라를 김용기 장로의 가나안농군학교를 통해 하면 된다는 정신을 배우고 새마을운동을 시작해 한강의 기적을 일으켰습니다.

지금 우리 나라의 경기가 몹시 어려운 가운데에서도 수출이 잘되는 까닭에 나라가 휘청거리지 않고 버티고 있습니다. 수출품 가운데 삼성의 반도체 산업이 차지하는 비중이 대단히 큽니다. 이 반도체 사업을 시작한 이가 고 이병철 씨인데, 환갑을 넘긴 나이였던 1980년대 초반에 반도체 사업에 뛰어들었습니다. 당시에는 반도체가 생산 원가에도 못 미치는 가격에 팔리던 때였습니다. 회사 밖의 전문가들이 말렸습니다. 심지어 삼성 그룹의 사장단조차 '실패하면 그룹 전체가 망할 수 있다.'며 말렸지만, 이 회장은 한국 산업의 미래가 반도체에 있음을 직감하고 밀어붙였습니다. 이 결심을 하기까지 미국 시장을 시찰하고 방대한 자료를 검토했습니다. 그의 비전이 한국을 먹여 살리는 데 큰 기여를 한 것입니다.

환경을 탓하면서 아무 일도 하지 않은 채 세월을 허송하고 재주를 썩히고 물질을 낭비하면 악하고 게으른 종이라고 책망 받게 되는 것입니다. 반면 환경을 극복하기 위해 비전을 가지고 계획을 세우고 최선을 다해 일할 때 하나님의 도우심이 함께하게 됩니다. "하늘은 스스로 돕는 자를 돕는다."라는 속담은 바로 환경을 탓하지 않고 최선을 다하는 자를 하나님께서 도와주신다는 뜻이 아닐까 합니다.

"게으른 자는 말하기를 사자가 밖에 있은즉 내가 나가면 거리에서 찢기겠다 하느니라"(잠언 22장 13절)

이것은 게으른 자는 핑계가 많고 탓하기를 좋아한다는 것을 말해주는 대표적인 말씀입니다. 환경이 열악합니까? 가지고 있는 것이 고작 한 달란트에 불과합니까? 그럼에도 불구하고 비교의식을 가지고 불평불만 하지 말고 비전을 가지고 계획을 세우고 최선을 다해 일하시기 바랍니다. 환경을 탓하지 않고 오히려 환경을 극복하는 역전승의 주인공이 되시기를 바랍니다.

부족한 대로 지금 시작하십시오

전쟁 영웅들의 이야기를 듣고 있노라면 공통점이 있는데, 바로 죽음에 대한 두려움이 없다는 것입니다. 월남전에서 한국군 사령관을 지낸 채명신 장군은 한국전쟁 때 게릴라전을 처음으로 벌인 용감무쌍한 전설적 인물입니다. 그분의 전기를 보면 중공군의 개입으로 1.4후퇴 때 몇 명의 부하들과 함께 적지에서 고립이 되었습니다. 사방이 인민군 천지인데 국군복장을 하고 도저히 살수가 없는데도 인민군 초소를 당당하게 지나갑니다. 검문하는 인민군에게 "우리는 특수부대원들이다. 국군에 침투하기 때문에 국군 복장을 하고 다닌다."고 거짓말을 하면서 통과했다고 합니다. 어떤 때는 수상히 여겨 본부에 연락해 보겠다고 하면 전화하는 사이에 몽둥이로 때려눕히고 도망가는 등 몇 달 동안 사선을 넘어 부대를 찾아온 기록을 보았습니다.

> "두려워하여 나가서 당신의 달란트를 땅에 감추어 두었나이다 보소서 당신의 것을 받으셨나이다 그 주인이 대답하여 가로되 악하고 게으른 종아 나는 심지 않은 데서 거두고 헤치지 않은 데서 모으는 줄로 네가 알았느냐 그러면 네가 마땅히 내 돈을 취리하는 자들에게나 두었다가 나로 돌아와서 내 본전과 변리를 받게 할 것이니라 하고 그에게서 그 한 달란트를 빼앗아 열 달란트를 가진 자에게 주어라 무릇 있는 자는 받아 풍족하게 되고 없는 자는 그 있는 것까지 빼앗기리라 이 무익한 종을 바깥 어두운 데로 내어 …"(마태복음 25장 25-30절)

한 달란트 맡은 종이 악하고 게으른 종이라고 책망 받게 된 원인을 25절에서 찾아볼 수 있습니다. 그가 '두려워하여'라고 적혀 있습니다. 주인에 대한 두려움, 미래에 대한 두려움, 미지의 세계에 대한 두려움 등 두려움은 사람을 소극적으로 만들고, 폐쇄적이고 부정적으로 만듭니다. 두려움은 있는 것까지도 다 빼앗기고 멸망에 빠지게 만드는 무서운 병입니다.

어떤 학생은 공부는 잘하는데 본고사를 볼 때면 너무 긴장한 탓인지 복통이 나서 시험을 망쳐 대학에 떨어져 힘들어 하는 경우를 보았습니다. 어떤 일을 할 때 너무 완벽하게 하려고 하지 마십시오. 신학대학원 동기 중에 교회 교육에 대해 일가견이 있는 친구가 있었습니다. 이미 기독교 교육학 석사 학위를 받고 신학대학원에 들어왔고, 교육 세미나란 세미나는 전부 참석해서 배웠습니다. 완벽한 교회 교육 프로그램을 계획하고 교회에 적용시켜 보겠다고 호언장담을 하던 친구였습니다. 그런데 아직 목사 안수를 못 받았고 지금은 어디 있는지 만날 수도 없습니다.

세상에 완벽한 것이 어디 있습니까? 부족한 대로 시작해 보는 겁니다. 실천하면서 부족한 것을 보충해 나가면서 좀 더 발전시켜 나가고 향상시켜 나가면 되는 것입니다. 저는 본래 70점을 목표로 공부를 한 사람이니까 교회 운영도 그렇습니다. 70퍼센트 정도만 운영이 되면 성공했다고 생각합니다. 실패를 두려워하지 않고 시도하면 점점 더 나아집니다. 어떤 분은 "이게 뭡니까?" 하고 부족한 점을 나무라기도 합니다. 그러면 속으로 '그렇게 완벽하면 하나님께서 도와줄 여지가 없지 않습니까?' 라고 말하고 싶지만 참습니다. 부족해도 두려워하지 말고 시도하십시오. 목적이 선하고 뜻이 아름다우면 하나님께서 반드시 도와주십니다.

농구 황제 마이클 조던이 쓴 책을 보면 이런 이야기가 있습니다.

"농구 생활을 통틀어 나는 9,000개 이상의 슛을 실패했고, 거의 300게임에서 패배를 기록했습니다. 그 중 26번은 다 이긴 게임이었는데, 나의 마지막 슛이 실패해서 졌습니다. 나는 살아오면서 수많은 실패를 경험했습니다. 그러나 이것이 바로 내가 성공할 수 있었던 이유입니다." 하나님이 우리에게 요구하시는 것은 완벽한 사람이 아닙니다. 비록 한 달란트 밖에 없을 지라도 최선을 다하기를 원하십니다.

달란트를 다른 말로 은사라고 할 수 있습니다. 은사는 쓸수록 강해지고 풍성해집니다. 묻어놓으면 사라져 버리고 맙니다. 완벽하게 배운 다음에 교회학교 교사를 하겠다고 생각하면 평생 못합니다. 완벽해진 다음에 찬양대를 하겠다고 생각하면 평생 못합니다. 완벽해진 다음에 봉사하겠다고 생각하면 평생 못합니다. 있는 모습 그대로 시작해야 합니다. 두려워하지 말고 시작하십시오. 능력은 주께 있습니다. 나는 전달 도구일 뿐입니다. 구리 전선에 전기가 있는 것이 아닙니다. 다만 전선이 되기만 하면 주님께서 전기가 흐르게 하셔서 불도 들어오고 모터도 돌아가게 하시는 것입니다.

최일도 목사가 처음부터 병원을 계획한 것이 아닙니다. 청량리역에 배낭 메고 놀러가다가 배고픈 거지 할아버지 만나 배낭 속에 있던 코펠과 버너 꺼내서 라면 두 개 끓여준 것이 오늘의 다일공동체가 되고 다일천사병원이 된 것입니다.

두려움은 떨쳐버리고 무엇이든 시작하면 됩니다. 두려움은 시작도 못하게 막는 무서운 사탄의 전략입니다. 두려움은 아무 일도 못하게 만들기 때문에 주님은 두려움을 느끼고 한 달란트를 묻어둔 종에게 악하고 게으른 종이라고 책망하신 것입니다.

"사람을 두려워하면 올무에 걸리게 되거니와 여호와를 의지하는 자는 안전하리라"(잠언 29장 25절)

두려움은 게으름을 낳게 됩니다. 두려움을 떨쳐버리고 하나님을 의지하고 새 일을 힘차게 행하여 다섯 달란트와 두 달란트 받은 종과 같이 착하고 충성된 종이라 칭찬받는 우리가 되어야 할 것입니다. 사명을 깨닫고, 환경을 극복하고, 두려움을 물리치고, 하나님께 받은 달란트를 잘 활용하여 하나님의 마음을 시원케 하는 착하고 충성된 종들이 되도록 합시다.

04_환난을 당당히 기뻐하라

| 요한계시록 1장 9-20절 |

기독교의 상징은 십자가입니다. 보통 십자가하면 축복, 구원, 고난, 화해, 만남 등의 의미가 떠오릅니다. 그런데 십자가는 본래 사형틀이었습니다. 로마를 위시한 고대 제국에서는 죄인을 극형에 처할 때 백성들에게 경계심을 주어 다시는 그런 일이 일어나지 못하도록 전시 효과를 얻으려는 목적으로 살인범이나 반란을 일으킨 역도 같은 중죄인들을 광장 같은 곳에서 십자가에 달아 죽였습니다. 그래서 성경은 "나무에 달린 자는 저주를 받았음이니라"(신명기 21장 23절)고 말하고 있습니다.

그러니까 예수님께서 나무 십자가에 달려 죽으신 것은 저주받아 죽으신 것입니다. 예수님의 십자가 위에는 '유대인의 왕'이라고 죄패가 붙어 있었습니다. 예수님은 정치적으로 왕을 사칭하고 로마 황제에 대항하며 세상을 소란케 한 죄로 사형을 당한 것입니다. 그런데 이에 대해 사도 바울은 이렇게 말하고 있습니다.

> "그리스도께서 우리를 위하여 저주를 받은 바 되사 율법의 저주에서 우리를 속량하셨으니 기록된 바 나무에 달린 자마다 저주 아래 있는 자라 하였음이라"(갈라디아서 3장 13절)

예수님이 저주를 받으신 것은 우리를 위하여 저주를 받은 것입니다. 율법의 정죄를 받아 무거운 짐을 지고 죽어가는 우리를 속량하기 위해 저주를 받은 것입니다. 속량(Redemption)이란 다른 말로 하면 구속(救贖) 또는 속전(贖錢)으로 대가를 지불하고 사람을 구해내는 일, 즉 돈을 내고 죄인을 구원하는 것을 뜻합니다. 요즈음으로 말하자면 보석금이라고 할 수 있습니다. 세례 요한은 예수님을 처음 보는 순간 예수 그리스도께서 우리를 구속하시기 위해 대신 값을 지불하는 희생양이 될 것임을 알았습니다.

> "이튿날 요한이 예수께서 자기에게 나아오심을 보고 가로되 보라 세상 죄를 지고 가는 하나님의 어린양이로다"(요한복음 1장 29절)

예수님은 세상의 모든 죄, 우리의 죄, 아니 나의 죄를 위해 십자가를 지신 것입니다. 자신이 죄를 짓고 자기 죄 때문에 십자가에 달려 죽었다면 기념하고 생각할 것이 무엇이 있겠습니까? 하지만 예수님이 지셨던 십자가는 바로 우리를 위해 지셨던 것이기에 함께 생각하며 묵상할 이유가 있는 것입니다.

　옛날 어른들은 어려운 일은 피하고 먹고 노는 일에만 얼굴을 내미는 얌체족에 대해 이렇게 말씀하셨습니다. '싸움에는 악돌이, 먹는 데는 감돌이, 노는 데는 한량, 일하는 데는 꾀돌이' 물론 사람이 그러면 못 씁니다. 일할 때 힘을 쓰고 땀을 흘리며, 남에게 유익을 주고 자신을 희생할 줄 알아야 사람다운 사람이라고 할 수 있습니다. 그런데 현대인들이 신앙생활을 하는 모습도 점점 새털처럼 가벼워지는 것 아닌가 하는 우려가 됩니다. 고난 받고 희생하는 것은 싫어하고 복 받고 좋은 말씀 듣는 것만을 신앙생활이라 생각하는 경향이 있습니다. 그러나 분명히 생각해야 할 것은 십자가 없이는 면류관이 없다는 사실입니다.

　1999년에 독일의 민간 구호 단체 긴급의사회 소속으로 북한에 들어가 활동하다가 2000년에 추방당한 독일인 의사가 있습니다. 노르베르트 폴러첸 박사인데, 일전에 〈UPI 통신〉과의 인터뷰에서 밝히기를 "북한의 기독교 탄압은 나치의 유태인 학살과도 유사하다. 세계 제2차 대전 당시 유태인들처럼 북한의 기독교인들은 기도하고 찬송하면서 처형장에 들어갔다."라고 증언했습니다.

　더욱 놀라운 사실은 북한의 강제수용소 열 곳을 관장했던 사람이 수감된 기독교인들의 신앙심에 감명을 받아 신앙을 갖게 되었고, 북한을 탈출해 세례를 받았다는 것입니다. 북한 공산당의 박해 속에서도 환난에 동참하는 지하 교회 교인들이 늘어가고 있다는 반증입니다. 이렇게 예수 믿는 것이 목숨과 맞바꿀 만큼 위험한데도 불구하고 그리스도의 환난에 동참하는 사람들이야말로 우리가 본받고 따라야 할 신앙인 것입니다. 그래서 우리가 늘 그리스도의 고난을 묵상하고 스스로 고난에 동참함으로써 신앙을 내면화시키고 깊고 맑은 영성을 키워야 할 것입니다.

요한계시록 7장에서 사도 요한이 천국의 광경을 보고 있었습니다. 큰 무리가 흰 옷을 입고 손에 종려 가지를 들고 하나님 보좌 앞과 어린 양 앞에 서서 큰소리로 외칩니다. "구원하심이 보좌에 앉으신 우리 하나님과 어린 양에게 있도다!" 이 말이 끝나자 천사들이 "아멘, 찬송과 영광과 지혜와 감사와 존귀와 능력과 힘이 우리 하나님께 세세토록 있을지로다. 아멘." 하고 찬양을 하는데, 얼마나 우렁차고 아름다운지 넋을 잃고 쳐다보고 있는데 장로 중 하나가 다가와 요한에게 묻습니다. "저기 흰 옷 입은 자들이 누구며 또 어디서 왔는지 아느냐?" "잘 모르겠습니다. 아시면 가르쳐 주시지요." 했더니 "이들은 큰 환난에서 나오는 자들인데 어린양의 피에 그 옷을 씻어 희게 하였느니라. 이제는 저들이 다시 주리지도 목마르지도 상하지도 않도록 보좌 가운데 계신 어린 양이 저희의 목자가 되어 생명수 샘으로 인도하시고 하나님께서 저희 눈에서 모든 눈물을 씻어 주실 것이라."고 합니다. 이렇게 환난에 동참한 자들에게는 확실한 약속이 보장되어 있습니다.

음성을 듣는 사람에게 복이 있습니다

공원에 가보면 병아리 같은 아이들을 데리고 산책을 나온 아기 엄마들을 종종 볼 수 있습니다. 이때 아이들을 잃어버리지 않도록 주의해야 합니다. 엄마들끼리 모여 수다를 떠는 동안 아기들은 방향도 없이 아무 곳으로 가서 엄마의 애를 태우는 경우가 많습니다. 아이들은 한참 자기 좋은 데로 가다가 갑자기 엄마 생각이 나면 그제서 엄마를 부릅니다. 일단 엄마의 음성이 들리지 않으면 그때부터 불안해지고 마침내 울기 시작합니다. 아이 곁에는 언제나 엄마가 있어야 합니다.

어린아이는 잠들 때도 엄마가 곁에 있어야 잘 잡니다. 아기가 잠들었다 싶어 살짝 일어나 부엌에라도 가려면 그 사이 잠에서 깨어 소스라치게 울며 엄마를 찾습니다. "엄마 여기 있다." 하면 그 음성을 듣고서 그제야 안심하고 잠이 듭니다. 엄마야말로 아기에게 있어서 하늘입니다. 엄마와 같이 사랑이 풍성하신 하나님께서는 환난을 당하고 핍박받는 성도들의 연약해진 마음을 위로하고 용기를 북돋기 위해 때때로 그 음성을 들려 주십니다.

> "나 요한은 너희 형제요 예수의 환난과 나라와 참음에 동참하는 자라 하나님의 말씀과 예수의 증거를 인하여 밧모라 하는 섬에 있었더니 주의 날에 내가 성령에 감동하여 내 뒤에서 나는 나팔 소리 같은 큰 음성을 들으니 가로되 너 보는 것을 책에 써서 에베소, 서머나, 버가모, 두아디라, 사데, 빌라델비아, 라오디게아 일곱 교회에 보내라 하시기로"
>
> (요한계시록 1장 9-11절)

9절에 나오는 요한은 예수님의 열두 제자 중 유일하게 순교당하지 않고 살아남은 사도 요한입니다. 사도 요한은 열두 제자 가운데 나이가 제일 어렸습니다. 그러나 열심이 특심이었고 똑똑하여 베드로, 야고보, 요한과 함께 자주 이름이 거론되는 것을 복음서에서 볼 수 있습니다. 예수님께서 십자가에서 달려 돌아가실 때 끝까지 따라간 것도 요한 밖에는 없었습니다. 예수님은 십자가상에서 요한에게 어머니 마리아를 두고 "이제부터 네가 어머니처럼 나를 대신해 모시라."고 당부하셨고, 그 이후 요한은 마리아가 죽을 때까지 잘 모셨습니다.

요한은 다른 제자들이 다 순교한 후에도 살아남아 초대 교회 최고 지도자가 되었는데, 네로보다도 더 악한 왕인 도미티안(Domitianus; A.D. 81-96 재위)이 교회를 핍박할 때 체포되어 지중해의 절해고도 밧모섬에 유배되었습니다. 당시 밧모섬에는 대리석 채석장이 있어서 가끔 대리석을 채취하러 오는 사람들 외에는 사람이 살지 않았고 죄수를 수용하는 섬이었습니다.

요한은 자신을 소개하면서 '예수의 환난에 동참하는 자'이며, 밧모섬에 오게 된 까닭은 하나님의 말씀과 예수를 증거했기 때문이라고 밝히고 있습니다. 그는 밧모섬에서 홀로 예배드리기 위해 바위에 앉았습니다. 앞에는 지중해의 물결이 출렁이고 갈매기가 외로이 날 뿐, 아무도 없는 섬에서 혼자 찬송하고 기도하는데 성령이 비둘기와 같이 임하셨습니다. 그러더니 나팔소리 같은 큰 음성이 들려왔습니다. "네가 보는 것을 책에 써서 일곱 교회에 보내라." 일곱 교회란 에베소, 서머나, 버가모, 두아디라, 사데, 빌라델비아, 라오디게아 교회인데 하나님의 모든 교회를 상징합니다.

요한은 결코 혼자가 아니었습니다. 예수의 환난에 동참하다가 유배를 오게 되었지만, 하나님께서 요한을 홀로 보내지 않으셨습니다. 하나님은 환난에 동참한 성도들을 책임지시고 '내가 너와 함께 한다.'는 사인(sign)으로 음성을 들려 주신 것입니다.

모세는 40세에 민족을 구하려고 일어났다가 실패하고 바로를 피해 도망자가 되어 광야에서 40년을 지냈습니다. 80세의 모세는 광야의 마른 나무와 같이 꺼져가는 인생이었습니다. 여느 날과 마찬가지로 미디안 광야에서 양무리를 치고 있던 모세는 이상한 광경을 목격했습니다. 떨기나무에 불이 붙었는데, 호르르 타버려야 할 나무가 그대로인 채 계속 불이 타고 있었습니다. 이상하다고 생각하여 가까이 갔을 때 "모세야, 모세야." 하고 부르는 음성을 듣게 되었습니다. "내가 여기 있나이다."라고 대답하자, 그때 하나님께서 "나는 네 조상의 하나님이니 아브라함의 하나님, 이삭의 하나님, 야곱의 하나님이니라."고 하셨습니다. 놀라고 두려워 떨고 있는 모세에게 하나님은 "내가 너를 바로에게 보내어 너로 내 백성 이스라엘 자손을 애굽에서 인도하여 내리라."고 말씀하셨습니다. 혈기 방장했던 40세에는 하나님의 음성을 듣지 못했기에 실패했던 모세가 비록 마른 막대기 같은 80세 노인이 되었지만 하나님의 음성을 듣고서 민족 해방의 대업을 완수할 수 있게 된 것입니다. 하나님의 음성을 들을 수 있는 것은 큰 축복입니다. 그 축복은 환난에 동참하는 자만이 받을 수 있는 은혜입니다.

"내가 땅에 엎드러져 들으니 소리 있어 가로되 사울아 사울아 네가 왜 나를 핍박하느냐 하시거늘 내가 대답하되 주여 뉘시니이까 하니 가라사대 나는 네가 핍박하는 나사렛 예수라 하시더라"(사도행전 22장 7-8절)

예수 믿는 자들을 잡아 죽이러 살기등등하게 다메섹으로 가던 사울이 예수님의 음성을 들었습니다. 예수님의 음성을 듣고 그의 삶은

180도 변했습니다. 핍박자에서 전도자로, 예수를 증오하며 원수로 여기던 그가 예수를 사랑하며 목숨을 버리기까지 복음 전하다 결국 순교를 하기도 하였습니다.

이렇게 하나님의 음성을 듣는 사람은 복 있는 사람입니다. 환난에 동참한 사람은 하나님의 음성을 듣게 됩니다. 주님의 고난, 민족의 십자가, 가정의 십자가를 지고 환난에 동참하여 하나님의 음성 듣는 자에게 하나님이 함께 하실 것입니다.

환상을 본 사람은 새로운 길을 갑니다

나팔 소리 같은 큰 음성을 들은 사도 요한은 '누가 나에게 말을 하는가? 이 큰 음성의 주인공은 누구인가?' 하며 뒤를 돌아보았습니다. 그때 그는 주님을 보았습니다.

> "몸을 돌이켜 나더러 말한 음성을 알아보려고 하여 돌이킬 때에 일곱 금 촛대를 보았는데 촛대 사이에 인자 같은 이가 발에 끌리는 옷을 입고 가슴에 금띠를 띠고 그 머리와 털의 희기가 흰 양털 같고 눈 같으며 그의 눈은 불꽃 같고 그의 발은 풀무에 단련한 빛난 주석 같고 그의 음성은 많은 물소리와 같으며 그 오른손에 일곱 별이 있고 그 입에서 좌우에 날선 검이 나오고 그 얼굴은 해가 힘 있게 비취는 것 같더라"(요한계시록 1장 12-16절)

12절에 촛대는 교회를 상징합니다. 일곱은 완전수이기에 일곱 교회는 세계 모든 교회를 뜻합니다. 촛대가 금으로 되어 있는 것은 금이 귀하고 아름답고 불변하는 속성을 가진 것처럼 하나님의 교회는 하나님 보시기에 귀하고 아름다우며 하나님의 보호 아래 영원할 것을 뜻합니다.

13절 이하에는 예수님이 촛대 사이를 다니시는데 발에 끌리는 옷을 입으셨다고 했습니다. 이것은 대제사장 또는 왕의 옷을 뜻합니다. 그 머리를 보니 양털 같고 눈과 같이 머리가 희었고, 눈은 불꽃같고 발은 주석 같고 음성은 많은 물소리 같았다고 합니다. 일곱 촛대는 온 세상 교회를 뜻하고 흰 머리털은 지혜와 성결을 뜻하며, 불꽃같은 눈은 통찰력과 공의를 뜻하고 주석 같은 발은 힘과 능력을 뜻합니다. 또 많은 물소리 같은 음성은 권능과 위엄을 뜻하며, 일곱 별은 교회를 지키는 천사(목사)를 뜻하며, 좌우에 날선 검은 심판하시는 말씀을 뜻합니다.

요한이 본 상징들을 종합해서 해석하면, 로마 황제가 아무리 핍박하고 교회를 없애려 해도 교회를 붙들고 계신 분은 예수 그리스도이시고 그 손에서 아무도 교회를 해하거나 빼앗을 수 없다는 것을 보여 주신 것입니다. 사도 요한이 환난에 동참하여 밧모섬에 유배를 온 뒤 늘 걱정하는 것이 무엇이었겠습니까? 이미 자기는 90세 넘게 살았으니 죽으면 믿음을 따라 천국으로 갈 자신이 있었지만, 남겨놓은 교회들이 오직 그의 걱정거리였음을 짐작할 수 있습니다. 교회를 걱정하고 염려하는 요한에게 하나님은 환상을 보여 주시므로 '염려하지 말라. 교회는 내가 책임지겠다.' 는 것을 보여 주신 것입니다.

교회는 세워지는 순간부터 하나님의 것입니다. 하나님의 것이기에 하나님이 세우시고 하나님이 지키시며 보호하십니다. 그런데 교회를 세워 놓고 온 집안 형제들이 대동단결하여 지키는 경우가 있습니다.

그렇게 한다면 하나님의 교회를 만드는 것이 아니라 사람의 교회를 만들 위험이 있습니다. 혹 교회 개척하고 그런 분들이 있다면 걱정을 끊으시고 신경을 끄시되, 단지 믿음을 쓰시기 바랍니다. 믿음을 쓰지 않고 신경만 쓰니까 교회가 잘못되는 것입니다. 예수님께서 사도 요한에게 "얘야, 걱정 붙들어 매라. 내가 다 책임진다."고 말씀하시며 일곱 별을 오른손으로 붙들고 계신 환상을 보여 주셨습니다. 이것은 지상의 모든 교회를 예수님께서 강하게 붙드시고 계심을 말합니다. 교회가 바르기만 하면 하나님께서 책임져 주심을 믿으시기 바랍니다.

환상을 본 사람은 새로운 길로 나아갈 수 있습니다. 사방이 우겨쌈을 당하여도 낙심치 아니하고 하늘에 열린 문을 두신 하나님을 바라보게 됩니다. 앞이 캄캄하고 갈 바를 모를 때 계명성을 바라보고 길을 찾아가게 되는 것입니다. 예수의 환난에 동참한 사람이 고난을 당하면 외면하지 않으시고 반드시 새로운 길을 열어 주십니다. 하나님은 선한 목자 되시기 때문입니다.

사도행전 16장을 보면 사도 바울이 실라를 데리고 2차 전도여행을 떠나고 있습니다. 수리아, 길리기아, 더베, 루스드라에 이르러 디모데라는 제자를 얻어 그를 데리고 아시아로 복음을 전하기 위해 북동쪽으로 발걸음을 옮기는데 자꾸만 길이 막힙니다. 비가 오고, 다리가 끊어지고, 지진이 나고, 자꾸 서쪽으로만 몰려갑니다. 무시아에 이르러 북서쪽에 있는 비두니아로 가려고 하는데 성령이 그 길을 막으셨습니다. 그래서 드로아라는 아시아의 도시 끝에 이르게 되었습니다. 그 밤에 잠을 청하는데 환상 중에 서양 사람 하나가 나타나 마게도냐로 건

너와 우리를 도와달라고 급히 요청을 합니다. 그때서야 바울이 하나님의 뜻을 깨닫고 유럽으로 복음을 전하러 건너가게 되었습니다. 그래서 서양에 복음이 먼저 들어가게 되었던 것입니다. 이렇게 하나님께서는 환난에 동참하는 자에게 환상을 통해서 깨우쳐 주십니다.

> "베드로가 그 환상에 대하여 생각할 때에 성령께서 저더러 말씀하시되 두 사람이 너를 찾으니 일어나 내려가 의심치 말고 함께 가라 내가 저희를 보내었느니라 하시니"(사도행전 10장 19-20절)

하루는 베드로가 기도탑에 올라가 기도하는데 하늘에서 보자기가 내려오는 환상을 보게 됩니다. 보자기 속에는 율법에서 더럽다고 규정한 부정한 짐승인 뱀, 돼지, 독수리, 개구리 같은 것들이 담겨 있었습니다. 베드로가 이맛살을 찌푸리는데 소리가 나더니 "베드로야, 일어나 잡아먹으라." 하는 음성이 들렸습니다. "안됩니다. 깨끗지 아니한 짐승을 나는 한 번도 먹은 적이 없습니다." 그랬더니 "하나님께서 깨끗케 하신 것을 네가 더럽다 하지 말라."는 음성이 들렸습니다. 그래도 안된다고 했더니 반복해서 '잡아 먹으라.'고 한 후 보자기 같은 그릇이 하늘로 올라갔습니다.

그 때 잠에서 깨어난 베드로는 '이게 도대체 무슨 뜻일까?' 고민했고, 마침 그 때 문을 두드리며 이방인 고넬료가 베드로를 모셔오라고 보낸 하인들이 도착했습니다. 그때서야 베드로가 깨달았습니다. '이방인을 더럽다 생각하지 말고 그들에게 복음을 전하라는 명령이로구나.' 그래서 고넬료에게 복음 전하고 세례를 베풀었습니다. 이것이 이방인에게 베푼 첫번째 세례였던 것입니다. 그렇게 하나님께서는 환난에 동참하는 사람에게 환상을 보여 주셔서 위로해 주시고 비전을 주셔서 새 일을 행하게 만드십니다.

환난에 동참하기를 기뻐하십시오

괴테의 소설 『빌헬름 마이스터의 수업시대』에 "하프 타는 사람의 노래"라는 시가 나옵니다. 그 내용이 이렇습니다.

눈물과 함께 빵을 먹어본 적이 없는 자
근심에 쌓인 수많은 밤을
잠자리에서 일어나 앉아
울며 지새본 적이 없는 자
천국의 힘을 알지 못하나니

눈물에 젖은 빵을 먹어본 자라야 인생의 의미를 알고 환난에 동참한 자라야 천국의 힘을 알 수가 있습니다. 하나님은 환난 당하는 자가 환난에서 이길 수 있도록 성령의 힘을 공급해 주십니다.

"내가 볼 때에 그 발 앞에 엎드러져 죽은 자같이 되매 그가 오른 손을 내게 얹고 가라사대 두려워 말라 나는 처음이요 나중이니 곧 산 자라 내가 전에 죽었었노라 볼지어다 이제 세세토록 살아있어 사망과 음부의 열쇠를 가졌노니 그러므로 네 본 것과 이제 있는 일과 장차 될 일을 기록하라 네 본 것은 내 오른손에 일곱 별의 비밀과 일곱 금촛대라 일

곱 별은 일곱 교회의 사자요 일곱 촛대는 일곱 교회니라"(요한계시록 1장 17-20절)

부활하신 주님을 환상 중에 본 사도 요한이 두려워 떨 때 두려워 말라 하시며 용기를 북돋워 격려하셨습니다. 부활하신 예수님은 처음이요 나중이 되십니다. 알파와 오메가라고도 하는데, 이 말은 영원토록 존재하시고 창조주인 동시에 심판자라는 뜻입니다.

우리는 분명히 부활하신 예수님을 섬깁니다. 죽은 신을 섬기는 것이 아니라 살아 계신 예수님을 섬기고 믿습니다. 그분은 악인을 심판하시고 믿어 의인된 우리들에게 상급을 주시고 영생 복락을 주시는 분이십니다. 여기에 우리가 담대할 수 있는 이유가 있습니다. 승리하신 예수님을 바라볼 때 담대할 수 있게 됩니다.

"우리가 환난 중에도 즐거워하나니 이는 환난은 인내를, 인내는 연단을, 연단은 소망을 이루는 줄 앎이로다"(로마서 5장 3-4절)

우리에게는 승리의 소망이 있기에, 천국의 소망이 있기에, 면류관의 소망이 있기에 십자가를 질 수 있는 것입니다. 로마의 트라얀 황제(A.D. 98-117년 재위) 시대에 플리니우스(A.D. 61-113)라는 소아시아 지방의 집정관이 있었습니다. 이때 황제와 플리니우스가 주고받는 두 편의 서신이 오늘날까지 남아 있습니다. 그 내용은 기독교인들을 어떻게 처리하면 좋겠느냐는 질문과 답변입니다. 그 내용 중에 이런 것이 있습니다.

"한 번은 나에게 고발된 기독교인들을 재판했습니다. 먼저 그들이 기독교인들인지를 물었습니다. 그렇다고 고백했습니다. 그럴 때 저는 두 번, 세 번 사형에 처해질 것이라는 위협과 함께 동일한 질문을 반복했습니다. 그럼에도 불구하고 그들이 굽히지 않을 때 사형을 집행할 수밖에 없었습니다."

이 얼마나 놀라운 사실입니까? 바로 우리 믿음의 선조들은 이렇게 담대하게 믿음을 지켰던 것입니다. 예수님은 이렇게 말씀하셨습니다.

"세상에서는 너희가 환난을 당하나 담대하라 내가 세상을 이기었노라"
(요한복음 16장 33절)

환난에 동참하는 자에게 주께서 용기를 주시고 확신을 주셔서 담대하게 하십니다. 여러분이 현재 환난 가운데 있고 무거운 십자가를 지고 있습니까? 십자가를 피하지 마시고 지시기 바랍니다. 십자가는 결코 목에 거는 것이 아닙니다. 어깨에 지는 것입니다. 십자가는 고르는 것이 아니라 앞에 보이는 무겁고 큰 것을 지는 것입니다. 가정의 십자가, 교회의 십자가, 민족의 십자가 어느 것이라도 눈에 보이는 것을 내가 먼저 지는 것입니다.

십자가는 지기 전에 두렵고 무거워 보이지만 지고 나면 기쁨이요, 가볍습니다. 그 짐을 주님께서 함께 져 주시기 때문입니다.

"마음을 강하게 하라 담대히 하라 너는 이 백성으로 내가 그 조상에게

맹세하여 주리라 한 땅을 얻게 하리라"(여호수아 1장 6절)

여호수아는 모세가 죽은 후 가나안 정복의 대 임무를 물려받게 되었습니다. 그의 마음에 두려움이 엄습했습니다. 가나안 땅에는 거인 족속을 비롯한 일곱 족속이 있고 광야 40년 전투 경험을 가진 역전의 용사들은 다 죽고 강한 카리스마를 가진 지도자 모세도 죽었습니다. 40년 간 보좌관 생활만 한 여호수아가 이스라엘을 이끌고 가나안 정복 전쟁을 수행해야 한다고 생각하니 두렵고 떨려 잠을 잘 수가 없었습니다. 그때 하나님께서 여호수아에게 힘과 용기를 북돋아 주셨습니다. "모세와 함께한 것같이 내가 너와 함께 하겠노라. 강하고 담대하라! 가나안 땅을 얻게 하리라!"고 말씀하시자 여호수아가 일어났습니다. "민족의 십자가를 지겠습니다. 환난에 동참하겠습니다!" 하나님께서 그와 함께 하셨고, 여리고성이 무너졌습니다. 아이성이 무너졌고, 일곱 족속이 차례로 무너졌습니다. 마침내 승리하여 가나안 땅을 정복하고 하나님께 영광을 돌렸습니다.

자신에게 닥친 환난을 피하지 마십시오. 우리가 하나님 나라에 들어가려면 많은 환난을 겪어야 합니다(사도행전 14장 22절). 그러나 두려워하지 마십시오. 하나님께서 환난에 동참하는 자에게 음성을 들려 주시고 환상을 보게 하시고 용기를 주시고 담대하게 하십니다. 그리고 마침내 가나안 땅을 정복하고 천국에 들어가게 하신다는 사실을 믿으시기 바랍니다. "내 괴로움에 참예하였으니 잘하였도다"(빌립보서 4장 14절) 하는 칭찬을 받을 수 있도록 교회와 가정과 민족과 시대적 환난에 기꺼이 십자가를 동참하는 신앙인이 되시기 바랍니다.

인생의 경주에서 승리하라

| 빌립보서 3장 7-14절 |

　제 28회 올림픽이 올림픽의 본고장 아테네에서 202개국 10,500여 명의 선수가 참가한 가운데 한참 열전을 벌이고 있었습니다. 17일 동안 27개 종목 301개의 금메달을 놓고 세계 각지에서 몰려든 선수들이 보다 빠르게, 보다 힘차게, 보다 높이 뛰고 달리면서 힘을 겨루고 있습니다.

　올림픽의 기원은 지금부터 2,800년 전으로 거슬러 올라갑니다. 기원전 776년에 200미터 달리기에 코로에 부스라는 요리사가 우승을 차지했다는 기록이 가장 오래된 올림픽 기록입니다. 그로부터 52년 후에는 400미터 경주가 추가되었고, 그 이후 경기 종목이 계속 늘어나 12가지가 되었습니다. 고대 올림픽의 12종목을 살펴보면 먼저 200미터 달리기, 400미터 달리기, 5,000미터 달리기가 있었습니다. 그

외에도 창던지기, 원반던지기, 높이뛰기, 5종경기, 완전무장경주, 전차경주, 레슬링, 권투, 판크라치온이 있습니다. 판크라치온은 레슬링과 권투를 합쳐놓은 것 같은 경기로 상대가 항복하거나 죽을 때까지 하는 무서운 경기였습니다. 아라치온이라는 선수는 죽으면서까지 항복하지 않고 상대방을 공격해서 상대방 선수의 항복을 받아내고 나서 숨이 넘어가고 말았습니다. 그래서 죽은 그 머리 위에 월계관을 씌워 주었다는 기록이 전해오고 있습니다.

이 고대 올림픽은 1,200년 동안 계속 되다가 그리스가 로마에 패한 A.D. 393년에 중단되고 말았습니다. 그로부터 1,500년의 세월이 흐른 후 프랑스의 쿠베르탱이라는 교육가의 노력으로 1896년 아테네에서 13개 나라가 참가한 가운데 제 1회 올림픽이 열리게 되었던 것입니다. 올림픽은 반목과 다툼을 거부하고 화합과 평화의 정신을 강조합니다. 고대올림픽이 열릴 때도 올림픽 기간만큼은 전쟁을 멈추고 함께 경기장에 나와 힘을 겨루었습니다. 올림픽을 통해 인간의 육체적, 정신적 자질을 높이고 나아가 평화로운 세계 건설에 이바지하는 뜻이 올림픽의 기본 정신입니다. 여기에다가 신앙을 가진 선수들에게는 한 가지 목표가 더 있습니다. 그것이 바로 올림픽 경기를 통하여 하나님께 영광을 돌리는 것입니다.

지난 아테네 올림픽에 출전한 선수들 중에 유독 크리스천 선수들이 메달을 따면서 기도하는 모습을 보고 가슴 진한 감동을 느꼈습니다. 첫 금메달의 주인공인 유도의 이원희 선수가 기도하고 두 손을 들어 하나님께 영광을 돌리는 모습이 지금도 뇌리에 생생하게 남아있습니다.

양궁 개인전에서 6연패를 이룩한 금메달의 박성현 선수와 은메달의 이성진 선수는 모두 기독교인입니다. 남자체조에서 은메달의 김대은 선수와 오심으로 안타깝게 동메달을 받았던 양태영 선수 또한 독실한 기독교인입니다. 사격에서 은메달, 동메달을 딴 이보나 선수 또한 믿음 좋은 신앙인입니다. 또 축구 선수들이 승리하고 그라운드에서 7-8명이 무릎 꿇고 함께 기도하는 모습을 보면서 참으로 기뻤습니다.

이런 신앙인들에 의해 육체 올림픽이 영적인 올림픽이 되는 것입니다. 올림픽이라고 하면 단순히 운동만 하는 것이 아닙니다. 올림픽이 열리는 것과 때를 맞추어 문화 올림픽이 열립니다. 올림픽 기간에 세계의 모든 예술 행사를 유치해서 미술, 음악, 연극 등 각 나라 예술 공연을 합니다. 또 학술 올림픽이 열립니다. 올림픽 기간 중에 세계적인 학자들을 초청하여 논문을 발표하고 학술적 교류를 꾀하기도 합니다.

그리고 올림픽 기간 중에는 세계의 기업가들이 몰려듭니다. 관광도 하고, 경기도 관람하면서 사업을 논의합니다. 이렇게 올림픽을 통해서 세계인들이 모여 겨루고, 나누고, 어우러지는 한마당 대축제를 벌이는 것입니다. 이런 좋은 기회를 선교의 기회로 삼아 올림픽을 솔림픽(Soulympic)으로 만들어야 합니다. 솔림픽은 영혼(Soul)과 올림픽(Olympic)을 합하여 만든 단어로 올림픽을 육체의 올림픽으로 끝나지 않도록 전도에 이용하고, 선수는 경기를 통하여 하나님의 영광을 나타내는 통로로 활용하자는 뜻입니다.

고린도전서 10장 31절의 말씀은 우리 그리스도인들에게 무슨 활동을 하든지 생활 속에서 하나님의 영광을 드러내야 한다고 가르치고 있습니다.

> "그런즉 너희가 먹든지 마시든지 무엇을 하든지 다 하나님의 영광을 위하여 하라" (고린도전서 10장 31절)

그런 면에서 우리 믿음의 선수들이 참으로 장하다고 생각합니다. 우리들도 이 믿음 본받아야 합니다. 운동이 아니더라도 누구나 인생이라고 하는 경기장에 나온 선수들입니다. 우리 모두 인생의 경주에서 승리하여 하나님께 영광 돌리게 되기를 바랍니다.

경주자는 먼저 버려야 합니다

대부분의 사람들은 모으는 것을 성공이라고 생각합니다. 쌓는 것을 성공이라고 생각합니다. 그런데 그와 반대인 경우도 더러 있습니다. 스포츠의 비밀을 알면 재미있습니다. 우리 나라 스포츠 중에 인기가 가장 높은 게 축구와 야구입니다. 야구 선수들의 운동량이 대단합니다. 그런데 야구 선수가 힘이 세지만 이삿짐을 나를 때는 전혀 도움이 안 됩니다. 왜냐하면 이들은 힘을 밖으로 밀어내고 쳐내는데 집중해서 훈련하기 때문에 끌어안고 들어 올리는 데는 힘을 쓸 줄 모릅니다.

대부분의 야구 선수들이 골프를 잘 칩니다. 그 이유는 골프나 야구나 방망이를 휘두르는 것이 같기 때문입니다. 이런 이치를 생각해 보면 모으고 쌓아야 성공인 경우도 있지만 버려야 성공할 수 있는 경우도 있음을 알 수 있습니다. 역도 같은 경기는 1분에 결정이 되고 맙니다. 그런데 그 1분을 위해 4년을 피나는 훈련을 합니다.

4년 간 몸을 가다듬고 실력을 향상시키기 위해 선수들은 모든 것을 버려야 합니다. 가족들과 단란한 시간도 가질 수 없습니다. 마음대로 먹을 수도 없습니다. 여행을 다닐 수도 없습니다. 잠도 규칙적으로 자고 일어나야 합니다. 모든 것이 통제되고 관리 받아야 합니다. 절제에 절제를 거듭하고 피눈물 나는 훈련 끝에 올림픽에 나가는 것입니다. 나가서도 결국 누가 많이 절제하고 훈련했느냐에 따라 결과가 달라지는 것입니다.

"그러나 무엇이든지 내게 유익하던 것을 내가 그리스도를 위하여 다 해로 여길뿐더러 또한 모든 것을 해로 여김은 내 주 그리스도 예수를 아는 지식이 가장 고상함을 인함이라 내가 그를 위하여 모든 것을 잃어버리고 배설물로 여김은 그리스도를 얻고 그 안에서 발견되려 함이니 내가 가진 의는 율법에서 난 것이 아니요 오직 그리스도를 믿음으로 말미암은 것이니 곧 믿음으로 하나님께로서 난 의라" (빌립보서 3장 7-9절)

사도 바울은 신앙의 경주를 하기 위해 모든 것을 배설물과 같이 버렸다고 말합니다. 모든 것이라는 것은 자기가 자랑했던 가문의 영광과 율법에 통달했던 바리새인이라는 자랑과 세상의 지위와 부귀를 일컫는 것입니다. 이런 모든 것을 버린 이유는 그리스도를 얻고 새로운 피조물이 되기 위해서라고 말하고 있습니다. 새 사람이 되기 위해서는 옛 사람을 벗어버려야 합니다.

"너희는 유혹의 욕심을 따라 썩어져 가는 구습을 좇는 옛 사람을 벗어버리고 오직 심령으로 새롭게 되어 하나님을 따라 의와 진리의 거룩함으로 지으심을 받은 새 사람을 입으라" (에베소서 4장 22-24절)

낡은 옷을 버려야 새 옷을 입을 수 있습니다. 운동선수들이 실력을 향상시키고 힘을 강화하기 위해 지방을 빼고 근육을 강화합니다. 그러기 위해 엄청난 고통을 감수합니다. 체급 경기를 하는 선수들은 감량을 하기 위해 금식을 하기도 하고, 그래도 안 되면 사우나에 들어가서 땀을 빼고 그것도 안 되면 계속 침을 뱉어냅니다. 그리고 계체량에 통과하고 시합에 나갑니다. 이것을 일찍이 감량해 놓지 못하면 힘이 없어 시합 때에 제대로 싸워보지도 못하고 지고 마는 것입니다. 그러니 평소 식욕을 절제해야 합니다. 생활을 절제해야 합니다. 인간의 편하고자 하는 욕구, 쾌락의 욕구를 몽땅 내어 버려야 승리자가 될 수 있는 것입니다. 신앙의 경주도 마찬가지입니다. 영적인 싸움에서 이기기 위해서는 많은 것을 버려야 합니다.

"그리스도 예수의 사람들은 육체와 함께 그 정과 욕심을 십자가에 못 박았느니라"(갈라디아서 5장 24절)

예수님이 십자가에 달려 돌아가실 때 이미 나의 육체의 정욕과 죄와 허물은 모두 십자가에서 소멸되었습니다. 그러므로 예수 믿는 순간 우리는 옛사람을 벗어버린 것입니다. 낡은 옷을 쓰레기통에 버렸다가 다시 찾아 입는 사람은 정신이상자 취급을 받을 것입니다. 다시 죄짓고 정욕을 따라 살면 그리스도 예수의 사람이 아닙니다. 사탄이 유혹하고 죄가 손짓해도 끌려가면 안 됩니다.

"이러므로 우리에게 구름 같이 둘러싼 허다한 증인들이 있으니 모든 무거운 것과 얽매이기 쉬운 죄를 벗어 버리고 인내로써 우리 앞에 당한 경주를 경주하며"(히브리서 12장 1절)

인내하고 절제하면서 신앙의 경기장을 달려야 합니다. 최후 면류관을 받기까지 달려야 합니다. 절제하지 못하면 패배합니다. 신앙의 경기장에서 각광을 받던 스타급 선수들이 정욕을 절제하지 못해 쓰러지고 물욕을 절제하지 못해 쓰러지기도 합니다. 규모 있는 생활과 규칙적인 생활에 노력해야 합니다. 올림픽 선수만 절제가 중요한 것이 아니라 솔림픽 선수에게 있어서 더욱 중요합니다. 성령의 9가지 열매는 사랑으로 시작해서 절제로 끝납니다. 사랑이 없으면 희락과 화평과 인내와 자비와 양선과 충성과 온유 같은 열매가 맺히지 않습니다. 그런가 하면 절제가 없으면 밑 빠진 독에 물을 붓는 것처럼 성령을 소멸하고 맙니다.

"이기기를 다투는 자마다 모든 일에 절제하나니 저희는 썩을 면류관을 얻고자 하되 우리는 썩지 아니할 것을 얻고자 하노라"(고린도전서 9장 25절)

아테네 올림픽에서는 고대올림픽을 재연하여 금, 은, 동메달을 받는 입상자들에게 올리브나무로 만든 월계관을 씌워 주었습니다. 며칠 못 가 썩을 월계관을 얻고자 모든 일에 절제하고 이기기를 다툰다면 썩지 않을 생명의 면류관을 받을 신앙의 경주자들이야 말로 얼마나 절제하며 경기에 임해야 할 것인가 하는 권고의 말씀입니다.

신앙의 경주가 어렵다고 포기하지 마십시오. 인내하십시오. 절제하십시오. 육체와 정과 욕심을 십자가 앞에 내어버리고 믿음의 경주를 힘차게 달려 생명의 면류관 받으시기까지 승리하기시를 기도합니다.

본 받을 스승을 찾아야 합니다

아테네 올림픽에서 세계를 다시 한 번 놀라게 한 것이 여자 양궁입니다. 개인전은 6연패해서 20년 동안 세계를 제패했고, 단체전은 5연패하여 16년 동안 세계를 제패했습니다. 한국의 아성을 무너뜨리려고 경기 방식을 토너먼트로 바꾸기도 했지만 소용이 없었습니다. 이렇게 오랜 세월 세계를 제패할 수 있었던 이유는 무엇일까요? 그것은 바로 선배들을 그대로 본받아 강훈련을 했기 때문입니다. 왜 한국이 유독 활을 잘 쏘는가? 이것은 조상들을 본 받았기 때문입니다.

예로부터 이런 말이 있습니다. '조선은 활, 중국은 창, 일본은 조총'이라고 했습니다. 고대 중국 사람들이 한민족을 부를 때 동이족(東夷族)이라고 불렀습니다. 곧 동쪽에 큰 활을 쏘는 족속이라는 말입니다.

그러면 여자들이 남자들보다 활을 잘 쏠 수 있는 이유는 무엇일까요? 농경 민족으로 손을 가장 많이 써서 생업을 유지해 온 한국인의 손이 민감합니다. 옛 어머니들은 논, 밭갈이, 길쌈, 바느질, 빨래, 설거지 등 아버지보다 많은 손을 썼기로 한국 여성의 장장근 발달도가 100이라면 한국 남성은 80 정도가 되기 때문에 여궁이 남궁보다 강한 이유로 꼽습니다. 조선시대 의주나 북청 등 변방 지역의 여인들은 말을 달리며 활을 쏘는 것을 즐겼다는 기록이 있을 정도로 활쏘기의 뿌리 깊은 전통이 있었던 것입니다. 이런 본을 잘 이어 받은 것이 올림픽 6연패의 신화를 이룬 원인이 된 것입니다.

"내가 그리스도와 그 부활의 권능과 그 고난에 참예함을 알려하여 그의 죽으심을 본받아 어찌하든지 죽은 자 가운데서 부활에 이르려 하노니"(빌립보서 3장 10-11절)

인생을 살아가면서 본받을 대상이 있고, 본받을 스승이 있다는 것은 참으로 행복한 일입니다. 신앙의 세계와 영적인 세계에서도 본받을 스승은 참으로 중요합니다. 사도 바울의 영원한 스승은 예수 그리스도였습니다. 예수님도 지금 우리가 영화롭게 섬기는 영광의 그리스도가 아니라 고난의 그리스도, 십자가를 지시고 죽으신 예수님을 본받았던 것입니다. 고난 받고 죽으신 그리스도를 본받은 까닭은 부활에 이르려 함이라고 11절은 말씀하고 있습니다. 이 말은 부활, 영광, 승리는 십자가 고난과 죽음이 없이는 도달할 수 없는 것이라는 말입니다. 그래서 이런 격언이 생긴 것입니다.

"No Cross! No Crown!"

우리가 영원히 본받아야 할 예수님은 세상의 그 어떤 스승보다 그 가르침과 모범됨이 전혀 달랐습니다.

"내가 주와 또는 선생이 되어 너희 발을 씻겼으니 너희도 서로 발을 씻기는 것이 옳으니라 내가 너희에게 행한 것 같이 너희도 행하게 하려하

여 본을 보였노라"(요한복음 13장 14-15절)

제자들의 발을 씻겨 주신 '세족의 본'을 따르기 위해 교회 안에 세족식을 할 수 있는 시설을 할 수 있다면 좋겠다고 생각합니다. 좋은 본을 받는 것이 왜 중요한가 하면 좋은 본을 받은 자만이 좋은 본을 남길 수 있기 때문입니다. 알코올 중독자의 자녀가 일반적인 아버지 밑에서 자란 아이들보다 알코올 중독자가 될 확률이 4배나 높다는 의학계의 보고가 있습니다. 폭력적 아버지 밑에서 자란 자녀들이 성인이 되어 70퍼센트 이상이 폭력을 휘두른다는 미국 사회학자들의 보고도 있습니다. 그러므로 좋은 스승을 통해 본을 받아야 합니다.

"형제들아 너희는 함께 나를 본받으라 또 우리로 본을 삼은 것 같이 그대로 행하는 자들을 보이라"(빌립보서 3장 17절)

나를 본받으라는 말은 사도 바울의 교만에서 나온 말이 아닙니다. 사도 바울은 "내가 그리스도를 본받은 자된 것 같이 너희는 나를 본받으라"고 고린도전서 11장 1절에서 말했습니다. 우리가 그리스도를 철저히 본받을 때 인생의 경기에서 승리할 수 있습니다. 뿐만 아니라 남에게 본을 보여 또 다른 승리자를 양육하게 될 것입니다.

예수 그리스도를 본받아 온유하고, 겸손한 인격자가 되시기 바랍니다. 발을 씻기는 섬김을 실천하시기 바랍니다. 그리스도의 죽으심을 본받아 부활에 참예하는 승리자들이 되시기를 바랍니다.

푯대를 보고 달려야 이깁니다

올림픽의 마라톤 역사에 가장 비극적인 사건이 하나 생각나는데, 어디에서 올림픽이 열렸을 땐가 올림픽의 꽃이라는 마라톤이 마지막으로 진행되고 있었습니다. 메인스타디움에 가득 찬 군중들이 2시간 전에 출발한 선수들이 들어오기를 기다리고 있었습니다. 드디어 웅성거리는 소리가 들리더니 선도하는 진행자들이 들어오고 그 뒤를 따라 한 선수가 지친 모습으로 운동장에 들어섰습니다. 사람들이 일제히 일어나 박수를 보내는데 이상한 일이 일어났습니다. 그 선수가 갑자기 돌아서더니 골인 지점의 반대 방향으로 뛰는 것이었습니다. 너무 지친 나머지 정신이 혼미해져서 방향 감각을 잃고 만 것입니다. 너무 놀란 나머지 그 나라 임원들이 가서 돌아가라고 외쳐도 못 알아들었습니다. 안타까운 마음에 가서 붙잡고, "이리로 가면 안 돼. 저기가 골인 지점이야. 저기 푯대를 보고 달려." 하고 돌려놓으니까 그때서야 돌아서서 결승선을 향해 뛰어들어 테이프를 끊었습니다. 그러나 마라톤 규정에 선수를 붙잡아 주면 반칙이라는 규정 때문에 결국 우승을 놓치는 비극의 주인공이 되고 말았습니다.

> "경기하는 자가 법대로 경기하지 아니하면 면류관을 얻지 못할 것이며"(디모데후서 2장 5절)

세상 모든 삶에 법이 있고 신앙의 경주에도 법이 있습니다. 그것을 잘 지켜야 합니다.

"내가 돌이켜 해 아래서 보니 빠른 경주자라고 선착하는 것이 아니며"
(전도서 9장 11절)

무조건 빠르다고 1등 하는 것이 아닙니다. 푯대를 보고 달려야 승리할 수 있는 것입니다.

"내가 이미 얻었다 함도 아니요 온전히 이루었다 함도 아니라 오직 내가 그리스도 예수께 잡힌바 된 그것을 잡으려고 좇아가노라 형제들아 나는 아직 내가 잡은 줄로 여기지 아니하고 오직 한 일 즉 뒤에 있는 것은 잊어버리고 앞에 있는 것을 잡으려고 푯대를 향하여 그리스도 예수 안에서 하나님이 위에서 부르신 부름의 상을 위하여 좇아가노라"(빌립보서 3장 12-14절)

사도 바울이 뒤에 있는 것은 잊어 버리고 앞에 있는 것을 잡으려고 푯대를 향하여 그렇게 고생하며, 고난을 참으며 달린 이유가 무엇입니까? 하나님이 위에서 상을 예비하고 계시기 때문입니다. 이 상은 썩을 면류관이 아닙니다. 이 세상에서 길어야 80년 정도 영광을 받는 금메달이 아닙니다. 썩지 않는 면류관과 영원한 생명의 면류관입니다. 이것을 바라보았기에 바울은 넘어졌다가도 일어서고, 쓰러졌다가도 다시 일어날 수 있었던 것입니다.

"대저 의인은 일곱 번 넘어질지라도 다시 일어나려니와 악인은 재앙으로 인하여 엎드러지느니라"(잠언 24장 16절)

의인들은 다시 일어날 수 있는 힘을 어디에서 얻을까요? 사도행전 7장에 스데반의 이야기를 보면 그 까닭을 알 수가 있습니다. 스데반의 설교를 듣고 유대인들이 분기가 충전하여 이를 갈며 돌을 던져 죽이려고 하는데도 스데반의 얼굴은 천사의 얼굴과 같이 환하게 빛났습니다.

"스데반이 성령이 충만하여 하늘을 우러러 주목하여 하나님의 영광과 및 예수께서 하나님 우편에 서신 것을 보고 말하되 보라 하늘이 열리고 인자가 하나님 우편에 서신 것을 보노라 한대"(사도행전 7장 55-56절)

성령이 충만한 스데반은 하늘을 쳐다보았습니다. 하늘을 바라보며 하늘 문이 열리고 하나님 보좌 우편에 면류관을 드시고 어서 오라 하시며 두 팔 벌리고 계신 주님을 보았던 것입니다. 이것을 보았기에 죽음까지도 이길 수 있었던 것입니다. 여러분! 사방이 우겨 싸임을 당했습니까? 물질적으로 어렵습니까? 육신적으로 병들었습니까? 사람에게 배신당하고 버림당했습니까? 낙심하지 마시기 바랍니다. 하늘을 우러러 보시기 바랍니다. 하늘 문이 열릴 것입니다. 신령한 은혜가 임하고, 문제가 해결되고, 기쁨이 넘치게 될 것입니다. 우리 그리스도인들이 바라 볼 목표는 썩어질 면류관이나 죽을 때 가져갈 수 없는 금메달이나 돈과 명예가 아니라 영원한 생명입니다.

"그러므로 내가 달음질하기를 향방 없는 것 같이 아니하고 싸우기를 허공을 치는 것 같이 아니하여 내가 내 몸을 쳐 복종하게 함은 내가 남에게 전파한 후에 자기가 도리어 버림이 될까 두려워함이로라"(고린도

전서 9장 26-27절)

푯대를 바라보고 달리지 않으면 버림을 받게 됩니다. 실패하는 인생 낙오자가 된다는 말입니다. 영적으로 말하면 지옥에 떨어진다는 말씀입니다. 육상 선수가 골인 지점의 푯대를 바라보듯이 골프 선수가 깃대를 바라보고 홀 속에 골을 넣듯이 권투 선수가 상대방의 얼굴을 목표로 공격하듯이 영적으로도 분명하게 바라보는 목표가 있으면 최후의 승리자가 될 수 있습니다. 이것이 불확실하면 롯의 아내처럼 소돔 성을 뒤돌아보다가 소금 기둥이 되고 마는 것입니다. 여러분, 목표가 무엇입니까?

"믿음의 주요 또 온전케 하시는 이인 예수를 바라보자 저는 그 앞에 있는 즐거움을 위하여 십자가를 참으사 부끄러움을 개의치 아니하시더니 하나님 보좌 우편에 앉으셨느니라" (히브리서 12장 2절)

예수 그리스도를 바라보십시오! 예수 그리스도만 바라보십시오. 오직 그분만이 우리를 죄에서 구원하실 수 있으시며, 온전케 하실 수 있으시며, 우리를 천국으로 인도하실 수 있습니다. 인생의 경기가 힘들고 어렵습니까? 죽음을 이기고 부활하신 승리자 예수님을 바라보시기 바랍니다.

아름다운 본이 되신 예수님을 본받으시기 바랍니다. 자기를 버리사 인류를 구원하신 예수님처럼 버리십시오. 자기의 보배롭게 여기던 것들을 배설물처럼 버림으로 승리한 바울처럼 내 방법, 내 소유, 정과 욕심을 버리고 주님의 뜻대로 사시기 바랍니다. 인생의 경주와 영혼의 올림픽에서 버리고, 본받고, 푯대를 바라보고 힘차게 달려 승리하는 최후의 승리자가 되시기를 바랍니다.

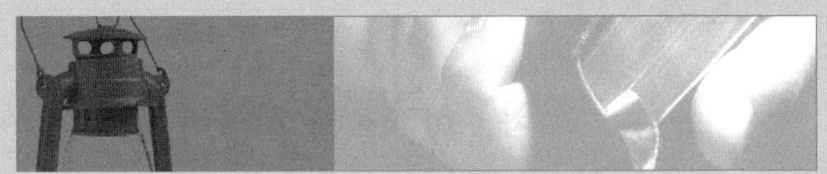

2장 | 나그네처럼 가볍게 살아라

상당히 마음에 와 닿는 계율입니다. 천국의 순례자들인 우리들이 가볍게 사는 것을 가르치고 지키지 않으니까 스님이 나와서 세상 사람들을 가르치고 있는 것 아니겠습니까?

한 가족이 여름 휴가를 맞이하여 바닷가로 여행을 떠났습니다. 해수욕을 하고 노는데 어린아이가 모래성을 쌓습니다. 조금씩 높이 쌓아가는 재미에 흠뻑 젖어 일어날 줄 모릅니다. 아빠가 "얘야, 이제 그만 가자. 바닷물이 들어올 시간이다." 하고 말을 해도 모래성이 아까워 일어날 줄 모릅니다. 조금 후에 바닷물이 밀려들기 시작했습니다. 모래성이 물에 잠기고 파도에 쓸려 가버렸고, 어린아이는 울면서 돌아서고 말았습니다. 우리가 소유하고 있는 것들이 이 어린아이가 쌓았던 모래성 같이 되지 않으려면 우리의 영원한 기업은 하늘에 있음을 기억해야 할 것입니다.

"썩지 않고 더럽지 않고 쇠하지 아니하는 기업을 잇게 하시나니 곧 너희를 위하여 하늘에 간직하신 것이라"(베드로전서 1장 4절) 하늘의 기업을 소유하기 원하십니까? 주는 것이 받는 것보다 복이 있다 하심을 기억하여야 할 것입니다(사도행전 20장 35절). 하늘의 부자는 소유의 양으로 결정되는 것이 아니라 얼마나 주님의 이름으로 사랑을 베풀었느냐에 따라 결정될 것입니다.

기독교는 현세를 부정하지 않습니다. 염세주의도 아닙니다. 단지 이 땅이 전부인 것처럼 살아가는 사람을 깨우쳐 본향을 향하게 하는 영생의 종교입니다. 본향이 있음을 아는 나그네 여러분, 본향을 사모하시기 바랍니다. 사람 앞에 자신을 낮추고 하나님 앞에 겸손하시기 바랍니다. 짐을 가볍게 하고 찬송하며 순례의 길을 걷는 나그네가 되시기를 바랍니다.

06_자유인, 속박을 벗어 던져라

| 갈라디아서 4장 1-11절 |

우리 민족의 역사를 한 마디로 '고난의 역사'라고 표현할 수 있습니다. 그래서 우리를 한 많은 민족이라고 합니다. 그런데 세계 역사상 우리보다 더 한 많은 민족을 꼽으라고 한다면 유태인을 꼽을 수 있을 것입니다. 유태인들에게도 해방절이 있는데, 그 날을 유월절이라고 부릅니다.

야곱과 그의 권속 70명이 흉년을 피해 애굽에 들어갔을 때만 해도 국무총리가 된 요셉으로 인해 라암셋과 숙곳이라는 목초지가 많은 곳을 할당받아 독립된 생활을 할 수 있었습니다. 그러나 세월이 흘러 왕조가 바뀌었습니다. 히브리 족속의 수가 많아진 것을 바로가 두려워하기 시작했습니다. 변방에 위치한 히브리 족속이 다른 민족들과 결탁하면 국가의 안위가 위태롭다고 판단한 바로는 히브리 족속을 박해

하기 시작했고, 그들은 고통 속에서 부르짖게 되었습니다. 그 부르짖음이 하늘에 닿자 하나님께서 모세를 물에서 건져 궁중에서 지도자로 자라게 하셨습니다. 그리고 광야의 연단을 통하여 출중한 지도자로 세워 바로와 싸워 히브리 민족을 해방시키게 하셨습니다.

이들이 애굽을 탈출하던 날 밤에 하나님께서는 애굽의 장자가 죽는 재앙을 내리셨고, 히브리 족속은 양의 피를 문설주와 인방에 바르므로 해서 죽음의 사자가 지나가고 목숨을 건질 수 있었습니다. 그리고 히브리 족속은 애굽이 통곡하느라 정신없는 틈을 타서 애굽을 탈출하게 되었습니다. 이것이 애굽에 들어간 지 430년 만의 일이었습니다.

이로서 히브리 민족은 비로소 최초의 독립된 나라를 이루게 되었고, 하나님을 섬기는 공동체가 된 것입니다. 그러므로 유태인들에게 있어 해방절인 유월절은 우리의 광복절과는 사뭇 다릅니다. 우리에게는 한 해의 시작인 설날도 있고, 나라의 시작인 개천절도 있고, 명절 중의 으뜸인 중추절이 따로 있습니다. 그러나 유태인들에게 있어 유월절은 절기의 시작이요, 민족의 탄생일이요, 신앙의 출발점이라는 데서 그 의미가 대단히 크다고 할 수 있습니다.

우리는 더 이상 노예가 아닙니다

이스라엘 백성들이 애굽에서 430년을 종살이했습니다. 우리 나라 또한 일제의 압제로부터 36년을 견뎌야 했습니다. 즉 이스라엘이 10배 이상 오랜 세월 동안 종살이를 했다는 계산이 나옵니다. 오랫동안 종살이를 하면 종의 습관이 몸에 배이게 마련입니다. 다시 말해 이스라엘 민족에게는 여전히 깊은 노예 근성이 배여 있다는 말입니다.

물론 우리 나라가 일본에 의해 36년간 종살이를 했는데, 그 전에는 정신적으로 자주 국가이자 주인정신을 가지고 있었겠습니까? 그렇지 못한 면이 오히려 많았습니다. 중국에 대한 사대주의 사상이 깊숙이 뿌리내리고 있었던 것을 역사 속에서 발견할 수가 있습니다.

옛날 충청도 지방에 끝바꿈 노래에 높아지는 벼슬 이름을 대는 승경가(昇卿歌)라는 것이 있었습니다. 그 승경가는 대략 이렇습니다.

원 위에 감사(監司)
감사 위에 참판(參判)
참판 위에 판서(判書)
판서 위에 삼상(三相)
삼상 위에 승지(承旨)
승지 위에 왕(王)
임금 위에 만동묘지기(萬東廟)

묘지기란 천인인데, 천인이 임금 위에 있다니 쉽게 이해되지 않습니다. 청주 화양동에 있는 만동묘는 명나라 의종의 친필인 비례부동(非禮不動)이라는 글씨를 받들고 있으며, 임진왜란 때 우리 나라를 도와준 신종(神宗)을 모신 사당입니다. 사대주의의 정신적 고향격인 만동묘는 그 권위가 조선 왕실보다 높았다고 합니다.

대원군이 집권하기 전에 청주에 갔다가 화양동을 유람하고 만동묘를 구경하러 갔습니다. 하인들이 겨드랑이를 부축하며 계단을 올라 만동묘 문을 들어서는데 묘지기가 달려 나와 대원군의 발을 냅다 걷

어차는 바람에 계단으로 굴러 떨어졌습니다. 그리고는 소리치기를 "만동묘는 대명황제를 모신 곳이라 임금님이 오셔도 부축하는 법이 없거늘, 어디서 감히 부축을 하고 오는 게냐?" 하고 호통을 치는 겁니다. 대원군이 일생일대의 모욕적인 봉변에 분노가 치솟았으나 마음을 가다듬고 하인에게 만동묘 책임자인 변장의를 불러서 하인을 처벌할 것을 요구했습니다. 그랬더니 변장의는 묘지기의 행위가 좀 과한 듯하나 경우가 틀린 것이 하나도 없으니 죄를 줄 수 없다는 것이었습니다. 이에 앙심을 품은 대원군이 나중에 집권을 하면서 서원을 철폐할 때 만동묘도 철폐하고 변장의를 형살했다고 합니다. 조선시대에 사대주의 정신이 얼마나 뿌리 깊었는지를 알게 해주는 일화입니다.

"내가 또 말하노니 유업을 이을 자가 모든 것의 주인이나 어렸을 동안에는 종과 다름이 없어서 그 아버지의 정한 때까지 후견인과 청지기 아래 있나니 이와 같이 우리도 어렸을 때에 이 세상 초등 학문 아래 있어서 종노릇 하였더니"(갈라디아서 4장 1-3절)

이 말씀을 이해하기 위해서는 성경이 기록될 당시의 문화에 대한 이해가 필요합니다. 로마의 문화에서는 아무리 주인의 아들이라 해도 성년식을 하기 전에는 종처럼 대우를 받았습니다. 종보다 나을 것이 없었습니다. 주인이 가르치는 가정교사가 종이었지만 그에게는 주인의 아들을 채찍으로 때릴 수 있는 권한까지 부여되었습니다. 선생으로서 막강한 권위를 부여한 것입니다. 그래서 종 밑에서 매를 맞으며 자라야 했습니다.

그 아버지의 정한 때까지 후견인과 청지기를 맡은 종 아래에 있을 수밖에 없었습니다. 그러던 아들이 성인식을 치루면 상황이 180도 달라집니다. 이제는 종에게 지배받던 노예의 상태에서 벗어나 새로운 지위를 얻게 되는 것입니다.

"너희가 아들인고로 하나님이 그 아들의 영을 우리 마음 가운데 보내사 아바 아버지라 부르게 하셨느니라 그러므로 네가 이 후로는 종이 아니요 아들이니 아들이면 하나님으로 말미암아 유업을 이을 자니라"(갈라디아서 4장 6-7절)

노예에서 벗어나 법적으로 성인으로 인정받는 아들이 된 것입니다. 아바 아버지라 부를 수 있는 아들의 특권을 누리게 되었습니다. 게다가 이제는 당당히 아들로서 유업을 이을 수 있는 상속자가 되었습니다. 종에서 아들이 되었다는 것이 얼마나 영광스러운 일입니까? 종은 소유가 없고 자유가 없습니다. 그러나 아들은 소유가 있습니다. 아버지의 것이 다 아들의 것입니다. 또 아들은 자유가 있으며, 아버지의 사랑 아래 있습니다.

우리는 과거에 사단의 노예였습니다. 죄의 종이었습니다. 그러나 예수 그리스도께서 사단의 결박을 푸시고 우리를 자유롭게 하셨습니다. 이제는 하나님의 자녀가 된 것입니다. 그런데 노예 생활을 오래한 사람들에는 노예근성이 있습니다. 노예근성은 강제에 의해서 움직여지는 타율이라는 특징이 있습니다. 자율성이 부족한 데에는 언제나 주인의 채찍을 맞고 지시에 의해 일하던 습관이 몸에 배여 있기 때문입니다. 또 독립심이 부족하고 타인에게 의존하려는 경향이 있습니다. 한마디로 주체성이 없습니다. 그리고 책임의식도 없습니다. 시켜서 하는 일만 하고 살았기 때문에 목적의식도 없고, 잘못되어도 그만, 잘되어도 그만인 무책임한 속성을 가지고 있습니다.

그러나 우리는 이제 노예가 아닙니다. 아들입니다. 기업을 상속받을 주인입니다. 주인의식을 가져야 합니다. 그러기 위해서는 노예근성인 타율적이고 의존적이고 무책임한 속성을 버리고 자율적이고 주체적이며 책임감을 가진 주인이 되어야 합니다.

"그리스도께서 우리로 자유케 하려고 자유를 주셨으니 그러므로 굳세게 서서 다시는 종의 멍에를 메지 말라"(갈라디아서 5장 1절)

우리는 죄의 노예와 사탄의 노예에서 해방되어 아들이요 주인이 되었습니다. 이제 주인답게 종의 멍에를 벗어 버리고 참된 자유를 누리며 살아가야 할 것입니다.

율법의 속박을 끊으십시오

율법이 가진 가장 중요한 기능이 두 가지 있습니다. 하나는 인간에게 죄가 무엇인지 깨우치는 일이고, 다른 하나는 죄인을 그리스도께 인도하는 역할입니다. 하나님은 율법을 통해서 이스라엘 백성들에게 죄가 얼마나 무서운 것이며, 그들 속에는 이 무서운 죄 문제를 해결할 능력이 없음과 동시에 구세주가 필요하다는 사실을 깨우쳐 주셨습니다. 그러므로 그 사실을 깨달을 때까지 율법이 가정교사 노릇을 하면서 이스라엘 백성을 가르쳤던 것입니다. 그런데 이런 사실을 깨닫기는커녕 오히려 마냥 율법 아래 머물고자 했던 것이 이스라엘 백성들의 모순된 모습이었습니다.

오늘날도 복음을 깨닫지 못하고 이 세상의 도덕률에 의해서 인생을 살아가는 사람들은 여전히 율법 아래 있는 것입니다. 성경을 알지 못한다고 해서 율법이 없는 것이 아닙니다. 율법의 가장 큰 명령은 '하라' 와 '하지 말라' 입니다. 우리 마음 속에 이런 율법의 역할을 하고 있는 것이 '양심' 입니다. 바울은 로마서 2장 14-15절에서 비록 모세를 통한 율법을 받지 못했다할지라도 그 마음 속에 양심을 가진 모든 인간은 양심이 스스로에게 율법의 기능을 한다고 말했습니다.

"(율법 없는 이방인이 본성으로 율법의 일을 행할 때는 이 사람은 율법이 없어도 자기가 자기에게 율법이 되나니 이런 이들은 그 양심이 증거가 되어 그 생각들이 서로 혹은 송사하며 혹은 변명하여 그 마음에 새긴 율법의 행위를 나타내느니라)"(로마서 2장 14-15절)

이렇게 양심의 법이 율법의 역할을 하기 때문에 '나는 율법을 몰라서 내 마음대로 살았습니다. 따라서 나는 죄가 없습니다.' 라고 하나님 앞에서 핑계할 수 없습니다. 이렇게 율법 아래 있고, 죄 아래 있던 우리들을 위해 하나님께서 독생자 예수 그리스도를 보내 주셨습니다.

"때가 차매 하나님이 그 아들을 보내사 여자에게서 나게 하시고 율법 아래 나게 하신 것은 율법 아래 있는 자들을 속량하시고 우리로 아들의

명분을 얻게 하려 하심이라"(갈라디아서 4장 4-5절)

이스라엘에서는 자녀들이 열두 살이 되면 그 부모가 회당에 데리고 가서 성년식을 거행합니다. 이제 이 아들을 하나님께 바친다는 뜻입니다. 그러면 법적인 아들이 되어 재산을 상속받을 수 있는 자격을 갖게 됩니다. 그때부터는 종이었던 가정교사의 가르침으로부터 벗어나게 되는 것입니다. 이제 자유인이 되는 것입니다.

이와 마찬가지로 때가 차서 예수 그리스도께서 이 땅에 복음으로 오셨고, 율법 아래 종 노릇하던 우리가 그 복음을 통해서 자유를 얻었습니다. 또한 하나님의 모든 풍요한 것, 즉 하늘의 신령한 것과 땅의 기름진 것을 상속받아 누릴 수 있는 하나님의 법적인 아들이 되었습니다. 그러므로 4절의 '때'는 예수님이 오신 역사적 사건을 말하는 것입니다. 즉 복음의 때를 뜻합니다.

예수님께서 오셔서 우리에게 준 유익에 대해 5절에 두 가지를 말씀하고 있습니다. 하나는 '속량하셨다는 것'과 우리에게 '아들의 명분을 얻게 하셨다'는 것입니다. 예수님께서 우리를 위해 대가를 지불하시고 우리를 죄의 결박에서 풀어 주셨습니다. 어떻게 대가를 지불하셨습니까? 십자가에서 죽으시고 보배로운 피를 흘리셨습니다.

노예시장에서 한 여자 노예가 어린아이를 안고 젖을 물리고 있습니다. 한 사람이 와서 저 여자 노예가 얼마냐고 물으니까 1,000달러라고 합니다. "저 어린아이는 필요 없으니까 떼어 놓으시오." 하고 흑인 여자만 사가려고 합니다. 그러나 아이가 울면서 떨어지지 않습니다. 그러니까 이 흑인 여자도 "나는 아이와 떨어져서는 갈 수 없습니다." 하고 발버둥을 칩니다. 그때 길을 가던 한 신사가 그것을 한참 쳐다보더니 "내가 이 여인과 아기까지 2,000달러에 사겠습니다." 하고 값을 지불하더니 아기 엄마에게 말합니다. "이제 당신은 자유인입니다. 마음대로 자유를 찾아가시오." 이 얼마나 큰 감격입니까? 바로 노예시장에 나타나셔서 여인을 속량해 주신 분과 같은 분이 우리 예수님이십니다. 이 속량이라는 단어는 이렇게 감격적이고 복음의 은혜가 담겨 있는 단어입니다.

그 다음 예수 그리스도는 우리에게 아들의 명분을 얻게 하셨습니다. 예수님은 율법의 진노 아래 영원한 형벌을 피할 수 없었던 우리를 그 정죄에서 풀어 주셨습니다. 그리고 우리의 죄를 다 용서하시고 한 걸음 더 나아가 우리에게 하나님의 아들의 명분까지 주셨습니다. 평생 노예로 살 수밖에 없는 여인을 비싼 값에 사 주시고 풀어 주신 것만 해도 고마운 일인데, 더 나아가 갈 곳이 없는 자로 자녀를 삼아 주셨습니다. 이것이 바로 사도 바울이 말하는 복음입니다. 우리가 죄에서 벗어나 의롭다 인정받고 자유인이 되기 위해 한 일은 아무 것도 없습니다.

"그러므로 사람이 의롭다 하심을 얻는 것은 율법의 행위에 있지 않고 믿음으로 되는 줄 우리가 인정하노라"(로마서 3장 28절)

수렁에 빠진 사람이 허우적거릴수록 더 깊은 수렁으로 빠지는 것같이 율법을 지키려고 하면 할수록 죄 인식만 더욱 커지게 됩니다. 마침내 견딜 수 없어 탄식하게 될 때 복음의 빛이 우리에게 비춰지고 예수님을 구주로 믿게 됨으로 말미암아 율법으로 인해 억눌려 왔던 모든 죄가 다 벗겨져 버리게 되는 것입니다. 그리고 이제는 자유인이요 해방되는 것입니다.

우상에게서 해방되십시오

예수 믿는 것은 진정한 자유를 얻은 것입니다. 죄에서 자유, 율법에서 자유, 의문(儀文) 곧 율법의 여러 가지 규정과 문자로부터 자유를 얻은 것입니다. 그런데 교회를 다니면서도 아직도 의문에 매어 있는 사람들이 많이 있습니다.

> "그러나 너희가 그 때에는 하나님을 알지 못하여 본질상 하나님이 아닌 자들에게 종 노릇 하였더니 이제는 너희가 하나님을 알 뿐더러 하나님의 아신 바 되었거늘 어찌하여 다시 약하고 천한 초등 학문으로 돌아가서 다시 저희에게 종 노릇 하려 하느냐 너희가 날과 달과 절기와 해를 삼가 지키니 내가 너희를 위하여 수고한 것이 헛될까 두려워하노라"(갈라디아서 4장 8-11절)

갈라디아교회 교인들 중에는 신앙생활을 한다면서도 다시 초등학문으로 돌아가는 사람들, 다시 말해 율법으로 돌아가는 사람들이 있었습니다. 그 중에서도 특히 날과 달과 절기와 해를 지키는 것을 중요시하는 유대교적 기독교인들이 생기게 되었습니다. 율법 중에서 안식일이나 금식일과 같은 날을 지키는 규정과 매달이 시작되는 첫 날을 기념하여 드리는 월삭이 있습니다. 그리고 유월절, 오순절, 장막절과 같은 3대 절기와 부림절과 나팔절 같은 절기가 있고, 안식년과 희년처럼 해를 지키는 규정이 있습니다.

사도 바울은 이런 것을 지키는 것을 중요시하는 사람들에게 은혜로 '복음대학교'에 입학한 사람들이 왜 다시 구속받는 '율법유치원'으로 돌아가려느냐고 책망하고 있습니다. 이런 것은 믿음으로 구원 얻는다는 이신칭의(以信稱義, Justification)의 구원관을 뒤집고 다시 율법을 지켜 구원을 얻게 되는 율법주의로 돌아가는 것이기 때문에 너희를 위하여 여태껏 전한 복음의 수고가 헛될까 두렵다고 말하고 있습니다.

구원의 조건은 오직 믿음뿐입니다. 구제도 선행도 날과 달과 절기와 해를 지키는 것도 구원의 조건이 될 수 없습니다. 그런데 날과 달과 절기와 해를 지키는 것을 강조하는 것은 예수를 구주로 믿고 하나님의 아들로 믿는 믿음이 확고하지 못하기 때문입니다. 이 믿음이 흔들리면 교회에 나와도 뭔가 하지 않고는 허전하기 때문에 이전에 하던 것들을 겸하여 양다리 걸치는 신앙생활을 하게 됩니다.

통계에 의하면 교회에 다니는 사람들 가운데 20퍼센트 이상이 점을 본다는 기사를 본 적이 있습니다. 21세기에 접어들면서 점술시장은 사상 최대의 호황을 누리고 있습니다. 일류대를 나온 점쟁이들이 생기고, 인터넷을 통해 점을 봐주는 회사들이 등장해 한 달에 수억씩 벌고, 매달 20퍼센트의 성장률을 기록하고 있습니다. 역술인 중에는 연수입이 수억대를 기록하는 사람도 있고, 역술학원은 수강생으로 넘쳐납니다. 한국의 역술 시장의 규모가 1조 원을 넘어섰다고 하니 심각한 사회 문제가 아닐 수 없습니다. 신문마다 오늘의 운세와 토정비결을 연재하고, TV와 잡지에 역술인들이 자주 등장하기도 합니다.

현대인들은 첨단과학시대에 살면서도 불안에 떨면서 무엇인가를 붙잡으려고 합니다. 미래에 대해 관심을 가지고 자신의 운명을 알고자 하는 호기심이 있습니다. 그러나 성경은 무당, 박수, 신접자, 초혼자, 복술자, 요술하는 자 등을 멸망의 가증한 것이라고 말씀하고 있습니다. 이들은 운명을 알고 싶어 하는 인간의 호기심과 이기적 기복신앙을 이용하여 그들을 죄악된 길로 인도하는 악한 무리들입니다. 이들은 도덕적 또는 윤리적인 책임감이 없습니다. 이들의 말을 들으면 하나님의 선한 뜻을 이루기 위하여 부단히 노력하려는 의지를 포기하게 됩니다. 하나님은 우상 섬기는 것을 가장 가증하게 여기시고 진노하십니다.

"그런즉 너는 이스라엘 족속에게 이르기를 주 여호와의 말씀에 너희는 마음을 돌이켜 우상을 떠나고 얼굴을 돌이켜 모든 가증한 것을 떠나라"(에스겔 14장 6절)

이사야 44장을 보면 재미있는 이야기가 나옵니다. 한 사람이 산 속에 들어가 큰 나무를 베어다가 땔감으로도 쓰고, 불을 때서 밥을 해 먹기도 합니다. 그런데 나머지 토막으로 우상을 깎아 만들더니 그 앞에 엎드려 절하고 '나의 신이시여, 나를 구원해 주십시오.' 합니다. 말도 못하고 움직이지도 못하는 나무가 어떻게 화를 주거나 복을 주겠습니까? 참으로 어리석은 자, 그대의 이름은 우상을 섬기는 자입니다.

점치는 사람치고 자기 인생 하나 제대로 개척하는 사람 보았습니까? 그렇게 지지리 궁상맞은 사람 찾아가 팔자 고치려고 하면 인생이 무엇이 되겠습니까? 우리가 예수 믿고 구원받았다는 것은 내세에 영생을 얻고 천국 가는 것뿐 아니라 이 땅에서도 바른 정신을 가지고 바른 삶을 사는 것을 의미합니다. 날과 달과 절기와 해 같은 의문에서 해방되시기 바랍니다. 우상에서 해방되어 진리의 길을 걷고 자유로운 삶을 살게 되시기 바랍니다.

광복 60주년을 맞아 우리 나라가 진정한 해방이 되도록 기도해야 합니다. 남과 북이 통일되고 분단의 질곡에서 벗어나 세계에 복음을 전하는 동방의 등불 대한민국이 되도록 기도해야 할 것입니다. 뿐만 아니라 우리 각자도 사단의 노예에서 해방되고 율법에서 해방되어 종의 멍에를 벗어 버립시다. 그리고 주인의식을 가지고 복음을 전하며 진리 안에서 자유를 누리며 사는 그리스도인이 되어야 할 것입니다. 여러분 모두가 자유를 누리며 승리하는 그리스도인들이 되시기를 축원합니다.

07_ 천국을 향해 가는 나그네

| 신명기 8장 1-4절 |

    그리스도인이라면 누구나 경건한 생활과 풍성하고 진실된 마음을 가지고 사랑을 실천하고 싶어 합니다. 그런데 왜 이것이 쉽게 되지 않는지 의문이 들 것입니다. 그 까닭은 가치관이 변하지 않기 때문이라고 생각합니다. 속사람이 완전히 새로워지지 않고는 "마음은 원이로되 육신은 약하도다(마태복음 26장 41절)" 하신 예수님의 말씀과 같이 늘 넘어지고, 자빠지고, 제자리를 맴돌 수밖에 없습니다. 그래서 가치관을 바꾸는 데 꼭 필요한 그리스도인의 인생관을 말씀을 드리고자 합니다.

    성경은 우리 인생이 자기 고장을 떠나 다른 곳에 임시로 머무르고 있거나 여행 중에 있는 사람과 같은 '나그네'라고 말씀합니다. 비슷한 어휘로 영어에는 체류자(sojourner)가 가장 가깝다고 봅니다. 헬라어로는 '파로이코스', 히브리어로는 '게르'라고 하여 이방 지역에서 사는 거류자를 뜻하기 때문입니다.

일본에 사는 우리 동포들은 두 쪽으로 갈라져 있습니다. 북한을 지지하고 따르는 사람들을 조총련이라고 하고, 그들의 국적은 조선민주주의인민공화국으로 되어 있습니다. 또 남한을 지지하고 따르는 사람들을 민단이라고 하고, 그들의 국적은 대한민국으로 되어 있습니다. 여기에서 민단이라는 말은 재일거류민단(在日居留民團)이라는 말의 약자입니다.

이게 바로 나그네입니다. 대한민국이 부강해지고 잘되면 국내에 있는 우리들보다 더 좋아하는 것이 해외에 있는 재일동포, 재미동포, 재중동포들입니다. 이들의 마음은 언제나 고향을 바라보고 있기 때문입니다. 이스라엘은 B.C. 586년 바벨론에 의해 나라가 망한 뒤, 바벨론에 포로로 잡혀 갔습니다. 그 때부터 회당이 생겼는데 회당에서 예배할 때는 반드시 예배자들의 얼굴이 예루살렘을 향하도록 설계했습니다. 그리고 집에서 창을 낼 때에 예루살렘을 향하여 창을 내고 그곳을 향하여 기도드렸습니다.

"다니엘이 이 조서에 어인이 찍힌 것을 알고도 자기 집에 돌아가서는 그 방의 예루살렘으로 향하여 열린 창에서 전에 행하던 대로 하루 세 번씩 무릎을 꿇고 기도하며 그 하나님께 감사하였더라"(다니엘 6장 10절)

이것이 바로 나그네된 이스라엘 백성들의 신앙의 모습입니다. 다니엘은 이방 땅에서 국무총리가 된 사람입니다. 얼마나 큰 부귀영화를 누릴 수 있었겠습니까? 폐허가 된 땅 예루살렘이 뭐 그렇게 그리웠을까요? 그럼에도 불구하고 다니엘은 바벨론이 자신의 영원한 집이 아니라고 생각했던 것입니다. 자신의 영원한 본향은 가나안 땅이요, 하나님의 성전이 있는 예루살렘이라는 믿음 때문에 창문을 예루살렘을 향하여 열고 날마다 그곳을 향하여 기도할 수 있었던 것입니다. 세상적인 나그네 길과 기독교의 나그네관은 완전히 다릅니다.

세상의 나그네관은 목적지가 없습니다. 그러니 어디서 왔는지를 모르고, 어디로 가는지도 모릅니다. 그렇기 때문에 떠돌아다니는 방랑자가 되고 맙니다. 그러나 기독교의 나그네관은 목적지가 분명합니다. "나는 순례자"라는 찬양에 잘 나와 있습니다.

> 나는 순례자 낯선 나라에 언젠가 집에 돌아가리
> 어두운 세상 방황치 않고 예수와 함께 돌아가리
> 나는 순례자 돌아가리 날 기다리는 밝은 곳에
> 곧 돌아가리 기쁨의 나라 예수와 함께 길이 살리

험한 인생길을 가는 것은 똑같습니다. 그러나 분명히 돌아갈 목적지가 있습니다. 그곳은 나를 기다리는 주님이 계신 곳이요, 밝은 곳이요, 기쁨의 나라요, 예수님과 함께 영원히 살 수 있는 곳입니다. 그러기에 그리스도인은 갈 곳 없어 떠도는 방랑자가 아니라 목적지가 분명한 순례자라고 부르는 것입니다.

나그네는 본향을 사모합니다

아브라함은 갈대아 우르에서 태어났습니다. 지금 미군이 점령한 이라크의 제2의 도시 바스라 부근이 바로 우르입니다. 그는 본토 친척 아비 집을 떠나라는 하나님의 명령을 따라 집을 떠나 타향에서 나그네 생활을 했습니다. 이삭과 야곱과 요셉도 모두 나그네 생활을 했습니다. 이삭과 야곱과 요셉은 가나안 땅에서 태어났습니다. 그러나 그들은 유목민이었기 때문에 일정한 집이 있었던 것도 아니었습니다. 그러던 그들이 기근을 만나 야곱 때에 애굽으로 이주했고, 먼저 요셉을 애굽에 보내신 하나님의 섭리에 의해 그곳에서 잘 살게 되었습니다. 애굽의 국무총리였던 요셉은 부귀와 영화를 누렸고 그 덕에 온 가족이 평안한 삶을 누릴 수 있었습니다. 그럼에도 불구하고 이들은 여전히 나그네로 살았습니다. 그 증거를 성경에서 찾아볼 수 있습니다.

"그가 그들에게 명하여 가로되 내가 내 열조에게로 돌아가리니 나를 헷 사람 에브론의 밭에 있는 굴에 우리 부여조와 함께 장사하라 이 굴은 가나안 땅 마므레 앞 막벨라 밭에 있는 것이라 아브라함이 헷 사람 에브론에게서 밭과 함께 사서 그 소유 매장지를 삼았으므로 아브라함과 그 아내 사라가 거기 장사되었고 이삭과 그 아내 리브가도 거기 장사되었으며 나도 레아를 그곳에 장사하였노라 이 밭과 거기 있는 굴은 헷 사람에게서 산 것이니라 야곱이 아들에게 명하기를 마치고 그 발을 침상에 거두고 기운이 진하여 그 열조에게로 돌아갔더라"(창세기 49장 29-33절)

야곱이 죽을 때 유언하기를, 자기를 애굽 땅에 묻지 말고 가나안 땅에 묻어 달라는 말씀입니다. 야곱이 애굽에 들어간 때가 130세였고, 147세에 죽었으니 이해가 갑니다. 노인들이 고향에 뼈를 묻고 싶어 하지 않습니까? 야곱은 그렇다 치고 요셉은 어떻습니까?

> "요셉이 또 이스라엘 자손에게 맹세시켜 이르기를 하나님이 정녕 너희를 권고하시리니 너희는 여기서 내 해골을 메고 올라가겠다 하라 하였더라" (창세기 50장 25절)

요셉이 누굽니까? 애굽의 국무총리 아닙니까? 국무총리가 죽으면 어디에 묻힙니까? 국립묘지에 묻히지요. 그리고 17세에 고향에서 노예로 팔려와 110세에 죽었으니 90년 이상을 애굽에서 살았음에도 불구하고 가나안으로 자기 해골이라도 가져가라고 유언을 하고 있습니다. 이런 이유가 무엇일까요?

> "내가 오늘날 명하는 모든 명령을 너희는 지켜 행하라 그리하면 너희가 살고 번성하고 여호와께서 너희의 열조에게 맹세하신 땅에 들어가서 그것을 얻으리라" (신명기 8장 1절)

가나안 땅은 여호와 하나님께서 이들에게 복 주시고자 약속하신 땅이기 때문에 그들은 어디에서 살고 있든지 아무리 큰 부귀영화를 누리고 있다 할지라도 가나안 땅만이 그들의 본향이라고 믿었습니다.

광주에서 한약방을 하는 정병주라는 노인이 광복 이후 우리 사회에서 활발하게 활동했던 인물 2만 8천 명을 260여 개 성씨와 1,100여 개 본관별로 분류해서 소개한 『민족대보』라는 큰 책을 8년 6개월 동안 노력한 끝에 펴내 화제가 되었습니다. 기자가 이분에게 어떻게 이런 일을 해냈느냐고 했더니, "세상이 많이 변했다고 하지만 최소한 자기 집안의 뿌리 정도는 알아야 하지 않겠느냐"는 말을 했다고 합니다. 이와 같이 뿌리를 아는 것은 매우 소중한 일입니다. 이스라엘 사람들의 가나안을 향한 뿌리의식은 70년 로마의 티투스에 의해 이스라엘이 멸망한 후 잃어버렸던 나라를 A.D. 1948년 벤구리온에 의해 이스라엘을 다시 건국하면서 1878년 만에 다시 세우는 원동력이 되었습니다.

  이스라엘 사람들이 가나안 땅을 왜 그렇게 잊지 못하는지에 대해 본문 말씀 1절에 잘 설명하고 있습니다. '여호와께서 열조에게 맹세하신 땅' 이기 때문입니다. 그러면 우리의 문제로 넘어와서 오늘날 그리스도인들에게 가나안은 어디입니까? 바로 하나님 나라입니다. 우리 그리스도인들의 본향은 하나님 나라입니다. 나그네의 삶은 거친 광야를 잠시 지나가는 하룻밤 숙박과 같은 것입니다. 예수님은 우리들의 관심과 시선이 땅에 고정되기를 원치 않으셨습니다. "내 아버지 집에는 거할 곳이 많도다"(요한복음 14장 2절)라고 말씀하시면서 본향을 바라보기를 원하셨습니다. 그래서 믿음의 선진들은 모두 하늘 본향을 바라보고 사모하면서 살았습니다. 바울은 세상을 떠나서 그리스도와 함께 있을 욕망을 가진 것이 더욱 좋다고 고백했고, 하늘로부터 오는 처소를 덧입기를 간절히 사모한다고 고백했습니다. 이 고백과 찬양이 우리의 고백이 되어야 하겠습니다.

"저희가 이제는 더 나은 본향을 사모하니 곧 하늘에 있는 것이라 그러므로 하나님이 저희 하나님이라 일컬음 받으심을 부끄러워 아니하시고 저희를 위하여 한 성을 예비하셨느니라."(히브리서 11장 16절)

나그네는 낮추며 살아갑니다

대구 지하철 화재 사건 이후 재난 대피 훈련을 자주 볼 수 있었습니다. 아마 많은 분들도 TV를 통해 대피 요령을 보셨을 것입니다. 화재가 나서 연기가 많이 피어오를 때 어떻게 해야 합니까? 정답은 몸을 낮추고 출구를 찾아가는 것입니다. 나그네 인생의 원리가 바로 이와 같습니다. 나그네는 자기 고향, 자기 집에서 사는 사람이 아닙니다. 타향에서 살고 있으며, 사방에 낯선 사람들이 자리 잡고 있습니다. 그곳에서 머리를 숙이면서 사는 것이 생존의 절대 조건인 것입니다.

이삭의 행적을 보면 바보가 아닌가 의심스러울 정도로 몸을 낮추고 살아가는 것을 볼 수 있습니다. 창세기 26장을 보면 이삭이 흉년을 피해 그랄 땅에 갔습니다. 그 땅의 왕 아비멜렉이 "그 여자는 누구냐?" 하면서 아내 리브가를 보고 물으니까 겁이 더럭 나서 "제 누이입니다."라고 말했습니다. 하루는 아비멜렉이 지나가다가 이삭이 리브가를 껴안고 있는 것을 보고, "누이라고 그러더니 어찌하여 껴안고 그러는고?" 하고 묻자, 이삭이 얼굴을 붉히며 "사실은 그때 제가 죽게 될까 두려워 그랬습니다."라고 이실직고를 했습니다. 이 말을 들은 아비멜렉이 "큰일 날 뻔 했구나. 모든 백성은 이삭이나 그의 아내를 범하지 말라." 하고 명령을 내렸습니다. 즉 몸을 낮춘 이삭과 이미 우호적인 관계가 형성되었던 것입니다.

그 후에 이삭이 농사하는 것마다 잘되어 거부가 되었고, 소떼와 양 떼가 많아지자 블레셋 사람들이 계속 쫓아냅니다. 우물을 파서 물이 펑펑 솟으면 뺏기고, 또 뺏겼습니다. 그래도 계속 몸을 낮추고 계속 쫓겨 가기를 창세기 26장에서만 자그마치 다섯 번을 연속으로 쫓겨 가게 됩니다. 그런데도 너무 잘되는 것을 본 아비멜렉이 비서실장과 국방부장관을 대동하고 찾아와 이렇게 말합니다.

"그들이 가로되 여호와께서 너와 함께 계심을 우리가 분명히 보았으므로 우리의 사이 곧 우리와 너의 사이에 맹세를 세워 너와 계약을 맺으리라 말하였노라 너는 우리를 해하지 말라 이는 우리가 너를 범하지 아니하고 선한 일만 네게 행하며 너로 평안히 가게 하였음이니라 이제 너는 여호와께 복을 받은 자니라"(창세기 26장 28-29절)

자신을 낮추는 자를 하나님께서 높이시고 축복하신다는 사실을 믿으시기 바랍니다. 나그네는 자신을 낮추어야 순례의 길을 무사히 갈 수가 있습니다.

"네 하나님 여호와께서 이 사십년 동안에 너로 광야의 길을 걷게 하신 것을 기억하라 이는 너를 낮추시며 너를 시험하사 네 마음이 어떠한지 그 명령을 지키는지 아니 지키는지 알려 하심이라"(신명기 8장 2절)

출애굽한 이스라엘이 사십일이면 들어갈 수 있는 길을 40년 간 계속 돌다가 들어가게 된 것은 길을 몰라서가 아니었습니다. 그렇다고 나침반이 고장나서도 아닌 오직 이스라엘을 낮추시기 위함이었다고 성경은 분명히 밝히고 있습니다.

태풍이 불 때 갈대가 부러질 것 같아도 갈대는 안 부러지고 오히려 거목이 뽑히고 부러지는 것을 볼 수 있습니다. 몸을 낮추는 자는 부러지지 않습니다. 바람이 불면 눕는 풀은 부러지는 법이 없습니다.

광야를 두고 메마르고 건전한 땅, 사람이 살 수 없는 땅이라고 해서 주인이 없다고 생각하면 오해입니다. 하나님께서 이스라엘을 40년 간 뺑뺑이 돌리시던 광야에는 미디안, 암몬, 모압, 아말렉과 같은 족속들이 살고 있었습니다. 출애굽기를 읽어보면 이스라엘이 어떻게 해서라도 그들과 부딪히지 않기 위해 몸을 낮추고 길을 비켜 줄 것을 간청하는 모습을 볼 수 있었습니다. 이것이 바로 나그네의 생존 전략입니다.

중국 사람들 중에 객가(客家)라는 사람들이 있습니다. 4세기 말 황하 유역에서 번창하던 진(晋)나라에 왕족끼리 다투다 내란이 일어났습니다. 그 틈을 타고 북방 흉노족과 선비족의 침략을 받아 무너지고 말았습니다. 이때 선비족의 추장 석호가 얼마나 잔인했는지 궁녀의 목을 베어 쟁반에 놓고 구경을 하고, 벼슬아치들을 잡아다가 혀를 빼고, 눈을 오려내고, 돌절구에 빻아 죽이는 등 한족들을 마구 학살했습니다. 이에 공포를 느낀 한족들이 남부여대하고 20만 명이나 남으로 피난을 떠났습니다. 이들이 남쪽 광동성과 복건성에 자리를 잡기도 하고 계속 동남아로 흩어져 살게 되었는데, 그 후손들이 오늘날 2천만 명이나 된다고 합니다. 그런데 이들이 가는 곳마다 나그네의 위험한 삶을 이기기 위해 몸을 낮추고 친화력을 갖고 열심히 일해서 그 후손들 중에 굉장한 인물들이 많이 나왔습니다. 중국 여행을 가는 사람들이 반드시

한 개씩은 사온다는 호랑이 기름으로 거부가 된 호문호라는 회장이 객가 출신입니다. 그는 번 돈을 복지사업을 위해 많이 사용해 중국에서도 영웅이 되었습니다. 청말 태평천국의 난을 일으킨 홍수전, 13억 중국을 먹여 살린 영웅 등소평, 대만 이등휘 총통, 싱가포르의 이광요 수상, 아키노 전 필리핀 대통령까지 모두가 객가의 후손들입니다.

이렇게 사람들과의 관계도 낮추면 평안하고 형통케 됩니다. 마찬가지로 하나님과의 관계에서도 하나님의 말씀에 귀를 기울이고 겸손하게 자신을 낮추면 하나님께서 반드시 귀를 기울이셔서 응답하시고 사슴의 발과 같이 높은 곳을 다니게 해 주신다는 사실을 믿으시기 바랍니다.

"누구든지 자기를 높이는 자는 낮아지고 누구든지 자기를 낮추는 자는 높아지리라"(마태복음 23장 12절)

사람과의 관계에서 자신을 낮추십시오. 하나님과의 관계에서도 겸손히 자신을 낮추고 말씀에 순종하시기 바랍니다. 겸손한 자에게 은혜를 베푸시는 하나님께서 자신을 낮추는 그리스도인들에게 크신 은혜를 베풀어 평안한 나그네 길을 걷게 해주실 것입니다.

나그네는 짐이 가볍습니다

아브라함은 어느 곳에 가든지 성을 쌓지 않고 단을 쌓았습니다. 그리고 장막을 치고 가볍게 살았습니다. 언제든지 풀을 따라 양떼를 이끌고 떠나야 했기 때문입니다. 나그네에게 짐이 많으면 이동에 장애가 되고 목적지에 빨리 갈 수 없습니다. 이사를 많이 하는 직업 중에 군인 가족들이 제일 많이 하는 것 같습니다. 중령 정도 되기까지 평균 15회에서 20회 이사하는 것으로 나와 있습니다.

그런데 이사를 하면 할수록 이골이 나서 쉽겠습니까 아니면 점점 더 귀찮고 어렵습니까? 어렵지요. 그 이유는 나이 들고 계급이 올라가고 자녀들이 생겨서 짐이 많이 늘어나기 때문입니다. 매일 비행기를 타는 승무원들의 짐을 보십시오. 가방 하나에 그것도 바퀴가 달려서 힘이 전혀 안 드는 것이지 않습니까? 혹시 외국에서 살다가 몸이 먼저 오고 짐이 늦게 오는 바람에 빈 집에서 며칠 살아본 경험이 있으신지 모르겠습니다. 그때 경험이 어떠했습니까? 불편해서 죽겠다기보다는 의외로 참 좋다는 느낌을 가지게 될 것입니다. 우리는 순례자요, 나그네입니다. 가볍게 사는 법을 터득해야 합니다.

"너를 낮추시며 너로 주리게 하시며 또 너도 알지 못하며 네 열조도 알지 못하던 만나를 네게 먹이신 것은 사람이 떡으로만 사는 것이 아니요 여호와의 입에서 나오는 모든 말씀으로 사는 줄을 너로 알게 하려 하심이니라 이 사십년 동안에 네 의복이 해어지지 아니하였고 네 발이 부릍지 아니 하였느니라"(신명기 8장 3-4절)

〈세계의 장수촌〉 시리즈를 유심히 보니까 공통점 하나가 음식을 적게 먹는 것이었습니다. 소식하면 장수한다는 것을 우리 모두 잘 알고 있습니다. 마찬가지로 소유도 적게 하면 편하게 살 수 있습니다. 대부분의 사람들은 한 곳에 거하면서 성을 쌓고 문명 생활을 누리기를 좋아합니다. 이것은 가인의 전통을 따르는 생활양식입니다. 창세기 4장에 보면 가인이 하나님을 떠나 에덴 동편 놋 땅에 거하여 에녹을 낳고 거기에서 성을 쌓았습니다. 그 땅이 지금 전쟁 중인 유프라테스와 티그리스 강가이며, 그 후손들이 쌓은 탑이 바로 바벨탑입니다. 우리 민족의 전통도 역시 좀 더 큰 집을 짓고, 좀 더 큰 창고를 만들고, 한 곳에서 오래 사는 것을 복으로 생각합니다. 그러나 시민권이 하늘에 있는(빌립보서 3장 20절) 성도들은 나그네 의식을 가지고 가볍게 사는 훈련을 해야 합니다. 예수님께서 제자들에게 "전대에 금이나 은이나 동이나 두벌 옷이나 신을 가지지 말라"(마태복음 10장 9절)고 말씀하셨습니다. 이것은 욕심 부리지 말고 정욕과 탐욕을 버리고 가볍게 살라는 뜻입니다.

제가 15년 전 유럽을 처음 나갈 때 사진기 두 대에다가 짐을 얼마나 많이 가져갔는지 큰 가방의 바퀴가 빠져 버렸습니다. 파리에서는 사진을 찍다가 한 대는 땅에 내려놨는데, 가방 채 사라져 버리고 말았습니다. 3주간의 여행을 마치고 돌아왔더니 팔에 알통이 다 생겼습니다. 짐이 무거우면 여행할 때 힘이 듭니다. 짐을 가볍게 하면 여행을 즐길 수가 있습니다.

영락교회를 개척해서 한국을 대표하는 교회로 성장시키시고 은퇴하신 한경직 목사님은 돌아가실 때까지 20평 남짓한 작은 집에서 여생을 보내셨습니다. 한국의 슈바이처로 불리던 장기려 박사님도 다 나누어 주고 최소한의 것만 가지고 사시다 깨끗이 가셨습니다. 나그네 생활은 탐욕을 버리고 가볍게 살 때 행복을 느낄 수 있습니다.

세계적인 평화운동가 틱낫한 스님이 2주일 동안 한국을 방문했을 때 현대판 비구 250계를 발표했습니다. 그 대표적인 것을 보면 다음과 같습니다.

현대 스님들이 지켜야 할 계율
- 자기 이름의 은행 계좌를 갖지 말라.
- 인터넷을 혼자서 하거나 개인적인 이메일 주소를 갖지 말라.
- 성형 수술을 하지 말라.
- 음행하지 말라.
- 도둑질하지 말라.
- 살생하지 말라.
- 비싸고 좋은 차를 소유하지 말라.
- 여성과 단 둘이서 자동차를 타지 말라.
- 걷는 동안에 전화하지 말라.
- 세속적인 필름과 음악, 전자 게임을 소유하지 말라.
- 운동 경기나 세속적인 영화, 공연을 보지 말라.
- 지나치게 좋은 병실에 머물지 말라.
- 돈을 투자하거나 주식을 사지 말라.
- 가사와 장삼을 3벌 이상 지니지 말라.
- 담배를 소지하거나 피우지 말라.

상당히 마음에 와 닿는 계율입니다. 천국의 순례자들인 우리들이 가볍게 사는 것을 가르치고 지키지 않으니까 스님이 나와서 세상 사람들을 가르치고 있는 것 아니겠습니까?

한 가족이 여름 휴가를 맞이하여 바닷가로 여행을 떠났습니다. 해수욕을 하고 노는데 어린아이가 모래성을 쌓습니다. 조금씩 높이 쌓아가는 재미에 흠뻑 젖어 일어날 줄 모릅니다. 아빠가 "얘야, 이제 그만 가자. 바닷물이 들어올 시간이다." 하고 말을 해도 모래성이 아까워 일어날 줄 모릅니다. 조금 후에 바닷물이 밀려들기 시작했습니다. 모래성이 물에 잠기고 파도에 쓸려 가버렸고, 어린아이는 울면서 돌아서고 말았습니다. 우리가 소유하고 있는 것들이 이 어린아이가 쌓았던 모래성 같이 되지 않으려면 우리의 영원한 기업은 하늘에 있음을 기억해야 할 것입니다.

"썩지 않고 더럽지 않고 쇠하지 아니하는 기업을 잇게 하시나니 곧 너희를 위하여 하늘에 간직하신 것이라"(베드로전서 1장 4절)

하늘의 기업을 소유하기 원하십니까? 주는 것이 받는 것보다 복이 있다 하심을 기억하여야 할 것입니다(사도행전 20장 35절). 하늘의 부자는 소유의 양으로 결정되는 것이 아니라 얼마나 주님의 이름으로 사랑을 베풀었느냐에 따라 결정될 것입니다.

기독교는 현세를 부정하지 않습니다. 염세주의도 아닙니다. 단지 이 땅이 전부인 것처럼 살아가는 사람을 깨우쳐 본향을 향하게 하는 영생의 종교입니다. 본향이 있음을 아는 나그네 여러분, 본향을 사모하시기 바랍니다. 사람 앞에 자신을 낮추고 하나님 앞에 겸손하시기 바랍니다. 짐을 가볍게 하고 찬송하며 순례의 길을 걷는 나그네가 되시기를 바랍니다.

08 새로운 피조물로 거듭난 새 사람

| 고린도후서 5장 16-17절 |

하나님께서 말씀으로 천지 만물을 창조하셨습니다. '빛이 있으라' 하시매 빛이 있었고, 하늘과 땅, 그 안에 있는 일월성신과 초목과 동식물을 모두 말씀으로 창조하셨습니다. 그런데 유독 사람만은 흙을 사용하셔서 손으로 빚으셨습니다.

> "여호와 하나님이 흙으로 사람을 지으시고 생기를 그 코에 불어 넣으시니 사람이 생령이 된지라"(창세기 2장 7절)

이렇게 사람은 흙으로 지음을 받았습니다. 그래서 첫 사람의 이름이 아담(Adam, 사람)입니다. 이 말은 아다마(Adama, 흙, 티끌)에서 비롯된 말입니다. 그래서 사람이 죽어 장례를 치를 때 "흙에서 왔으니 흙으로 돌아갈지니라." 하고 흙을 덮어 줍니다.

> "네가 얼굴에 땀이 흘러야 식물을 먹고 필경은 흙으로 돌아가리니 그 속에서 네가 취함을 입었음이라 너는 흙이니 흙으로 돌아갈 것이니라 하시니라"(창세기 3장 19절)

사람이 흙으로 지음 받았다고 해서 값어치 없는 존재가 아닙니다. 모든 피조물 중에서 가장 가치 있는 존재가 사람입니다. 하나님께서 천지를 창조하실 때 하루가 끝날 때마다 "하나님의 보시기에 좋았더라."고 만족을 표하셨습니다. 이렇게 다섯 번을 똑같이 말씀하신 하나님께서 사람을 창조하신 여섯째 날에는 "하나님의 보시기에 심히 좋았더라."고 최상급의 만족을 표하셨습니다.

인간은 이렇게 우주 창조의 주인공으로 태어난 존재입니다. 그러던 인간이 죄로 인하여 빛을 잃어 버리고 말았습니다. 존귀함을 잃어버리고 추악한 존재로 전락하고 만 것입니다. 그래서 악한 사람을 보면 "짐승만도 못하다"고 말하는 것입니다.

죄악으로 인하여 하나님과의 관계가 단절되고 점점 더 죄악의 구렁텅이에 빠져 헤어 나오지 못하고 지옥을 향해 달려가던 인간을 향하여 하나님의 사랑이 발동했습니다. 독생자 예수 그리스도를 대속 제물로 보내 주시고 죗값을 치르시므로 인간이 죄 사함을 얻도록 살 길을 열어 주셨던 것입니다. 누구든지 이 사실을 믿기만 하면 죄 사함 받고 구원받아 하나님의 자녀로 복귀하게 된 것입니다. 믿음으로 구원받은 사람들을 "거듭났다, 중생했다, 새 사람"이라고 말합니다.

요즈음 세상에 새로운 족속이 등장하는 것을 볼 수 있습니다. 웰빙족이라는 새로운 족속이 늘어나고 있습니다. 이런 웰빙족의 생활 철학을 말하라면 "잘 먹고 잘 살자."라고 할 수 있습니다. 음식도 좋은 음식, 무공해 음식, 건강 식품 등을 선호하고 레저 같은 것을 즐기며 행복을 추구하는 자기중심적이고 쾌락을 추구하는 경향이 농후합니다.

최근에 새로운 족속이 또 하나 등장했습니다. 그 이름이 '다운 시프터(down shifter)' 족입니다. '저속 기어로 바꾸다' 는 뜻의 이름을 가진 그들은 한 마디로 '유유자적족'으로서 도회지에서의 안정된 직업을 버리고 한적한 시골로 내려가 스트레스는 줄이고 여가를 늘리려는 사람들입니다. 우리 나라에도 이런 사람들을 가끔 볼 수 있습니다. 유럽 전체에서 이런 사람들이 약 1,200만 명 정도 된다고 합니다. 이들의 생활 철학은 한 마디로 '가늘고 길게 살자.' 라고 할 수 있습니다. 예전에 강제구 소령은 '짧고 굵게 살자.'고 했는데, 이들은 그 반대입니다. 고급 승용차나 첨단 디지털 제품보다 인생의 여가와 편안한 삶을 중요시합니다. 여가와 편안한 삶을 위해서라면 모든 것을 버릴 준비가 되어 있는 것입니다. 적게 벌더라도 여가를 즐기며 유유자적한 삶을 즐기자는 것입니다.

이렇게 잘 먹고 잘 살자는 웰빙족이나 여유 있는 편안한 삶을 추구하는 다운 시프터나 부러운 일면이 있기는 하지만 새 사람이라고는 말할 수 없습니다. 새 사람이란 예수를 구주로 믿고 하나님의 자녀가 되어 새로운 피조물로 거듭난 사람을 말합니다.

속사람을 중시합니다

저는 고도 근시에다가 노안이 왔습니다. 눈이 하도 침침해서 안경점에 갔더니 안경을 끼고도 0.5-0.6 밖에 시력이 나오지 않아서 0.8 정도로 도수를 높였습니다. 이렇게 눈이 나쁜 사람들은 1.5나 2.0의 시력을 가진 사람을 보면 정말 부럽습니다. 책도 마음 놓고 볼 수 있고 아름다운 자연도 깨끗하게 볼 수 있으니 얼마나 좋겠습니까?

그러나 육안이 아무리 밝아도 벽을 뚫고 본다거나 마음의 생각을 읽을 수는 없습니다. 불상을 보면 부처님 이마에 혹이 하나 있습니다. 이것이 무엇을 의미하는지 아십니까? 혹자들은 예수님과 공자님과 가위바위보를 해서 손가락으로 이마 때리기를 했는데, 계속 져서 맞은 나머지 혹이 나온 상처라고 말하기도 합니다. 사실은 그런 것이 아닙니다. 그것은 마음의 눈인 심안(心眼)으로서 사물을 사리 분별하는 힘과 마음의 작용을 뜻합니다.

육안이 아무리 밝아도 옷으로 감싸고 있는 마음을 알 수가 없습니다. 그래서 '열 길 물속은 알아도 한 길 사람 속은 모른다.'고 옛 어른들이 말씀하셨습니다. 사람들의 미소 뒤에 감추어진 흉계를 알 수가 없습니다. 며칠 전 미국에서 포르노 비디오를 불법으로 판매하던 사람이 붙잡혔습니다. 그런데 그 사람이 뭐하는 사람으로 밝혀졌는가 하면 주한 미국박물관장이었습니다. 이 분은 한국에서 산타클로스로 봉사 활동을 하는 등 많은 사람들에게 존경받고 칭찬받던 봉사자였기에 주변 사람들에게 충격을 주었습니다. 사람은 겉모습을 보고 판단할 수밖에 없는 한계를 지니고 있습니다.

그래서 사람의 첫 인상이 중요합니다. 처음 볼 때 받은 인상이 사람을 평가하는 데 크게 작용하기 때문입니다. 첫인상을 결정짓는 요소에는 인격이 7퍼센트, 목소리가 13퍼센트이고, 외모가 80퍼센트나 차지한다고 합니다. 이렇게 대부분의 사람들이 겉모습을 보고 사람을 판단합니다. 겉모습 중에도 가장 먼저 보는 것이 사람마다 차이가 있지만, 보통 체형-얼굴-피부-눈-입의 순서로 봅니다. 이렇게 사람들이 겉모습을 보고 사람을 판단하니까 자연히 겉모습을 꾸미고 치장하는데 많은 시간과 돈과 정성을 들입니다. 그러나 예수 안에서 새로운 피조물 된 그리스도인들은 그렇지 않습니다.

"그러므로 우리가 이제부터는 아무 사람도 육체대로 알지 아니하노라"

(고린도후서 5장 16절 a)

여기에서 '사람을 육체대로 알지 않는다' 는 말씀은 겉사람을 보지 않는다는 뜻입니다. 민족이나 지역이나 학벌이나 가문이나 재물이나 외적 요인을 보고 사람을 평가하지 않는다는 말씀입니다. 새로운 피조물 된 그리스도인들은 겉사람을 중시하지 않습니다. 그러므로 허례, 허식, 허영, 허명을 멀리합니다. 보이는 것으로는 장차 올 하나님의 나라를 유업으로 받지 못할 것임을 알기 때문에 보이는 것을 꾸미고, 쌓고, 누리는 것에 집착하지 않습니다. 대신 보이지 않는 하나님 나라에 보화를 쌓고 하나님과 친밀한 교제를 나누는 기도생활에 힘씁니다. 또한 영혼이 부요해지기 위해 영혼의 양식인 성경 말씀을 사모하며 읽고, 듣고, 주야로 묵상합니다.

다른 사람을 대할 때도 외모의 수려함과 수사에 능한 말과 소유한 물질과 누리는 권세를 보고 사람을 판단하지 않습니다. 하나님의 마음을 가지고 중심을 보게 됩니다. 사무엘 선지자가 왕이 될 인재를 구하려고 성령의 인도함을 받아 이새의 집을 찾아갔습니다. 그중 큰 아들의 인물이 출중하고 왕이 될 만해서 그에게 기름을 부으려고 할 때 하나님께서 막으셨습니다.

"여호와께서 사무엘에게 이르시되 그 용모와 신장을 보지 말라 내가 이미 그를 버렸노라 나의 보는 것은 사람과 같지 아니하니 사람은 외모를 보거니와 나 여호와는 중심을 보느니라"(사무엘상 16장 7절)

하나님은 중심을 보십니다. 하나님의 자녀들도 당연히 중심을 보아야 합니다. 그러기 위해서는 영의 눈이 밝아져야 합니다. 선악을 분별하고, 정한 것과 부정한 것을 분별하고, 아름다운 것과 추한 것을 분별할 수 있는 것을 고린도전서 12장 10절에서는 '영 분별의 은사' 라고 말씀하고 있습니다. 모두 영분별의 은사를 받으시기 바랍니다. 그리하면 속사람이 능력으로 강건하게 될 것입니다.(에베소서 3장 16절)

우리는 새로운 피조물이 된 사람들입니다. 육신의 생각을 가지고 겉사람을 중시하다가 낭패 당하지 않기를 바랍니다. 우리 모두 영분별의 은사를 받아 속사람을 중시하고 영적인 일을 분별하고 생명과 평안을 누리게 되기를 바랍니다.

예수님이 하나님의 아들이심을 믿습니다

'바보의 벽' 이라는 말을 들어 보셨습니까? 지금 일본에서는 바보의 벽이라는 말이 유행어가 되었습니다. 이 말은 도쿄대학의대 해부학과의 요로 다케시(養老孟司, 66세) 교수가 출간한 교양서적의 제목이었습니다. 이 책은 출간한 지 8개월 만에 232만 부가 팔려 역대 교양신서 판매 1위에 올랐습니다.

한번은 요로 다케시 교수가 대학 강의실에서 학생들에게 임신과 출산에 대한 비디오를 보여 주었습니다. 그런데 비디오를 본 남학생과 여학생들의 반응이 완전히 달랐습니다. 여학생들은 "많은 것을 새로 알게 되었습니다."라고 이야기하는 반면, 남학생들은 "이미 아는 것으로 새로운 것이 없었다."고 말하는 것이었습니다.

왜 그럴까 하고 생각해 보았습니다. 그 결론은 임신과 출산을 직접 체험하게 될 여학생들은 적극적으로 새로운 지식을 받아들이려고 노력한 반면, 남학생들은 자신과 관계가 적은 임신과 출산이라는 정보에 대해 무관심했기 때문이었습니다. 이처럼 자기가 알고 싶어 하는 것이 아닌 것에 대해서는 스스로 정보를 차단하는 것, 또 자신이 알고 싶은 것만을 바라보려 하는 것을 바보의 벽에 갇혔다고 표현한 것입니다.

마찬가지로 신앙의 세계에서도 이런 바보의 벽이 존재합니다. 믿음을 갖지 못하는 사람의 경우를 보면 종교적 무관심이 바보의 벽을 쌓게 만듭니다. 기독교에 대해, 성경에 대해, 예수에 대해 알려고 하지 않습니다. 이런 유형의 사람들이 하는 대표적인 말이 '교회에 가면 밥 먹여 주냐?'는 말입니다. 또 자신이 알고 있는 기존 상식이 바보의 벽이 되는 사람들이 있습니다. 사회 시간에 예수는 석가, 공자, 마호메트와 함께 4대 성인 중 한 명이라고 배운 지식의 벽에 갇혀 그 이상 한 발자국의 진전을 보지 못하는 경우가 많습니다. 그리고 기독교인과 교회에 대한 부정적인 이미지가 바보의 벽이 되어 신앙의 길을 가로막는 경우가 많이 있습니다.

'교회는 싸움만 잘한다. 예수쟁이들은 이기적이다. 기독교는 우리 것이 아니고 외래 종교다.' 이런 편견이 바보의 벽을 만들고 그 벽을 넘지 못하는 사람들을 많이 볼 수 있습니다. 바울도 그런 벽을 가지고 갇혀 있던 사람이었습니다. 그랬던 그가 부활하신 예수를 다메섹 도상에서 만난 후에 그 벽을 헐게 되었습니다. 그랬더니 예수님이 제대로 보이기 시작했습니다.

"… 비록 우리가 그리스도도 육체대로 알았으나 이제부터는 이같이 알지 아니하노라"(고린도후서 5장 16절)

여기에서 '그리스도도 육체대로 알았다'는 뜻은 바보의 벽에 갇혀서 회심하지 못한 사람들이 예수님을 이해하고 있는 상태를 뜻합니다. 유대인들은 예수님을 단순히 세상적이고 인간적인 기준으로 생각해서 이단자라고 생각했습니다. 지금도 유대인들은 예수님을 조국의 독립을 쟁취하려다 실패한 열혈 애국자 정도로 이해하고 있습니다. 또한 헬라인들은 예수님을 지식적 수준이 높은 철인으로 생각을 했습니다. 그런데 예수님이 십자가에 달려 비참하게 죽은 것을 보고는 도무지 이해할 수 없으니까 미련하다고 생각했습니다. 이에 대해 사도 바울은 이렇게 말했습니다.

"우리는 십자가에 못 박힌 그리스도를 전하니 유대인에게는 거리끼는 것이요 이방인에게는 미련한 것이로되"(고린도전서 1장 23절)

이것이 바로 세상 사람들이 바보의 벽에 갇혀서 예수님을 이해하고 있는 정도를 말하고 있는 것입니다. 예수님이 이 땅에 살아 계셨을 때 예수님의 동생들도 이와 같은 모습을 가지고 있었음을 알 수 있습니다.

"예수의 친속들이 듣고 붙들러 나오니 이는 그가 미쳤다 함일러라"(마가복음 3장 21절)

예수님께서 복음을 전하시고, 귀신을 쫓아내고, 기적을 일으키고, 하나님 나라를 전파하자 자신의 형이 미쳤다고 붙잡으러 다녔던 것입니다. 그러던 그들이 부활하신 예수님을 만났을 때 비로소 바보의 벽을 허물고 나와 예수가 그리스도이심을 증거하는 증인이자 초대 교회의 지도자가 되었던 것입니다.

사람들은 썬다싱을 인도의 성자라고 부릅니다. 인도 푼잡의 부유한 집안에서 출생한 썬다싱은 힌두교인이었으나 집 근처에 있는 학교가 없어 할 수 없이 선교사들이 세운 미션 스쿨에 들어갔습니다. 학교에서 가르치는 성경을 받아들이지 않고 찢어버리기까지 했습니다. 14살 때 어머니가 돌아가셨는데, 심한 좌절감에 빠졌을 때 하나님이 찾아오셔서 그를 만나 주셨습니다. 그때야 비로소 그는 예수를 영접했습니다. 아버지의 핍박을 받고 집을 나와 세례를 받고 전도인이 되어 나

환자들을 돌보는 일을 했습니다. 또 페스트가 창궐하자 환자들을 직접 간호하기도 했습니다. 히말라야를 넘어 티베트에 가서 복음을 전하다가 돌아오지 않아 사람들은 그가 그곳에서 순교한 것으로 추정하고 있습니다. 성령으로 거듭나 새로 지음 받은 그리스도인들은 예수님을 육체대로 알지 아니하고 하나님의 아들 그리스도로 고백합니다. 우리를 사랑하시고 우리를 위하여 자신을 내어 주신 하나님의 아들로 고백하는 것입니다. 여러분은 과연 예수님을 누구라고 생각하십니까?

"시몬 베드로가 대답하여 가로되 주는 그리스도시요 살아 계신 하나님의 아들이시니이다"(마태복음 16장 16절)

이 고백이 없는 사람은 윤리적 신앙에 머무르고 있는 것입니다. 영적인 신앙은 예수가 하나님의 아들이심을 분명히 믿고 고백하는 것입니다. 이 고백을 해야 새로 지음 받은 사람이 되는 것입니다.

벽을 깨고 윤리적 신앙을 넘어 영적인 신앙인이 되시기 바랍니다. "예수님은 하나님의 아들이시요 구주이심을 나는 믿습니다."라고 분명히 고백하는 거듭난 그리스도인이 되시기를 기도합니다.

그리스도 안에 있으면 누구든지 새 사람이 됩니다

우리 민족은 전통적으로 언제 나이를 한 살 더 먹습니까? 설에 떡국을 먹어야 비로소 한 살 더 먹습니다. 그런데 30대까지는 그렇게 심각하지 않지만 40대부터 나이를 먹는다는 것이 조금씩 심각하게 느껴집니다. 그런데 쉰 그러니까 쉰 냄새가 나는 것 같습니다. 제가 올해 쉰 아닙니까? 그러니 나이 많은 어르신들은 어떠시겠습니까? 그러나 늙는 것을 조금도 서러워할 필요가 없습니다. 우리에게는 영원한 하늘나라가 있습니다. 누구든지 그리스도 안에 있기만 하면 날마다 새 사람으로 살 수가 있습니다.

> "그러므로 우리가 낙심하지 아니하노니 겉 사람은 후패하나 우리의 속은 날로 새롭도다" (고린도후서 4장 16절)

이 얼마나 큰 위로와 용기가 되는 말씀입니까? 여러분 모두 만년 청년의 기상을 가지고 사시기 바랍니다. 우리는 이렇게 날로 새롭게 살 수 있지만 세상에서 새로운 사람이 되기 위해서는 많은 대가를 지불해야 합니다.

로마 시민권을 갖지 못하고 태어난 사람이 로마 시민권자가 되기 위해서는 로마를 위해 큰 공을 세운다든지, 많은 돈을 내고 사든지 해야 했습니다. 지금도 미국을 비롯한 선진국의 시민권을 얻기 위해서는 많은 돈과 노력이 필요합니다. 또 젊어지고 아름다워지고 날씬해지기 위해서 얼마나 많은 돈과 정성을 쏟는지 모릅니다.

데미 무어라는 관능미를 자랑하는 할리우드의 여배우가 있습니다. 이 여배우가 40세 되니까 배와 엉덩이에 살이 찌고 가슴이 쳐졌습니다. 새 영화에 주연 제의를 받고 새롭게 모양을 내느라고 성형수술을 했습니다. 여기에 비용이 자그마치 4억 9,000만 원이나 들었습니다. 세상에서 새로운 사람이 되기 위해서는 이렇게 비싼 대가를 치러야 합니다. 그러나 하나님은 그렇게 요구하지 않으십니다.

"그런즉 누구든지 그리스도 안에 있으면 새로운 피조물이라 이전 것은 지나갔으니 보라 새 것이 되었도다"(고린도후서 4장 17절)

여기에서 중요한 두 가지를 생각해 보겠습니다. 하나는 '그리스도 안에 있으면' 이라는 말이고, 다른 하나는 '누구든지' 라는 말입니다. '그리스도 안에 있다.' 라는 말은 '그리스도와 연합되었다.' 또는 '그리스도의 죽음과 부활에 동참했다.' 는 것을 의미합니다. 이에 대해 사도 바울은 이렇게 고백했습니다.

"내가 그리스도와 함께 십자가에 못 박혔나니 그런즉 이제는 내가 산 것이 아니요 오직 내 안에 그리스도께서 사신 것이라 이제 내가 육체 가운데 사는 것은 나를 사랑하사 나를 위하여 자기 몸을 버리신 하나님의 아들을 믿는 믿음 안에서 사는 것이라"(갈라디아서 2장 20절)

그리스도 안에 있다는 것은 하나님의 아들 되시는 예수님께서 나를 위해 십자가에서 달려 돌아가셨다는 것을 믿는 믿음 안에서 사는 것입니다. 이 믿음 가지면 새로운 피조물이 되고 예수 안에서 사는 것임을 믿으시기 바랍니다. 그 다음 '누구든지' 라는 말씀인데, 이 말씀이 복음을 복음되게 한 중요한 말씀입니다. 복음에는 차별이 없습니다. 세상에는 나라끼리 차별하고, 민족끼리 차별합니다. 또 신분 차별이 있고, 학벌 차별이 있고, 능력 차별이 있는 등 수많은 차별이 엄격하게 존재합니다. 그러나 복음은 누구에게나 동일하게 적용됩니다.

"성경에 이르되 누구든지 저를 믿는 자는 부끄러움을 당하지 아니하리라 하니 유대인이나 헬라인이나 차별이 없음이라 한 주께서 모든 사람의 주가 되사 저를 부르는 모든 사람에게 부요하시도다 누구든지 주의 이름을 부르는 자는 구원을 얻으리라"(로마서 10장 11-13절)

이것이 바로 은혜입니다. 이전에 신분과 상관이 없습니다. 죄의 크기와도 상관이 없습니다. 자비가 풍성하신 하나님은 과거를 묻지 않으십니다. 그래서 우리는 힘차게 새 사람이 된 기쁨을 외칠 수 있는 것입니다. 이전 것은 지나갔으니 보라 새 것이 되었노라고 외칠 수 있게 되었습니다.

『관촌수필』『우리 동네』『내 몸은 너무 오래 서 있거나 걸어 왔다』 등을 집필했던 소설가 이문구 씨(李文求, 1941-2003)의 1주기 즈음에 투병일기가 출판되었습니다. 그 일기 중에 2001년 1월 1일 설을 맞이해서 적은 글 한 대목에 감동을 받았습니다. "올해는 나의 갑년이다. 비로소 60객에 접어든다. 나이를 의식하지 않을 것이다. 갑년을 기념하는 어떤 짓도 하지 않을 것이다. 더 겸손하고 겸양할 것을 다짐한다."고 기록되어 있었습니다. 우리들도 올해에는 무엇을 쌓고 채우는 한 해가 아니라 우리 모두 더 겸손해지고 예수를 닮아가는 새 사람이 될 것을 다짐해보면 어떨까 합니다.

"너희는 유혹의 욕심을 따라 썩어져 가는 구습을 좇는 옛 사람을 벗어 버리고 오직 심령으로 새롭게 되어 하나님을 따라 의와 진리의 거룩함

으로 지으심을 받은 새 사람을 입으라"(에베소서 4장 22-24절)

구습을 버리시기 바랍니다. 옛사람을 벗어 버리시기 바랍니다. 의와 진리의 거룩함으로 지으심을 받은 새 사람이 되시기 바랍니다. 또한 영의 눈을 뜨고 속사람을 중시하는 하나님의 마음을 갖게 되시기 바랍니다. 윤리적 신앙을 넘어서서 예수님을 하나님의 아들과 나의 주로 고백하는 영적인 신앙을 갖게 되시기 바랍니다. 그리스도 안에서 새로 지음 받은 은혜를 감사하며 누구든지 그리스도 안에 있으면 새로운 피조물이 된다는 복음의 기쁜 소식을 널리 전하는 새 사람이 되시기 바랍니다.

09_포도원을 허는 여우를 잡아라

| 아가서 2장 15절 |

성경에는 포도에 대해 많은 이야기가 나옵니다. 번영과 평화를 상징하는 포도나무는 성경에서 선택된 백성인 이스라엘을 상징합니다. 또 포도나무는 감람나무, 무화과나무와 함께 이스라엘의 3대 유실수 중의 하나입니다. 포도는 그냥 먹기도 하지만 젤리를 만들어 먹거나 오래 두고 먹기 위해 건포도를 만들기도 했으며, 술을 담아 오래 보관했다가 마시기도 했습니다.

이스라엘에는 포도 농사가 발달했습니다. 포도원 둘레에는 짐승들과 도둑을 막는 담이 있었고, 파수 망대를 세우기도 했습니다. 우리로 말하면 원두막입니다. 그런데 포도원에 울타리를 하고 망대를 세워 지켜도 안심할 수 없었습니다. 포도원을 허는 여우가 있었기 때문입니다. 여러분도 잘 알다시피 여우는 팔레스타인 전역에 넓게 퍼져 사는 야행성 잡식 동물로서 간교하고 교활하며 잔인한 속성을 가지고 있습니다.

여우는 봄철에 식물의 싹이 나고 잎이 막 피어날 때 포도원에 침입하여 나무를 먹는 등 포도 농사를 망치는 주범입니다. 그래서 포도원 주인들은 여우를 잡으려고 늘 혈안이 되어 있었습니다.

본문 말씀에서 포도원은 솔로몬과 술람미 여인이 사랑을 나누고 있는 사랑의 울타리를 말합니다. 솔로몬 왕과 평범한 시골 처녀와의 사랑은 TV 드라마만큼이나 극적인 요소가 많았기 때문에 숱한 고비를 넘겨야 했습니다. 그 고비를 잘 넘기고 풍성한 사랑을 나누는 두 연인 사이에 사랑을 방해하는 요소를 상징적으로 여우라고 표현하고 있는 것입니다.

또한 영적으로 그리스도와 그의 신부된 성도들이 교제를 나누는 교회를 포도원에 비유할 수 있습니다. 뿐만 아니라 그리스도를 중심에 모시고 사는 성도들의 심령을 포도원이라고도 말할 수 있습니다.

이 포도원을 허물고자 하는 각종 악한 사탄의 역사는 오늘도 계속되고 있습니다. 우리들이 이러한 악한 세력들에 대항하여 싸우지 못하고 굴복하게 된다면 신랑 되시는 그리스도로부터 받을 사랑과 많은 은혜 및 은사를 누리지 못하게 될 것입니다. 그러므로 성도는 항상 깨어 준비함으로써 주께서 주시는 은혜를 빼앗기지 않도록 포도원을 지켜야 합니다. 첫사랑의 달콤함을 유지하고 사랑으로 교제하기 위해서는 여우로 비유되는 방해 요인을 찾아 제거해야 합니다. 그래야 신앙이 성숙해지고 신령한 교제를 나누는 은혜를 맛보고 누리게 될 것입니다.

그러기 위하여 우리에게 있어 포도원을 허는 여우는 무엇인가를 발견하십시오. 여우를 잡아내고 포도원에 극상품 포도 열매가 주렁주렁 열리며 더욱 주님과 깊은 사랑의 교제를 나누는 그리스도의 신부가 되기를 사모하십시오.

불법을 용납하지 마십시오
포도원을 허는 여우를 잡으라고 하니까 여우가 밖에 있는 줄 알고 몽둥이 들고 지켜봐야 백날 헛수고일 뿐입니다. 여우는 밖에 있지 않고 안에 있기 때문입니다.

"우리를 위하여 여우 곧 포도원을 허는"(아가서 2장 15절)

'우리를 위하여' 라는 말씀에서 우리는 누구를 뜻하는 것입니까? 일차적으로는 포도원에 거하는 사랑하는 연인 즉, 솔로몬과 술람미 여인을 말합니다. 이차적으로는 그리스도와 교회를 상징하고 있습니다. 그렇다면 삼차적으로는 어떤 의미를 갖겠습니까? 바로 그 자체로 거룩한 교회라고 할 수 있는 나 자신과 그리스도를 의미할 것입니다. 그러니까 여우를 잡자는 것은 나를 위하여 해야 할 나의 일이라는 것을 알아야 합니다.

그러면 우리에게 있어 먼저 잡아야 할 여우는 무엇인가? 그것은 우리 안에 있는 불법을 행하고자 하는 마음입니다. 본문에 '포도원을 허는' 이라는 말씀을 '불법을 행하는' 이라고 해석할 수 있을 것입니다. 팔레스타인의 여우는 이른 봄에 토굴에다 새끼를 낳습니다. 이 새끼들이 자라면서 포도나무에 꽃이 필 즈음 굴속에서 장난치며 땅을 파다가 포도나무를 갉아대거나 뿌리를 상하게 하면서 나무를 마르게 합니다. 따라서 여우를 없애지 않으면 포도원이 황폐하게 되기 때문에 반드시 잡아야만 합니다. 누구든지 법을 어기면서 내가 불법을 행한다고 생각하지 않습니다. 다 이유가 있고 핑계거리가 있습니다. 하지만 불법이 사회적으로 횡행하게 되면 세상이 악해지고 정의가 사라져 어두운 세상이 되고 맙니다.

요즘 민주노동당이 국회에 진출하고 세상에 많은 변화가 몰아닥쳤습니다. 이념적으로는 급진좌파이지만 그들의 정신은 본받을 만한 점이 많습니다. 국회의원 세비를 받으면 180만 원만 자신이 쓰고 모두 정당에 낸다든지 또는 뇌물을 받지 않고 부정한 행위를 용납하지 않는다든지 하는 점이 기존 정당에서는 볼 수 없었던 신선함이었습니다. 그런데 얼마 전 민주노동당 소속의 창원시 시의원이 1,000만 원의 뇌물을 받은 것이 드러나 구속되면서 발칵 뒤집혔습니다. 대 국민 사과를 하고 그 시의원을 제명시켰습니다.

하나님께서는 우리를 죄에서 구속하시고 거룩한 백성으로 삼아 주셨습니다. 그러므로 우리의 삶의 방식과 일하는 방법 모두 깨끗해야 합니다. 불법을 용납하면 불법은 누룩같이 번지는 성질을 가지고 있어서 죄악으로 쓰러지게 만듭니다. 그러므로 성도는 늘 정도를 걸어야 합니다.

"그가 우리를 대신하여 자신을 주심은 모든 불법에서 우리를 구속하시고 우리를 깨끗하게 하사 선한 일에 열심하는 친 백성이 되게 하려 하

심이니라"(디도서 2장 14절)

끝까지 방심하지 마십시오

팔레스타인에는 여우가 많은데 그 키가 불과 45센티미터 정도에 불과한 작은 종류입니다. 그래서 사람이 여우를 무서워하는 게 아니라 여우가 사람을 무서워하여 도망갑니다. 하지만 여우는 반드시 잡아야만 했습니다. 대수롭지 않게 생각했다간 포도원을 황폐하게 만들기 때문입니다.

일이든 어떤 목표든 실패하는 사람들의 대개는 작은 것의 소중함을 소홀히 여기다가 낭패를 당한 경우가 많습니다. 반면 성공하는 사람들은 백 원이든 천 원이든 아끼고 절약했기 때문에 부자가 되고, 작은 일에 최선을 다해 큰일을 이루게 된 것입니다.

"작은 여우를 잡으라"(아가서 2장 5절 b)

아주 먼 거리를 걸어서 사막을 횡단하는데 성공한 탐험가에게 신문기자들이 가장 고통스러웠던 것이 무엇이냐고 물었습니다. 뜨거운 태양이 고통스러웠냐고 했더니 아니라고 합니다. 물이 없어서 고통스러웠냐고 물었더니 역시 아니라고 합니다. 가파르고 험한 길도, 추운 밤도 가장 고통스러웠던 것은 아니라는 것입니다. 탐험가의 대답은 의외로 모든 것이 그를 괴롭히고 고통스럽게 했지만, 가장 고통스럽게 했던 것은 신발 속에 들어 있는 작은 모래였다는 것입니다. 포도원을 허는 작은 여우같이, 또한 신발 속의 작은 모래같이 오늘날 우리들의 신앙과 교회와 가정을 파괴시키는 것은 하찮게 여기기 쉬운 작은 죄들입니다. 그래서 우리가 늘 경계해야 합니다. 방심하면 안 됩니다. '이만하면 됐다'는 생각을 성경은 경계하라고 권면하고 있습니다.

"그런즉 선 줄로 생각하는 자는 넘어질까 조심하라"(고린도전서 10장 12절)

여우가 작다고 무시하거나, 가벼운 죄라고 지나치거나, 목표가 얼마 남지 않았다고 쉬거나, 적을 가볍게 보고 경계를 허술하게 해서는 안 됩니다. 유다 왕국의 13대 왕 히스기야(B.C. 725-697 재위)는 그 시대에 여호와의 계명을 지킨 선한 왕으로서 죽을 병에 걸렸을 때 하나님께 간절히 기도하여 15년의 생명을 연장 받은 왕으로 유명합니다. 히스기야가 병들었다는 소식을 듣고 바벨론 왕이 사신에게 편지와 예물을 보내 위로하였습니다. 사절이 왔을 때는 이미 히스기야가 병 고침을 받은 후였는데, 대국에서 사절단을 보낸 것이 황공했던지 히스기야가 사신에게 보물창고와 군기고와 내탕고 등 나라 안에 있는 중요 시설들을 모두 보여 주었습니다.

그때 이사야 선지자가 와서 왕이 보여 주었던 모든 것이 앞으로 다 바벨론으로 옮기게 되어 하나도 남지 않게 될 것이고, 왕의 후손들은 사로잡혀 바벨론 왕국의 환관이 될 것이라고 예언했습니다(열왕기하 20장 12-18절). 그 예언이 훗날 그대로 이루어지고 말았습니다. 적국에 대해 경계를 늦추고 방심했기 때문에 당한 환난입니다. 그래서 늘 유비무환(有備無患)의 정신을 가져야 합니다.

삶은 변화의 연속입니다. 한강에 매일 물이 흐르고 있어도 그 물은 어제의 물이 아닙니다. 변화 자체인 삶에 대해 전문가란 있을 수 없습니다. 바다 빛깔처럼 천변만화하는 삶에 대해 우리는 항상 초보자일 수밖에 없습니다. 세상에서 명성을 획득한 작가나 예술가가 더 발전하지 못하는 경우가 있는데, 그것은 처음 정신을 잃어버리고 명성에 취해 성숙하지 못했기 때문입니다. 작가들의 70-80퍼센트가 처녀작이 대표작이 되고, 그 후 변변한 작품 하나 내놓지 못하고 끝나는 것은 바로 방심했기 때문입니다.

우리 그리스도인들도 구원을 완성시키는 성화에 항상 힘써야 합니다. 구원은 순간적인 사건인데 반해 성화는 자신이 이 땅에 생존하는 동안 거듭해서 자신을 닦는 종교적 수행을 통해 점진적으로 일어나기 때문입니다. 어느 순간 신성의 빛을 보았다 해도 그것으로 다 이루어진 것처럼 자만에 빠지지 말고 항상 처음 마음가짐으로 영적 수행의 길을 걸어야 합니다. 이미 무엇이 다 된 것처럼 생각하는 자만하는 마음은 더 이상 도약할 수도, 전진할 수도, 향상될 수도 없습니다. 초보자의 심정으로 마음을 낮추고 계속 정진해야 할 것입니다. 사도 바울은 아름답게 여물어가는 벼 이삭처럼 생의 말년에 이와 같이 겸손히 고백합니다.

"내가 이미 얻었다 함도 아니요 온전히 이루었다 함도 아니라 오직 내가 그리스도 예수께 잡힌 바 된 그것을 잡으려고 좇아가노라"(빌립보서 3장 12절)

여우가 작다고 방심하지 말고 포도원을 잘 지켜야 합니다. 악은 어떤 모양이라도 버리고 선을 좇아 행해야 합니다. 초심을 가지고 마음을 다잡고 신앙의 경주에 최선을 다한다면 성화의 길에 이르는 성숙한 성도가 될 것입니다.

안주하지 말고 도전하십시오

인간에게는 안주하고자 하는 욕구가 있습니다. 안정된 지위와 안정된 삶을 누리고자 하는 욕구가 있습니다. 그러나 우리 주님은 그런 욕구를 책망하십니다. 누가복음 9장에서 예수님은 베드로와 요한과 야고보를 데리고 기도하러 산에 올라가셨습니다. 그런데 기도하시다 용모가 변화하여 그 옷이 희어지고 광채가 났습니다. 모세와 엘리야가 나타나 예수님과 대화를 나누고 있을 때 그 옆에서 졸다가 깨어난 베드로가 보고서 예수님께 이렇게 말씀드렸습니다. "주여, 우리가 여기 있는 것이 좋사오니 여기서 초막을 짓고 삽시다." 하지만 주님은 일언반구의 대답도 없으셨습니다.

사람은 꽃밭에 안주하고 싶어 합니다. 그런데 포도원은 꽃밭이 아닙니다. 포도에도 꽃이 피지만 포도나무의 꽃을 감상하는 사람은 없을 것입니다. 포도나무의 나무는 땔감도 안 되고 재목도 안 되고 아무 짝에도 쓸모가 없습니다. 포도는 나무를 쓰자고 심는 것도, 꽃을 보자고 심는 것도 아닙니다. 오직 열매입니다.

"… 우리의 포도원에 꽃이 피었음이니라"(아가서 2장 15절)

포도원에 꽃이 피었다고 꽃구경 하자는 말이 아닙니다. 꽃 속의 열매를 보라는 말입니다. 그래서 열매 맺는 것을 방해하는 여우를 잡으라고 말하고 있습니다. 포도나무에서 꽃이 피는 것으로 이제 다 됐다고 생각하면 안 됩니다. 아직도 여름의 폭풍과 가뭄과 병충해를 견뎌야 합니다. 그래야 비로소 열매를 맺을 수 있습니다.

혹시 도둑맞은 경험이 있으십니까? 얼마나 기분 나쁜지 모릅니다. 때론 집에 들어가기가 겁이 납니다. 그러면서도 한편으로는 '잡히기만 해봐라. 죽여 버린다.' 하면서 한동안 두려움과 미움이 마음을 지배하게 됩니다. 그런데 우리 안에 들어와 정말 중요한 꿈을 도둑질해가고 미래의 성공을 도둑질해가는 것이 바로 안주하는 마음입니다. 주님께서도 한 달란트 받은 종을 책망하시면서 "이 무익한 종은 바깥 어두운 데로 내어 쫓으라."고 엄하게 명하셨습니다. 즉 이와 같이 안주하는 자들을 강력하게 책망하신 것입니다.

안주하는 마음은 비전을 갉아먹습니다. 열심히 공부하는 고등학생에게 물었습니다. "공부해서 무엇 할 거냐?" "명문 대학 가야지요." "명문 대학 가서 무엇 할 건데?" "좋은 직장 취직해야죠." "취직하면 무엇 할 건데?" "결혼해야죠." "결혼하면 무엇 할 건데?" "애 낳아야죠." "애 낳은 다음엔 뭐 할 건데?" 그랬더니 그 후론 대답을 못하더랍니다. 죽는 것 하나만 남기 때문입니다. 비전이 없으면 죽은 인생입니다. 비전 없이는 열심히 하는 것 같아도 소용없습니다. 꽃은 화려해 보이지만 잠시 잠간입니다. 열흘 붉은 꽃이 없다 해서 화무십일홍(花無十日紅)이라고도 합니다. 결국 꽃을 볼 것이 아니라 열매를 보아야 합니다. 안주는 게으름의 산물이요 열매는 열정의 산물이기 때문입니다. 게으른 사람에 대해 잠언은 이렇게 말하고 있습니다.

"게으른 자여 네가 어느 때까지 눕겠느냐 네가 어느 때에 잠이 깨어 일어나겠느냐 좀더 자자, 좀더 졸자, 손을 모으고 좀더 눕자 하면 네 빈궁이 강도 같이 오며 네 곤핍이 군사 같이 이르리라"(잠언 6장 9-11절)

편안한 것을 추구하는 사람이 갈 곳은 결국 한 곳입니다. 아주 잠자는 곳입니다. 쉽게 말해 편안한 것을 좇는 삶은 결국 죽음을 좇는 것과 같습니다. 힘들더라도 도전과 시련을 극복할 때 기쁨의 열매를 거둘 수 있습니다. 안주하는 마음이 있습니까? 그것은 죽음을 향한 발걸음임을 기억하십시오. 그리고 열정을 가지고 도전하십시오. 주님이 함께하시며 도와주십니다. 꽃 속에서 열매를 보고 씨앗 속에서 숲을 보는 비전의 사람이 되어야 할 것입니다.

"울며 씨를 뿌리러 나가는 자는 정녕 기쁨으로 그 단을 가지고 돌아오리로다"(시편 126편 6절)

포도원을 허는 여우를 잡아야 합니다. 사람마다 잡아야 할 여우가 각각 다를 것입니다. 교만, 이기심, 전도된 가치관, 분주함, 무감각, 탐욕, 위선, 사치, 방탕, 염려, 시기, 분쟁 등. 우리 자신 가운데 발견한 불법과 방심과 안주의 여우를 잡으시기 바랍니다. 유비무환의 정신으로 사탄을 대적하고, 정도를 걷는 준법정신으로 불법과 싸워 이기도록 분투하십시오. 열정적으로 사업에 힘쓰고, 복음을 전하며 하나님의 영광을 나타내는 그리스도인들이 되기 위해 쟁투하십시오. 그리고 여러분 모두가 그 열매의 단 맛을 누리게 되기를 기원합니다.

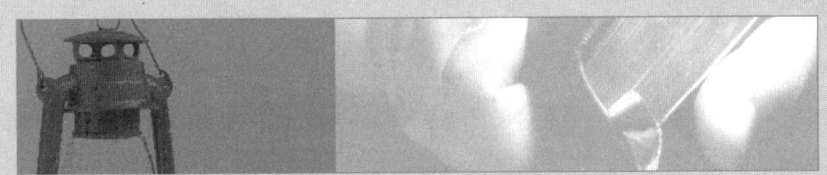

3장 | 기도로 이루지 못할 일은 없다

지식의 계급장을 떼십시오. 세상의 학문과 믿음이 무관하기 때문입니다. 연륜의 계급장을 떼십시오. 경험과 믿음도 무관합니다. 목사 또한 그렇습니다. 교인들 앞에서 목사일 뿐이지, 하나님 앞에 서면 "나는 아이라 말할 줄 모릅니다. 제단 숯불로 부정한 입술을 지져 주옵소서." 하고 기도하면서 무릎으로 나아갈 수밖에 없습니다. 서울 소망교회의 주일 예배에 처음 참석하는 사람들은 예배를 드리기도 전에 은혜를 받는다고 합니다. 차를 타고 교회에 가면 정몽준 집사, 이명박 집사, 배우, 탤런트, 이한빈 부총리 같은 분들이 차량 안내로 봉사하는 것을 볼 수 있기 때문입니다. 교회 밖에서는 내로라하는 주요 인사들이지만 교회에서는 비가 오나 눈이 오는 날이나 땀을 흘리며 교회에 오는 성도들을 섬기기 때문에 어찌 은혜스럽지 않겠습니까? 이런 것이 하나님이 원하시고 사람들이 바라고 찾는 교회가 아니겠습니까? 계급장을 떼십시오. 믿음이 보입니다. "나아만이 이에 내려가서 하나님의 사람의 말씀대로 요단강에 일곱번 몸을 잠그니 그 살이 여전하여 어린아이의 살 같아서 깨끗하게 되었더라"(열왕기하 5장 14절) 이스라엘 북쪽에 아람이라는 나라의 군대 장관 나아만은 국가적 영웅이었습니다. B.C. 853년 북쪽의 대제국 앗수르가 아람을 침공해 왔을 때 전쟁을 승리로 이끌었습니다. 그런데 불행하게도 문둥병에 걸리고 말았습니다. 왕은 수많은 보물을 주고 병을 고치도록 휴가를 주었습니다. 그래서 이스라엘에 엘리사라는 선지자가 능력이 있다는 소리를 듣고 찾아갔습니다. 하지만 만나보지도 못하고 "요단강에 가서 일곱 번 목욕하랍니다." 하는 종의 전갈만 듣고 노발대발하여 본국으로 막 돌아가려는 중입니다. 그 때 종들이 "나으리, 밑져야 본전인데 한 번 목욕해 보시지요." 하는 말에 속는 셈 치고 들어가 보았더니 정말 깨끗하게 나왔습니다.

목욕하려면 옷을 벗어야 합니다. 계급을 떼어야 새 사람이 됩니다. 영적인 세계의 계급은 낮추는 정도에 따라 결정됩니다. 겸손으로 허리를 동이고 무릎 꿇고 주 앞에 나가야 합니다. 세상의 지위와 지식과 경험의 계급장을 떼고 겸손히 주님 앞에 나아올 때 믿음의 세계를 열어가는 영적인 사람이 될 수 있는 것입니다.

10_ 한 백부장의 믿음
| 마태복음 8장 5-13절 |

철학의 영원한 명제가 무엇일까요? 눈치 빠른 분은 아마 알고 계실 것입니다. '너 자신을 알라.' 입니다. 소크라테스가 했던 말입니다. 자신을 아는 것은 대단히 중요합니다. 사람이 변화되고 새 삶을 살기 위해서는 자기 성찰이 반드시 필요하기 때문입니다. 그리스도인의 정체성에 대한 출발은 자기를 바로 아는 데에서 즉, 인생이 무엇인지를 바르게 인지하는 데에서 출발합니다.

그렇다면 인생은 무엇입니까? 1960년에 시대를 반영했던 노래인 최희준의 "하숙생"에서는 '인생은 나그네길 어디서 왔다가 어디로 가는가.' 라는 구절이 있습니다. 성경에서도 인생을 순례자요 나그네라고 말하고 있습니다.

"이 사람들은 다 믿음을 따라 죽었으며 약속을 받지 못하였으되 그것들을 멀리서 보고 환영하며 또 땅에서는 외국인과 나그네로라 증거하였으니"(히브리서 11장 13절)

인생은 나그네요, 순례자요, 지나가는 행인입니다. 그렇다면 잠시 머무는 이 세상 속에서 나는 무엇입니까? 이것은 관계 속에서 생각해 볼 문제입니다. 가족 관계 속에서 나는 아버지, 어머니, 아들, 딸, 부모, 자식입니다. 사회 속에서 나는 학생, 선생, 사장, 사원, 과장, 차장입니다. 그러면 하나님과의 관계 속에서 나는 무엇입니까? 죄인입니까? 아니면 의인입니까?

세상에는 죄인이라고 생각하는 의인과 의인이라고 생각하는 죄인 두 종류의 사람이 있습니다. 누가복음 5장 8절을 보면 예수님께서 "나는 죄인이로소이다."라고 고백하는 베드로를 부르셔서 제자 삼으셨습니다. 또 누가복음 18장 13-14절에는 "하나님이여 불쌍히 여기옵소서 나는 죄인이로소이다."라고 고백한 세리에 대해 예수님께서는 "내가 너희에게 이르노니 이 사람이 저보다 의롭다 하심을 받고 집에 내려갔느니라 무릇 자기를 높이는 자는 낮아지고 자기를 낮추는 자는 높아지리라 하시니라."라고 말씀하고 있습니다. 사도 바울은 "오호라 나는 곤고한 사람이로다 이 사망의 몸에서 누가 나를 건져내랴"(로마서 7장 24절), "죄인 중에 내가 괴수니라"(디모데전서 1장 15절)라고 고백했습니다.

이렇게 철저한 죄 인식이 그를 위대한 사도로 만든 원동력이 되었습니다. 자신을 알면 은혜가 보입니다. 자신이 죄인임을 분명히 아는 사람이 큰 은혜를 받게 됩니다. 사람들이 자신을 잘 아는 것 같지만 실상 모르는 것이 자신이기도 합니다. 그런데 어찌나 남은 나를 잘 아는지 모릅니다. 그래서 예수님께서 하신 말씀 가운데 인간의 실존을 잘 드러내는 구절이 있습니다.

"어찌하여 형제의 눈 속에 있는 티는 보고 네 눈 속에 있는 들보는 깨닫지 못하느냐 … 먼저 네 눈 속에서 들보를 빼어라"(마태복음 7장 3-5절)

본문은 자신을 바로 알았던 한 사람을 소개하고 있습니다. 본문의 주인공은 백부장입니다. 당시 로마 군대의 편제를 보면 군단을 부대 편성의 축으로 삼았습니다. 하나의 군단은 6,000명의 군사로 이루어져 있고, 장군이 지휘했습니다. 그 밑에 1,000명씩 나누어 천인대를 두고 그 대장을 천부장이라고 불렀습니다. 오늘날의 연대장쯤으로 볼 수 있습니다. 그리고 천인대를 열 개로 나누어 백인대라고 부르고, 그 대장을 백부장이라고 불렀습니다. 지금의 대대장이나 중대장이 그에 해당되는 장교입니다.

백부장은 정규 군사 훈련을 받은 장교로서 용맹스럽게 죽음을 각오하고, 명령을 수행하며, 부하들을 지혜롭게 통솔하면서 로마 군대의 중추 역할을 감당하는 중요한 존재였습니다. 당시 이스라엘은 로마의 지배하에 있었고, 이스라엘을 다스리는 주둔군 사령부가 가버나움에 위치하고 있었습니다. 오늘 본문의 주인공인 백부장은 바로 가버나움에 주둔하던 부대에 소속되어 있었습니다.

묘한 것은 성경에 다섯 명의 백부장이 등장하는데, 하나같이 믿음직하고 인격적인 인물로 묘사하고 있습니다. 예수님이 십자가에 달려 돌아가실 때 그 처형 책임자가 바로 백부장인데, 마태복음 27장 54절에 보면 그가 "이는 진실로 하나님의 아들이었도다."라고 고백했다는 기록이 있습니다. 또 사도행전 10장에 고넬료라 하는 백부장이 나타나는데, 기독교로 개종한 첫 이방인이 되었습니다. 사도행전 22장에 바울이 예루살렘에서 체포되어 채찍질을 당할 때 "나는 로마 사람이라" 말하니 천부장에게 보고하고 풀어 준 사람이 바로 백부장입니다. 그리고 사도행전 27장에 로마로 재판을 받기 위해 바울이 압송 당할 때 그 책임자인 백부장의 이름이 율리오인데, 바울에게 매우 호의적이었습니다.

이와 마찬가지로 본문에 나타나는 가버나움의 백부장에 대해서도 누가복음 7장 5절에는 유대인을 사랑하고, 회당을 지어 주고, 존경을 받는 인물이라고 기록되어 있습니다. 이 백부장은 신약성경이라는 무대에서 짧은 장면에 등장하는 인물이지만 성경에 나타난 여러 인물 중 어느 인물과 비교해도 그 위인됨이 매우 매력적이고 흠모할 만한 인물입니다.

본문 10절에 예수님께서 이 백부장을 칭찬하셨는데, "이스라엘 중 아무에게서도 이만한 믿음을 만나보지 못하였노라."고 하셨습니다. '이만한 믿음'이란 헬라어로 '토사우텐 피스틴' 입니다. 그 뜻은 '이렇게 강한 믿음' 또는 '이렇게 많은 믿음' 이라고 번역할 수 있습니다. 예수님조차 기이히 여길 만큼 강한 믿음에 대해 '기이히 여기셨다' 는 말은 '타우마조' 인데, '깜짝 놀라셨다' 라는 뜻입니다. 예수님께서 깜짝 놀랄 만큼 큰 믿음, 선택 받은 민족 이스라엘 중에서도 찾아보기 힘든 믿음을 바로 이 백부장이 갖고 있었다는 것입니다.

　믿음 없이는 하나님을 기쁘시게 못합니다. 믿음 없는 봉사, 믿음 없는 자선, 믿음 없는 행함, 믿음 없는 충성, 믿음 없는 헌신은 하나님을 기쁘시게 할 수 없습니다. 우리 모두가 백부장과 같은 큰 믿음의 사람이 될 수 있도록 권면하고자 합니다. 그리고 그 믿음대로 어려운 시대를 능히 극복하고, 승리하는 능력 있는 그리스도인이 되도록 함께 소망해 보기를 원합니다.

믿음의 기도는 크게 역사합니다

　예수님께서 갈릴리 호수 북쪽에 있는 가버나움에 가셨을 때에 예수님을 찾아온 사람이 있었습니다. 그가 바로 백부장이었습니다. 그 백부장이 예수님께 나아와 한 행동을 성경은 간구했다고 기록하고 있습니다.

> "예수께서 가버나움에 들어가시니 한 백부장이 나아와 간구하여"(마태복음 8장 5절)

　세상에 문제없는 사람은 없습니다. 문제없는 사람이 있다면 그 사람은 이 세상 사람이 아니라 저 세상 사람입니다. 저 세상 사람도 지옥에 간 사람은 문제가 있습니다. 그런데 그 곳에서는 문제를 해결할 수 없습니다. 물 한 방울도 찍을 수 없는 곳이 지옥입니다.

　만약 "저는 아무리 생각해봐도 간구할 문제가 별로 없는데요."라고 말하는 사람이 있다면 그는 문제를 모르는 그것이 문제입니다. 하나님의 자녀들은 모든 문제를 주께 가지고 나와야 합니다.

"너희가 전심으로 나를 찾고 찾으면 나를 만나리라"(예레미야서 29장 13절)

"구하라 그러면 너희에게 주실 것이요 찾으라 그러면 찾을 것이요 문을 두드리라 그러면 너희에게 열릴 것이니"(마태복음 7장 7절)

"저가 내게 간구하리니 내가 응답하리라 저희 환난 때에 내가 저와 함께하여 저를 건지고 영화롭게 하리라"(시편 91편 15절)

하나님은 간구하는 기도에 귀를 기울이시고 응답하시며 마침내 해결해 주십니다. 히스기야가 올린 눈물의 기도를 들으시고 생명을 15년 동안 연장시켜 주신 주님께서는 우리가 간구 하는 기도를 들으시고 반드시 응답해 주실 것을 믿으시기 바랍니다.

"가로되 주여 내 하인이 중풍병으로 집에 누워 몹시 괴로워하나이다"
(마태복음 8장 6절)

백부장이 간구한 내용입니다. 하지만 이것은 백부장 자신의 문제가 아니었습니다. 하인의 문제였습니다. 하인은 어떤 존재입니까? 누가복음에는 종이라고 했습니다. 이것은 노예의 신분임을 말합니다.
로마의 역사를 연구하는 몸센이라는 학자가 말하기를, "미국의 노예제도는 매우 잔혹한 점이 있었다. 그러나 그 잔혹한 면은 옛날 로마의 노예제도와 비교해 볼 때 바다에 있어서 한 방울의 물과 같다."고 말했습니다. 그러면 로마의 노예가 어느 정도로 취급받았기에 그렇게 말했을까요?

로마의 가이우스라는 사람의 기록에, "주인은 노예의 생사를 주관할 권리를 소유한다."고 되어 있습니다. 우리가 잘 아는 아리스토텔레스는 "생명이 없는 물건에 대해서는 우정과 정의도 있을 수 없다. 실로 말이나 소에게도 그러하여 노예를 향해서도 우정과 정의는 있을 수 없다. 주인과 노예는 아무런 관계가 없다. 도구가 생명이 없는 것과 같이 노예는 살아 있는 도구이다." 위대한 철학자의 생각이 이와 같았다면 더 말할 것도 없을 것입니다. 로마의 시인이요, 철학자였던 키케로는 온유한 사람이었는데 노예의 고통스러운 죽음에 대하여 애석한 마음을 가졌던 것에 대하여 부끄러운 마음으로 친구들 앞에서 백배 사죄한다고 고백했습니다.

또 바로라는 사람은 당시 농사 도구 세 가지를 말하면서 언어를 가진 도구와 언어가 없는 도구 그리고 소리가 없는 도구로 분류했습니다. 여기에서 언어를 가진 도구란 노예를 말하고, 언어가 없는 도구는 가축을, 소리가 없는 도구는 수레나 용구들을 뜻하는 것입니다. 그러니까 노예가 가축과 기계와 다른 것은 언어뿐이라는 것입니다.

이렇게 노예는 사람 축에도 끼지 못했습니다. 이 백부장은 이러한 시대적 상황 속에서 살았던 것입니다. 이런 시대에 백부장이 하인을 위해 "하인이 중풍병으로 몹시 괴로워하나이다." 하며 예수님께 나아와 간구했다는 것은 매우 놀라운 일이 아닐 수 없습니다. 점령지 주둔군 장교로서의 위압적인 태도는 찾아 볼 수 없고 사랑이 넘치는 모습이기 때문입니다. 그러나 여기에서 백부장의 인간성과 사랑을 논하는 것이 아닙니다.

백부장이 예수님께 나아온 것을 영적으로는 중보기도라고 볼 수 있습니다. 중보기도는 사랑이 있어야 할 수 있습니다. 타인을 사랑할 만큼 성숙한 인격이 있어야 가능합니다. 영혼을 불쌍히 여기는 자만이 이렇게 중보기도 할 수 있습니다. 우리는 백부장을 통해 자신만을 위해 간구했던 유아적 신앙의 모습을 버린 성숙한 중보기도의 용사의 모습을 배울 수 있을 것입니다.

백부장은 자신보다 아래 지위에 있는 사람들에 대해 배려와 사랑을 가진 사람이었습니다. 하나님의 일꾼들도 주변에 있는 모든 형제들에게 관심을 가지고 사랑을 베풀어야 합니다. 그 첫번째 일이 바로 중보기도입니다. 어떤 모임이 잘 될 것인가, 안 될 것인가 하는 기준은 간단합니다. 좋은 사람, 건전한 행동, 상식이 통하면 그 모임은 좋은 모임이 되어 부흥하지만 망나니 같은 사람, 불건전한 행동, 억지가 통하면 그 모임은 얼마 못 가서 망하게 된다는 말입니다.

교회 모임으로 모이면 좋은 식당을 찾아다니고, 배부르면 세상 헛된 부귀영화를 자랑하고, 할 말 없으면 남의 허물이나 들추고, 그렇게 모였다 헤어지면 세상 사람들보다 나을 것이 하나도 없습니다. 그러므로 모일 때마다 백부장이 예수님께 나아와 종을 위해 간구했던 것처럼 형제를 위해 사랑으로 중보기도 하시기 바랍니다. 질병으로 고통 받는 형제를 위해 기도하고, 낙심한 자를 위해 기도하고, 사업이 위기에 몰린 형제를 위해 기도하고, 백척간두에 서 있는 나라를 위해 기도하고, 민족의 통일을 위해 기도하고, 목회자를 위해 기도하고, 선교사를 위해 기도하고, 교회의 부흥을 위해 기도하고, 모임의 활성화를 위해 기도하고, 서로의 문제를 나누며 기도하십시오. "늘 나는 몹시 바쁘다. 그러므로 한 시간 더 기도했다."고 고백했던 루터처럼 기도로 시작하고, 기도로 마치는 기도의 용사들이 되시기 바랍니다.

> "진실로 다시 너희에게 이르노니 너희 중에 두 사람이 땅에서 합심하여 무엇이든지 구하면 하늘에 계신 내 아버지께서 저희를 위하여 이루게 하시리라 두 세 사람이 내 이름으로 모인 곳에는 나도 그들 중에 있느니라"(마태복음 18장 19-20절)

두 사람이 합심하여 기도하면 하나님께서 이루어 주신다고 말씀하셨습니다. 초대 교회에는 능력이 나타났습니다. 기적이 일어났습니다. 그 이유는 더불어 마음을 같이하여 기도에 힘썼기 때문입니다. 이때 성령 충만함을 받았습니다. 그리고 중보기도는 그 능력이 나타나게 되고, 응답해 주십니다.

저에게도 한 번 그 증거를 보여 주신 적이 있습니다. 1996년, 한 가정을 심방했을 때의 일입니다. 그 집 성도께서 걱정스러운 표정을 지으며, "목사님 큰 문제가 생겼습니다. 10년 만에 아파트를 마련해서 입주할 날이 사흘 남았는데, 전세가 빠지지 않아 들어갈 수 없게 되었습니다."라고 말하는 것입니다. 그 집이 반지하 전세방이라 사람들이 보러 왔다가도 그냥 가버리고 말았습니다. 남편은 중국집 주방장으로, 부인은 미용사로 열심히 사는 부부였습니다. 참 딱했습니다. 그래서 제가 먼저 말씀부터 보자고 하면서 성경을 펼쳤습니다.

"무엇이든지 기도하고 구하는 것은 받은 줄로 믿으라 그리하면 너희에게 그대로 되리라"(마가복음 11장 24절)

그리고 간절히 기도했습니다. 그 성도님도 크게 '아멘'으로 화답했습니다. 기도를 마치고 주방에 가서 커피를 타 가지고 오는데 걱정이 태산처럼 밀려오기 시작했습니다. 이런 경우에는 "너희도 길이 참고 마음도 굳게 하라"(야고보서 5장 8절)라는 말씀을 해야 되는데, 괜히 되리라 한 것은 아닐까 안 되면 어떡하나 하는 마음이 들었습니다. 그래서 속으로 더욱 열심히 기도했습니다. "하나님, 목사 체면 좀 살려 주십시오." 그 날 저녁에 전화가 왔습니다. "목사님, 방금 한 사람이 계약금 가지고 와서 집 계약하고 갔습니다." 그리고 정확히 사흘 뒤에 이사를 했습니다. 간구하는 믿음, 중보기도에는 역사하는 힘이 큼을 믿으십시오.

말씀은 역사하는 능력이 있습니다

어려서 영화를 볼 때 이해되지 않는 것이 하나 있었습니다. 사극을 보면 금부도사가 와서 "어명이요." 하면서 사약을 전달하면 죄인이 그 앞에 무릎을 꿇고 절한 후에 약을 받아 마시고는 그 자리에서 피를 토하고 죽는 장면이 자주 나옵니다. 아니 죽을 바에야 금부도사를 들이받든지, 도망치든지, 죽기 아니면 까무러치기인데 그냥 약을 받아 마시고 죽는단 말입니다. 왜 그렇습니까? 왕이 그 자리에 없지만, 왕의 말에 능력이 담겨 있기 때문입니다.

당시 로마 군대가 유럽과 아시아와 아프리카 일대에 퍼져 있었습니다. 이들이 세계 도처에 퍼져 있었지만 로마 왕궁에서 내리는 황제의 명령이 전달되는 곳마다 그대로 시행되었습니다. 그곳이 수백 킬로미터 떨어져 있어도 그대로 시행되었습니다. 황제의 말에 능력이 담겨 있기 때문입니다.

"가라사대 내가 가서 고쳐 주리라 백부장이 대답하여 가로되 주여 내 집에 들어오심을 나는 감당치 못하겠사오니 다만 말씀으로만 하옵소서 그러면 내 하인이 낫겠삽나이다"(마태복음 8장 7-8절)

"내가 가서 고쳐 주리라."고 예수님께서 말씀하셨습니다. 그러나 백부장은 "아닙니다. 주님께서 오실 필요가 없습니다. 황제가 변방까지 오시지 않아도 그 명령이 전달되고, 시행되는 것처럼 말씀만 하셔도 제 종이 나을 것을 믿습니다. 다만 말씀으로만 하옵소서."라고 말했습니다. 즉 백부장의 믿음은 말씀의 능력을 확신하는 믿음이었습니다. 예수님을 전능한 절대자로 믿은 믿음입니다.

백부장이 예수님을 용한 의사 정도로 알았다면 오셔서 진맥하고, 만져 주시고, 치료해 주시기를 청했을 것입니다. 또 종교 지도자의 한 사람으로 생각했다면 손을 얹고 기도하거나 안수해 주기를 청했을 것입니다. 그러나 백부장은 예수님을 만왕의 왕이자 메시야로 고백하고 있는 것입니다. 주님의 말씀은 곧 능력이며, 실행되며, 새 창조임을 믿었습니다. 예수님은 먼 거리에서도 고치실 수 있다는 확신이 있었습니다. 육체적 접촉이나 처방 없이 만지지 않아도 능히 치료할 수 있다고 믿었던 것입니다.

신학생 시절에 순복음교회에서 전화로 기도를 해준다는 말을 들었습니다. 그래서 '그게 말이 되냐?'고 반박했습니다. 지금 와서 생각하니 영의 세계와 기도의 세계를 몰랐던 무지 때문이었음을 고백합니다. 저도 가끔 외국에 있는 교인들이 전화 오면 전화에 대고 간절히 기도해 줍니다. 결국 예수님의 능력은 거리에 제한을 받지 않았습니다. 장소의 원근이 예수님의 능력을 차단할 수 없습니다.

"나 여호와가 말하노라 나는 가까운데 하나님이요 먼데 하나님은 아니냐"(예레미야서 23장 23절)

말씀의 능력은 거리를 초월할 뿐 아니라 예수님께서 원하시면 말씀으로 살리시고 고치시고 해결할 수 있습니다. 예수님께서 말씀하시면 멀리 떨어져 있는 하인이 치유될 수 있다는 확신이 백부장에게 있었습니다. 말씀의 능력을 믿는 믿음과 말씀만으로 질병이 사라지고 귀신이 달아나고 천사가 복종하며, 또한 말씀만으로 천지가 창조되었음을 믿는 믿음이 있었습니다. 단순하고, 의심 없는 이 백부장의 믿음이 오늘 우리에게 필요합니다. 이런 믿음이야말로 산을 옮길 만한 믿음입니다.

그런데 지금은 예수님의 음성을 직접 들을 수가 없습니다. 그러면 어떻게 해야 할까요? 하나님의 말씀이요 예수님의 말씀인 성경을 그대로 믿는 믿음이 금보다 귀한 믿음입니다. 천지간 모든 만물을 움직이시며 다스리시는 하나님의 아들 예수 그리스도께서 말씀이 육신이 되어 이 세상에 오셨다가 말씀을 주신 후 하늘 보좌에 올라가셨습니다. 그렇기 때문에 그가 주신 말씀이야말로 생명을 살리는 능력이 되는 것입니다.

"하나님의 말씀은 살았고 운동력이 있어 좌우에 날선 어떤 검보다도 예리하여 혼과 영과 및 관절과 골수를 찔러 쪼개기까지 하며 또 마음의 생각과 뜻을 감찰하나니"(히브리서 4장 12절)

성경은 종이가 아닙니다. 글자가 아닙니다. 살아 움직이며 숨 쉬는 생명입니다. 먹는 자는 살고, 산 자는 풍성해지며, 탕자가 성자가 되고, 창기가 성녀가 되는 변화의 말씀입니다.

"저가 그 말씀을 보내어 저희를 고치사 위경에서 건지시는도다"(시편 107편 20절)

말씀이 곧 예수님이며, 말씀이 능력이 되어 고치고 건지는 역사를 일으킨다는 사실을 믿으시기 바랍니다. 병은 의사가 고치고 돈 있어야 고친다는 생각도 버려야 합니다. 목사가 목회 하다가 제일 힘 빠지는 때가 언제인 줄 아십니까? '교회도 돈 없으면 못 가겠더라.' 하는 말을 들을 때입니다. 얼마나 목사들이 '돈! 돈!' 했으면, 또 돈 있는 사람을 앞세웠으면 그런 말이 나왔겠습니까? 교회는 돈 쓰는 곳이 아니라 믿음 쓰는 곳입니다.

하나님께서 명령하신 십일조 외에 교회는 물질을 강조할 필요가 없습니다. 누구에게나 십분의 일은 있습니다. 거지도 십분의 일은 있고, 용돈 받아쓰는 어린아이도 십분의 일은 있습니다. 하나님의 명령은 액수의 많고 적음이 아니라 비율이었습니다. 십일조 드릴 것이 없는 사람은 아무도 없습니다. 오히려 십일조 드릴 믿음이 없는 것이 아닐까 합니다. 바라기는 교회에서는 헌금 많이 하는 사람이 장로 된다거나 부자라야 장로 된다는 식의 말은 사라지게 되기를 진심으로 바랍니다. 믿음으로 가는 나라가 하나님 나라입니다. 하나님 나라의 분소인 교회는 마땅히 믿음의 사람들이 그들의 믿음으로 인정받는 곳이 되어야만 합니다.

> "대답하여 가라사대 너희가 먹을 것을 주라 하시니 여짜오되 우리가 가서 이백 데나리온의 떡을 사다 먹이리이까" (마가복음 6장 37절)

벳세다 들녘에 모인 무리들이 예수님의 말씀을 듣다가 해가 저물게 되었습니다. 시간 가는 줄 모르고 있던 수많은 사람들을 먹여야 되는 문제가 발생했습니다. 이에 예수님은 "너희가 먹을 것을 주어라." 하시며 제자들에게 믿음을 쓰실 것을 요구하셨습니다. 그러나 제자들은 "저들을 먹이려면 적어도 1,000만 원은 필요합니다."라고 말했습니다. 제자들에게는 여전히 돈이 마음의 중심에 자리 잡고 있었던 것입니다.

교회의 일꾼은 믿음이 좋은 사람이 되어야 합니다. 물론 이렇게 강조해도 "에이, 목사님. 그래도 돈이 있어야지요." 하는 분이 있습니다. 물론 돈이 있어야 일할 수 있습니다. 그러나 분명히 알아야 할 것은 믿음이 앞서고 돈이 따라 와야지, 돈이 앞서고 믿음이 뒤따라오면 믿음으로 이루어지는 교회가 아니라 돈으로 이루어지는 교회가 되고 맙니다. 그런 곳에는 "네 믿은 대로 될지어다."라는 말씀이 역사할 수 없습니다. "네 돈만큼 될지어다." 하는 교회는 주님이 떠난 교회입니다. 주님이 떠난 교회, 주님을 찾지도 않는 사람들이 모인 교회는 아무리 크고 웅장해도 이미 교회가 아닙니다.

  돈이 제일이라는 생각을 버리면 믿음이 보입니다. 그 때는 믿음이 이길 뿐 아니라 믿음이 역사를 일으킵니다. 믿음으로 일하는 일꾼을 세우고 믿음으로 세워져서 부흥하는 교회가 이 땅 가운데 더욱 많아져야 할 것입니다.

  이렇게 말씀을 듣고, 읽고, 먹을 때 말씀의 능력을 체험케 되고 믿음이 자라게 됩니다. '다만 말씀으로만 하옵소서.' 했던 백부장처럼 말씀의 능력을 믿는 믿음을 가진 여러분이 되시기를 바랍니다. 그러나 결코 말씀의 담을 넘지 마십시오. 말씀 안에 문제의 해답이 있습니다. 구원에 필요한 모든 것이 성경 66권 속에 담겨 있습니다. 성경 말씀이 세상사의 백과사전은 아니지만 인생의 모든 원리는 다 담겨 있습니다. 그러므로 말씀 안에 거하면 변화되고 새로워지며 능력을 받게 됩니다. 말씀의 능력을 믿은 능력 있는 성도, 말씀의 능력이 나타나는 교회, 베뢰아 교회 신자들처럼 신사적인 교회로 소문나게 되시길 바랍니다.

영적 질서를 지키십시오

질서라는 말은 관계어입니다. 다시 말해 두 사람 이상의 사람이 살아갈 때 관계를 원활하게 하는 데 질서가 필요합니다. 질서는 관계의 윤활유입니다. 질서는 단체 생활이나 교회 생활의 윤활유입니다.

인류는 이런 질서를 규정한 규범에 의해 수천 년을 살아왔습니다. 그런데 이제 세상이 바뀌었습니다. 세상이 달라졌다는 것은 이런 질서와 규범이 무너졌다는 것을 뜻합니다. 자식이 부모를 때리는 패륜이 자행되고, 학생이 선생을 때리는 일이 다반사로 일어나는 세상은 자유로운 세상이 아니라 망조가 든 세상입니다. 그래서 우리가 사는 세상을 질서와 윤리 도덕이 바로 선 세상으로 만들어야 합니다. 그러면 이런 규범이 세상에만 필요할까요? 그렇지만은 않습니다. 신앙생활에도 이러한 질서가 필요합니다. 이것을 영적 질서라고 합니다. 그리고 그 영적 질서를 지키는데 가장 필요한 것은 겸손입니다.

> "나도 남의 수하에 있는 사람이요 내 아래도 군사가 있으니 이더러 가라 하면 가고 저더러 오라 하면 오고 내 종더러 이것을 하라 하면 하나이다" (마태복음 8장 9절)

백부장은 군대의 중간 간부입니다. 위로 상관을 모시고 밑으로 부하를 거느리고 있습니다. 오라하면 오고, 가라하면 가고, 죽으라면 죽는 시늉하고, '적진을 향해 돌격!' 하면 돌격하는 잘 훈련된 로마의 정예군 100명을 거느리고 있었습니다. 자신도 상관의 명령에 절대 복종했습니다. 그러했기에 질서를 지키고 상하 관계를 맺고 살아가는 데

매우 능숙하고 익숙한 사람이었습니다. 그런 백부장이 이렇게 말했습니다.

"주여 내 집에 들어오심을 나는 감당치 못하겠사오니" (마태복음 8장 8절)

이 말을 영어 성경에선 'I am not worthy.' 즉, '나는 무가치한 사람입니다.'라고 표현되어 있습니다. 자신이 죄인임을 고백하는 신앙 고백적 표현입니다. 백부장은 영적 세계를 아는 사람이었습니다. 예수님의 초월성과 거룩성을 인지하고 그 앞에 자신의 무가치함을 시인할 줄 알았습니다. 이 장면이야말로 극적인 장면으로 겸손의 극치를 보여주고 있습니다. 겸손은 단지 머리를 조아리는 것이 아니라 자기의 일을 다 한 후에도 '나는 무익한 종입니다'(누가복음 17장 10절) 하는 고백입니다. 자신으로서는 구원을 이룰 수 없으며, 의로울 수 없으며, 오직 예수님만이 생명의 구원자임을 고백한 것입니다. 어거스틴도 기독교의 최고 덕목을 겸손이라고 했습니다. 제자가 그에게 기독교의 최고 덕목이 무엇이냐고 물었을 때 첫째도 겸손, 둘째도 겸손, 셋째도 역시 겸손이라고 했습니다.

"여호와께서 겸손한 자는 붙드시고 악인은 땅에 엎드러뜨리시는도다"
(시편 147편 6절)

하나님께서는 겸손히 주께 나오는 자에게 사랑과 긍휼을 베푸시고, 그와 영원히 동행하십니다. 백부장의 겸손한 믿음, 영적 세계를 아는 믿음, 영적 질서를 지키며 예수님을 섬기는 믿음을 보시고 놀라 칭찬했습니다. 이만한 믿음을 만나보지 못하였다고 하셨습니다. 예수님께서 30년 동안 수많은 바리새인, 사두개인, 에세네파의 경건한 사람들, 그리고 열성적인 제사장과 레위인 등 수많은 신자들을 만났을 것입니다. 그들 중에 과연 이만한 믿음이 없지는 않았을 것입니다. 결론적으로 이 말씀은 그들 중에 영적 질서를 알고 있었던 사람이 없었다는 말입니다. 예수님을 구주로 통찰한 영안이 열린 자가 없었다는 말씀입니다.

백부장은 권위의 원리를 이해했습니다. 눈에 보이는 세계의 현상을 통해 눈에 보이지 않는 영적 세계의 현상을 꿰뚫어 보았던 것입니다. 자신은 지배국인 로마의 백부장이었고, 예수님은 피지배국 유대의 랍비에 불과했습니다. 그러나 화려한 복장과 남루한 복장의 문제가 아니라 영적 세계는 예수님께서 지배하시는 세계임을 인정했던 것입니다. 그는 자신의 지위를 내려놓았고, 주님 앞에서 자신의 무능과 무가치함을 겸손히 고백했습니다. 그 때에 하나님의 크신 은총이 그에게 임하게 된 것입니다.

"네 믿은 대로 될지어다"(마태복음 8장 13절)

이 얼마나 위대한 응답입니까? 이보다 더 큰 응답이 있습니까? 여러분이 믿은 대로 다 된다면 얼마나 좋습니까? 저는 기독교 학교를 세우고 싶은 꿈이 있습니다. 기독교 세계관과 가치관을 바탕으로 가르치는 유치원, 초등학교, 중·고등학교를 세우고 싶습니다. 또 전인치

유센터를 운영하고 싶고, 사회복지관도 하고 싶습니다. 그 곳에 헬스 클럽, 북 카페, 각종 문화 강좌, 에어로빅 강좌, 노인대학, 청소년 센터 같은 시설도 갖추고 싶습니다. 또 성도들이 고단하고 지친 영육을 쉴 수 있도록 피정과 영성 훈련을 할 수 있는 기도원도 짓고 싶습니다. 그런데 주님께서 "네 믿은 대로 될지어다." 하고 결재해 주신다면 얼마나 행복하겠습니까?

교회는 신비한 단체이자 영적인 단체입니다. 세상 어디에 남녀노소, 빈부귀천, 유무식이 모두 모여 있는 곳이 또 있습니까? 그러면서도 세상의 지위와 질서가 그대로 통용되지 않는 묘한 곳이 교회입니다. 교회에서 잘 적응하지 못하는 사람들을 보면 세상적 지위를 내려놓지 않는 사람입니다. 교회에 들어오면 지위를 내려놓으십시오. 계급장을 떼십시오. 어깨에 힘을 빼십시오. 그래야 은혜를 받습니다. 하나님은 교만한 사람을 미워하시고 대적하십니다. 그래서 교만한 사람은 절대 은혜를 받을 수 없습니다.

제가 시골에서 전도사 생활을 마치고, 6개월 쉬고 있을 때 여러 교회를 순례했습니다. 저희 학교 동기 중에 친분 있는 어느 장로님의 소개로 수원의 모 교회에 전도사로 가려고 예배에 참석했습니다. 그 교회는 이름이 잘 알려진 고등학교와 대학까지 세운 장로님에 의해 만들어진 교회입니다. 이 장로님은 육사 5기 출신으로 혁명에 가담해 장관까지 지내신 분이었으며, 그분의 어머니를 위해 지은 교회였습니다. 예배가 끝나고 교회 앞 잔디밭에서 티타임을 갖는데, 의아한 광경을 보게 되었습니다. 목사님 주위에 사람들이 모여 신앙 이야기를 나누는 것이 아니라 장로님 주변에 사람들이 모여 있었습니다. 목사님은 그저 장로님의 비서 정도로 보였습니다. 그래서 씁쓸한 마음을 안고 그냥 돌아오고 말았습니다. 교회는 영적인 단체입니다. 장로가 교회를 세웠다고 주인 행세하면 그 교회는 소망이 없습니다. 교회는 영적인 곳이므로 세운 사람이 누구인가, 힘 있고 부유한 자가 누구인가가 아니라 영적 질서가 어떻게 되느냐가 중요합니다.

교회는 목사를 중심으로 모이는 곳이 옳다고 생각합니다. 그것은 하나님께서 교회의 영적 리더로 목사라는 직분을 주셨기 때문입니다. 그런데 영적 혜안이 없는 사람들은 자신의 지위와 학문과 권력과 물질을 가지고 목사와 견주어 봅니다. 목사와 견주어 보면 목사에게 뭐가 있겠습니까? 저희 교회만 해도 박사가 여럿 있고, 교수가 여럿 있습니다. 부자가 여럿 있고, 사장도 많이 있습니다. 하지만 목사는 가진 것도, 내세울 것도 없습니다. 저의 경우 학벌은 공고에 야간신학교를 나왔습니다. 그 후 방송대학을 졸업하고 겨우 신학대학원을 졸업할 수 있었습니다. 그것이 전부입니다. 4,000명의 교인과 저를 견줄 수 없습니다. 그렇게 세상의 시각으로는 내세울 것이 없지만, 하나님은 저로 하여금 제가 사역하고 있는 교회의 영적인 리더로 세우셨습니다. 그래서 제가 늘 감사하고 겸손해야 할 이유입니다.

제가 군대 생활을 진해에서 했는데, 그 당시 육군대학이라는 기관이 거기에 있었습니다. 소령이나 중령들이 일 년 간 고급 군사 교육을 받는 기관입니다. 영관급이 500명이고 사병은 200명밖에 안 되는 교육기관인데, 그곳에서 지휘부 비서실 근무를 하다가 군종으로 가게 되었습니다. 그래서 주일학교 전도사 노릇을 하는데 그곳에는 이필섭 대령이라는 마음씨 좋은 충청도 분이 부장집사로 섬기고 계셨습니다.

교회에서 함께 일하다가도 제가 말을 잘 듣지 않으면 대령이 일병에게 하는 소리가 "일병이 대령 말도 안 듣느냐?" 하고 웃고 맙니다. 계급은 하늘과 땅 차이지만 교회 안에서는 영적 질서를 지켜 아랫 사람이지만 전도사로 예우할 줄 아는 그분의 겸손함이 참 감사했습니다. 반면 변○○ 중령이라는 분이 있었는데, 이 분은 늘 공수부대 마크가 붙은 전투모를 쓰고 교회를 옵니다. "정 일병, 이것 좀 해줘!" "지금 바빠서 안 되겠는데요." 하면 바로 안색이 바뀌면서 "차렷! 맞을래? 할래?"라고 협박을 합니다. 그럼 꼼짝 못하고 해야지요.

제대 후 오랜 세월이 지나고, 예전에 모시던 목사님으로부터 육군사관학교장 취임식에 가자는 연락이 와서 같이 참석했습니다. 어깨에 세 개의 별이 붙은 이필섭 집사가 육군사관학교 교장에 취임한 것입니다. 그 후 몇 년 뒤에는 신문에 이런 기사나 나왔습니다. "이필섭 합참의장, 그는 장로로서 군에서 신자와 불신자를 불문하고 존경받는 장군이다. 신앙인으로 군 생활을 마친 후, 지금까지도 군복음화를 위해 세계 OCU 부회장으로 봉사하며 신앙 간증하러 다니기에 여념이 없다. 앞으로 세계 OCU 회장으로서 10년 동안은 더 봉사할 예정이라고 한다." 교회는 영적 질서가 통하는 세상입니다. 하나님은 영적 질서를 지키는 겸손한 사람에게 복을 주십니다.

백부장은 예수님 앞에서 자신의 계급장을 뗀 사람입니다. 우리도 교회는 하나님의 집이므로 하나님과 교회의 머리 되시는 예수님 앞에 나올 때에는 계급장을 떼야 할 것입니다. 세상적 지위를 그대로 달고 오면 은혜 받지 못합니다. 세상적 지위와 믿음이 무관하기 때문입니다. 지식의 계급장을 떼십시오. 세상의 학문과 믿음이 무관하기 때문입니다. 연륜의 계급장을 떼십시오. 경험과 믿음도 무관합니다. 목사 또한 그렇습니다. 교인들 앞에서 목사일 뿐이지, 하나님 앞에 서면 "나는 아이라 말할 줄 모릅니다. 제단 숯불로 부정한 입술을 지져 주옵소서." 하고 기도하면서 무릎으로 나아갈 수밖에 없습니다.

서울 소망교회의 주일 예배에 처음 참석하는 사람들은 예배를 드리기도 전에 은혜를 받는다고 합니다. 차를 타고 교회에 가면 정몽준 집사, 이명박 집사, 배우, 탤런트, 이한빈 부총리 같은 분들이 차량 안내로 봉사하는 것을 볼 수 있기 때문입니다. 교회 밖에서는 내로라하는 주요 인사들이지만 교회에서는 비가 오나 눈이 오는 날이나 땀을 흘리며 교회에 오는 성도들을 섬기기 때문에 어찌 은혜스럽지 않겠습니까? 이런 것이 하나님이 원하시고 사람들이 바라고 찾는 교회가 아니겠습니까? 계급장을 떼십시오. 믿음이 보입니다.

> "나아만이 이에 내려가서 하나님의 사람의 말씀대로 요단강에 일곱번 몸을 잠그니 그 살이 여전하여 어린아이의 살 같아서 깨끗하게 되었더라" (열왕기하 5장 14절)

이스라엘 북쪽에 아람이라는 나라의 군대 장관 나아만은 국가적 영웅이었습니다. B.C. 853년 북쪽의 대제국 앗수르가 아람을 침공해 왔을 때 전쟁을 승리로 이끌었습니다. 그런데 불행하게도 문둥병에 걸리고 말았습니다. 왕은 수많은 보물을 주고 병을 고치도록 휴가를 주었습니다. 그래서 이스라엘에 엘리사라는 선지자가 능력이 있다는 소리를 듣고 찾아갔습니다. 하지만 만나보지도 못하고 "요단강에 가서 일곱 번 목욕하랍니다." 하는 종의 전갈만 듣고 노발대발하여 본국으로 막 돌아가려는 중입니다. 그 때 종들이 "나으리, 밑져야 본전인데 한 번 목욕해 보시지요." 하는 말에 속는 셈 치고 들어가 보았더니 정말 깨끗하게 나았습니다.

목욕하려면 옷을 벗어야 합니다. 계급을 떼어야 새 사람이 됩니다. 영적인 세계의 계급은 낮추는 정도에 따라 결정됩니다. 겸손으로 허리를 동이고 무릎 꿇고 주 앞에 나가야 합니다. 세상의 지위와 지식과 경험의 계급장을 떼고 겸손히 주님 앞에 나아올 때 믿음의 세계를 열어가는 영적인 사람이 될 수 있는 것입니다.

11_ 세상의 모든 고통을 덮는 기쁨

| 사도행전 16장 19-34절 |

성경은 예수 그리스도를 전하기 위해 기록된 책입니다. 창세기로부터 요한계시록까지 66권을 보면 예수님을 직접 밝힌 책도 있고, 간접적으로 밝힌 책도 있습니다. 그러나 분명한 것은 모든 성경이 공통적으로 예수님은 하나님의 아들이요, 인류를 죄에서 구원하신 구세주이심을 증거하고 있다는 것입니다.

예수님 탄생 전 이야기인 구약은 하나님의 아들이신 예수님이 이 땅에 인간의 몸으로 오실 수밖에 없었던 상황을 그리고 있습니다. 그리고 복음서에는 예수님의 탄생, 성장, 고난, 십자가, 죽음, 부활, 승천 그리고 예수님이 다시 오셔서 심판하실 재림으로 구성되어 있습니다. 그 뒤로는 초대 교회의 역사가 사도행전에 기록되어 있는데, 스데반과 베드로와 요한 그리고 바울과 같은 사도들이 전한 메시지의 중심은 언제나 예수님과 예수님을 통한 구원이었음을 알 수 있습니다. 본문의 내용 또한 예수님만이 유일한 구원자 되심을 나타내는 말씀입니다.

사람은 모두 백인백색이라 모두가 얼굴이 다른 것처럼 성격 또한 다릅니다. 그렇게 모두 다르지만 성격을 유형별로 묶어 보면 크게 다혈질, 담즙질, 우울질, 점액질 같은 네 가지 기질로 분류하기도 합니다. 본문에서는 세 가지 유형의 사람들이 등장하고 있습니다. 그 가운데 내가 어떤 유형의 사람인지 비교해 보시기 바랍니다.

이익을 좇지 마십시오

아리스토텔레스는 인간을 '정치적 동물(政治的 動物 zoon politikon)'이라고 했습니다. 이 말은 '사회적 동물(社會的 動物 social animal)'이라는 말과도 같은 뜻입니다. 인간이 개인으로 존재하고 있어도 그 개인이 홀로 존재하는 것이 아니라 끊임없이 타인과의 관계 속에서 존재하고 있다는 생각에서 사회적 동물이라고 합니다. 한편 '경제적 동물(經濟的 動物 Economic animal)'이라는 말은 일본인들이 경제적 이익을 얻기 위해 물불을 가리지 않고 달려들고 다른 것은 거들떠보지도 않는다 해서 그들을 비판하여 부를 때 사용한 말입니다. 1970-80년대 일본의 급격한 경제 성장과 일방적인 수출 공세에 대해 국제 사회가 불만을 표출하면서 받기만 하고 갚을 줄 모르고, 세계 평화를 위해 기여하는 바가 아무것도 없다고 비난하면서 나온 말입니다. 과연 이 말이 일본 사람들에게만 해당되는 말일까요? 우리 나라 교포들이 흑인들을 상대로 돈을 많이 벌었지만, 쓸 때는 백인들이 사는 곳에서만 다 써버려 흑인

폭동 때 큰 화를 당하기도 했습니다. 미국도 이전에는 세계 평화를 위해 피를 흘리고 수많은 물질을 원조한 은인의 나라였습니다. 하지만 지금의 미국은 자국의 이익을 위한 일이라면 무기를 팔고, 약을 팔고, 농산물을 팔고, 협박을 해서라도 자국의 이익을 취하는 집단이 되어가고 있습니다. 이렇게 대부분의 사람들이 이익을 따라 삽니다.

> "종의 주인들은 자기 이익의 소망이 끊어진 것을 보고 바울과 실라를 잡아 가지고 저자로 관원들에게 끌어갔다가 상관들 앞에 데리고 가서 말하되 이 사람들이 유대인인데 우리 성을 심히 요란케 하여 로마 사람인 우리가 받지도 못하고 행치도 못할 풍속을 전한다 하거늘 무리가 일제히 일어나 송사하니 상관들이 옷을 찢어 벗기고 매로 치라 하여"(사도행전 16장 19-22절)

바울의 2차 전도여행 중 일어난 사건입니다. 빌립보 성에서 비단장사 루디아를 만나 그의 집에 교회를 세우고 복음을 전했습니다. 그리고 매일 지나가는 길목에서 점치는 귀신 들린 여종 하나가 앉아 있는데, 바울이 지나갈 때마다 일어나서 "이 사람은 지극히 높은 하나님의 종으로 구원의 길을 너희에게 전하는 바라."라고 소리를 질러댑니다. 사람들은 몰라도 귀신은 하나님의 사람을 알아보는 모양입니다.

바울이 이 귀신을 쫓아내겠다고 작정하고는 "예수 그리스도의 이름으로 내가 네게 명하노니 그에게서 나오라!" 하니 즉시 귀신이 도망갔습니다. 그런데 문제가 생겼습니다. 그 여종을 통해 돈을 벌던 주인이 있었는데, 귀신이 도망가고 나니 이 여종이 점을 못 치게 된 것입니다. 손님이 끊어지고 돈을 못 벌게 되었습니다. 19절을 보면 '자기 이익의 소망이 끊어진 것을 보고 분을 발하면서 바울과 실라를 잡아다가 관원에게 넘겨주면서 이 유대인들이 빌립보 성을 심히 요란케 하며 악한 풍속을 전한다.' 고 고발을 했습니다. 이들과 내통하고 있던 관원들이 피고들의 말은 듣지도 않은 채 옷을 벗기고 몹시 때린 후 감옥에 가두었습니다.

이익을 따라 사는 사람의 특징은 돈이 되는 것이라면 지구 끝이라도 갑니다. 어린아이 코 묻은 돈이라도 빼앗아냅니다. 손끝만큼도 손해 보려 하지 않습니다. 미성년자를 감금하고 매매춘을 한 돈으로 외제차를 타는 악인들도 있습니다. 마약을 팔아 돈을 벌기도 하고, 금지된 농약을 뿌리거나 납을 넣은 농수산물을 수출하기도 합니다. 타인의 생명은 전혀 안중에도 없는 무서운 사람들이 세상엔 너무나 많이 있습니다.

대구에 있는 한 음식점이 맛도 좋고 친절해서 손님이 많아졌습니다. 피곤한 몸이지만 하루 장사가 끝나면 내일 양념을 준비하고 고기를 주문하는 등 모든 준비를 끝내놓고 문을 잠근 후 집에 들어갑니다. 그런데 계속 이상한 일이 일어납니다. 양념을 만들어 놓고 아침에 나와 보면 이상한 냄새가 난다거나 오물 같은 것이 생기고, 때로는 고기가 없어지는 등 이런 일들이 계속 반복해서 일어났습니다. 그런데 이상한 점은 사람이 침입한 흔적이 전혀 없다는 것입니다. 그래서 궁리한 끝에 몰래 카메라를 설치했습니다. 그랬더니 놀랍게도 집 주인이 밤에 가게로 들어와 양념에다 오줌도 싸고 고기도 가져가는 등 이상한 짓을 하고 가는 모습이 카메라에 잡혔습니다. 결국 집 주인은 경찰에 잡혀 갔습니다. 자기가 장사할 때는 안 되서 세를 내주었는데, 정작 세든 사람이 하는 장사가 너무 잘 되니까 배가 아파서 그런 짓을 한 것입니다. 놀부 손자쯤 되는 사람인 것 같습니다. 자기만 생각하는 사람이나 남을 조금도 배려할 줄 모르는 사람은 거듭나지 못한 육적인 사람이요 마귀에게 사로잡힌 사람입니다.

> "마귀가 벌써 시몬의 아들 가룟 유다의 마음에 예수를 팔려는 생각을 넣었더니"(요한복음 13장 2절)

가룟 유다는 계산이 빠른 사람이었는데, 예수전도대의 회계였습니다. 예수님을 통해 자신의 꿈을 이루며 입신양명 하려고 나섰는데 예수님이 왕궁을 향해 가는 것이 아니라 골고다를 향해 가고 있다는 것을 제일 먼저 눈치 채게 되었습니다. 가룟 유다는 자신은 목숨이라도 건져야겠다고 생각하여 스승을 은 삼십 냥에 팔고야 만 것입니다. 하지만 결국 그는 처참한 결말을 맺지 않았습니까?

자기의 이익을 따라 사는 사람의 말로는 이와 같습니다. 우리는 옛사람을 십자가에 못 박고 형제를 위해, 이웃을 위해, 민족을 위해 살아가는 새사람이 되어야 합니다. 인류를 위해 자신을 십자가에 못 박아 희생하신 예수님의 발걸음을 따라가야 할 것입니다.

자신을 감옥에 가두지 마십시오

세상에서 가장 불쌍하다고 생각되는 사람 중의 하나는 감옥에 갇혀 있는 사람일 것입니다. 사도 바울과 실라도 복음을 전하다가 억울한

누명을 쓰고 감옥에 갇히게 되었습니다.

"많이 친 후에 옥에 가두고 간수에게 분부하여 든든히 지키라 하니 그가 이러한 영을 받아 저희를 깊은 옥에 가두고 그 발을 착고에 든든히 채웠더니 밤중쯤 되어 바울과 실라가 기도하고 하나님을 찬미하매 죄수들이 듣더라 이에 홀연히 큰 지진이 나서 옥터가 움직이고 문이 곧 다 열리며 모든 사람의 매인 것이 다 벗어진지라 간수가 자다가 깨어 옥문들이 열린 것을 보고 죄수들이 도망한 줄 생각하고 검을 빼어 자결하려 하거늘 바울이 크게 소리 질러 가로되 네 몸을 상하지 말라 우리가 다 여기 있노라 하니 간수가 등불을 달라고 하며 뛰어 들어가 무서워 떨며 바울과 실라 앞에 부복하고"(사도행전 16장 23-29절)

바울과 실라가 깊은 지하 감옥에 갇혔습니다. 그 발에는 착고가 채워졌습니다. 영락없는 중죄인이 된 것입니다. 그런데 이들의 행동이 다른 죄수들과는 사뭇 달랐습니다. 한밤중이 되었는데 바울과 실라가 기도하고 찬송을 불렀습니다. 열대야에 지쳐 더위 먹은 것일까요? 아닙니다. 이들의 몸은 감옥에 갇혀 있었으나 영혼은 감옥이 가두지 못했습니다. 이들은 주안에서 자유를 누리고 있었기 때문입니다. 바울과 실라는 영혼을 다스리지 못하는 저들에게 굴복하지 않았습니다.

"몸은 죽여도 영혼은 능히 죽이지 못하는 자들을 두려워하지 말고 오직 몸과 영혼을 능히 지옥에 멸하시는 자를 두려워하라"(마태복음 10장 28절)

감옥에는 두 종류의 죄수가 있습니다. 하나는 죄수요 다른 하나는 양심수입니다. 감옥에 몸은 가두어 놓았으나 양심은 가둘 수가 없는 모양입니다. 남아프리카공화국의 백인 정권이 흑인 지도자 만델라를 감옥에 가두었습니다. 그는 1962년부터 1990년까지 27년 간 감옥에 갇혀 있었으나 그의 양심의 소리는 세계를 향해 계속 퍼져 나갔고, 드디어 1990년 2월에 석방되었습니다. 그리고 남아프리카공화국의 대통령이 되었습니다. 그는 그 동안 백인들이 자행한 죄악을 낱낱이 밝혀냈습니다. 사람들은 피비린내 나는 보복을 예상했는데 만델라는 오히려 모든 정적들의 죄를 다 사면하고 화해를 실현했습니다. 그는 그 공로로 1993년에 노벨평화상을 받았으며, 대통령의 임기를 마치고 깨끗하게 물러났습니다. 80세가 넘은 지금도 아프리카를 대표하는 세계적인 지도자의 역할을 감당하고 있습니다.

그런가 하면 몸은 감옥에 갇혀 있지 않지만 영혼이 감옥에 갇힌 사람들이 있습니다. 프랜시스 베이컨(F. Bacon)은 선입견이나 편견을 우상이라고 하면서 네 가지 우상을 발표했습니다. 곧 종족의 우상, 동굴의 우상, 시장의 우상, 극장의 우상이 그것입니다. 동굴의 우상과 같이 편향된 사고의 틀에 갇힌 채 생각하고 사고하는 사람은 몸은 자유인일지라도 정신은 감옥에 갇힌 생활을 한다는 것입니다.

몇 년 전 우리 나라 지방의 한 종말복음선교회 목사가 8년 전부터 2006년 휴거를 주장하며 공동체 생활을 이끌고 있었습니다. 목사는 초등학교 6학년 학생을 일 년 간 성폭행 하다가 학생이 경찰에 고발을 하여 그 마각이 드러나게 되었습니다. 그런데 더욱 충격적인 사실은 그 아이의 부모들이 모든 것이 하나님의 뜻이라며 목사에게 순종할 것을 딸에게 강요했다는 것입니다. 이 분들이 바로 동굴의 우상과 같은 편향된 사고의 틀에 갇혀 살고 있는 사람들인 것입니다.

최근 일본에서는 은둔형외톨이인 '히키코모리'가 늘고 있어 사회적 문제가 되고 있습니다. 히키코모리는 '틀어박히다'라는 뜻의 '히키코모루'란 말을 명사화한 단어로 '틀어박혀 있는 사람'이라는 뜻입니다. 5년 간 집에서 나온 일이 없는 처녀, 7년 간 자기 방에서 나온 일이 없는 청년 등 사회와 인연을 끊고 방문을 걸어 잠그고는 낮엔 잠을 자고 밤엔 컴퓨터 게임을 하면서 부모가 방에 넣어 주는 밥만 먹고 산다는 것입니다.

일본 후생성은 6개월 이상 혼자 집에 틀어박혀 있는 사람들을 위해 상담실을 개설했는데, 20대와 30대가 주류인 사람들이 6,000건 이상 상담에 몰렸다고 합니다. 이들은 자신이 다른 사람들처럼 행동하지 못한다는 자기 혐오와 자기 상실에 빠져 다른 사람 앞에 나서지 못하고 스스로 감옥에 갇히고 만 것입니다.

다시 바울과 실라에 대해 이야기하겠습니다. 그들은 감옥에서 기도하며 찬송했습니다. 그때 놀라운 기적이 일어났습니다. 지진이 일어나며 착고가 벗겨졌습니다. 하나님께서 역사하신 것입니다. 지진만 났다면 천재지변이 우연히 일어났다고 말할 수 있겠으나 발에 착고가 풀어진 것은 하나님의 역사인 것을 증명하고 있습니다.

깊은 밤 깊은 감옥은 아무런 빛도, 희망도, 도움도 없는 곳이었으나 기도하고 찬송했더니 하나님의 역사가 일어난 것입니다. 기도는 하나님을 움직이는 힘입니다. 찬송은 감옥의 문을 깨뜨립니다. 기도는 공허한 외침이 아닙니다. 반드시 하나님께서 들으시는 응답을 동반하는 외침입니다. 기도하고 찬송하는 사람을 가둘 감옥은 세상에 없습니다. 감옥 속에서 기도하고 찬송하면 이미 그곳은 감옥이 아닙니다.

감옥 문이 열리게 되었고, 바울과 실라는 몸도 자유인이 되었습니다. 그런데 그때 감옥을 지키던 간수장이 혼비백산하여 잠에서 깨어나 달려왔습니다. 옥문이 열린 것을 보고 칼을 빼어 자결하려고 했습니다. 죄수를 놓친 간수는 죄수의 형량만큼 자신이 감옥살이를 해야 하는 법이 있었기 때문입니다. 그때 바울이 "네 몸을 상하지 말라 우리가 다 여기 있노라." 하니 간수가 뛰어 들어와 무서워 떨면서 바울과 실라 앞에 무릎을 꿇었습니다.

누가 간수이고 누가 죄수입니까? 감옥 바깥에 있어도 죄수인 사람이 감옥 안에 있으면서도 자유인일 수 있는 법입니다. 이 간수는 감옥 밖에서 죄수를 지키는 사람이었으나 하나님을 몰랐습니다. 결국 그는 죄인이요, 그가 사는 세상은 그에게 감옥이었던 것입니다. 우리는 감옥에 사는 죄인입니까? 아니면 하나님의 자녀요, 의인이요, 자유인입니까?

"악인은 쫓아오는 자가 없어도 도망하나 의인은 사자 같이 담대하니라"(잠언 28장 1절)

간수는 두려워 떨었습니다. 믿음이 없었기 때문입니다. 반면에 바울과 실라는 담대했습니다. 믿음으로 의인이 되었기 때문입니다.

"또 어떤 이들은 희롱과 채찍질 뿐 아니라 결박과 옥에 갇히는 시험도 받았으며, … 이런 사람은 세상이 감당치 못하도다 저희가 광야와 산중과 암혈과 토굴에 유리하였느니라"(히브리서 11장 36, 38절)

세상이 감당치 못할 믿음을 가졌던 바울과 실라는 감옥을 벗어났습니다. 우리 가운데 여전히 감옥 가운데 있는 분이 있으십니까? 감옥에서 나오십시오. 어떤 경우에도 기도와 찬송하면 감옥 문은 열립니다. 하나님의 자녀 됨을 확신하며 주안에서 참된 자유를 누리시기를 바랍니다.

구원의 기쁨을 누리십시오

사람들에게 "당신은 인생이 즐거우십니까?"라고 묻는다면 반응이 어떠할까요? 아마 "누구 약 올리는 거냐?" 하면서 성내는 사람들이 많을 것입니다. 인생이 어디에서 왔다가 어디로 가는지 모르는 사람들에게 기쁨이 없는 것은 당연한 것인지도 모릅니다.

"전도자가 가로되 헛되고 헛되며 헛되고 헛되니 모든 것이 헛되도다 사람이 해 아래서 수고하는 모든 수고가 자기에게 무엇이 유익한고. 내가 해 아래서 행하는 모든 일을 본즉 다 헛되어 바람을 잡으려는 것이로다"(전도서 1장 2, 3, 14절)

하나님 없는 인생은 모든 수고가 헛되기 때문에 기쁨을 누릴 수 없습니다. 육신의 죽음 앞에서 목숨을 건진 빌립보 감옥의 간수가 바울과 실라 앞에 엎드려 물었습니다.

> "저희를 데리고 나가 가로되 선생들아 내가 어떻게 하여야 구원을 얻으리이까 하거늘 가로되 주 예수를 믿으라 그리하면 너와 네 집이 구원을 얻으리라 하고 주의 말씀을 그 사람과 그 집에 있는 모든 사람에게 전하더라 밤 그 시에 간수가 저희를 데려다가 그 맞은 자리를 씻기고 자기와 그 권속이 다 세례를 받은 후 저희를 데리고 자기 집에 올라가서 음식을 차려 주고 저와 온 집이 하나님을 믿었으므로 크게 기뻐하니라"(사도행전 16장 30-34절)

수많은 사람들은 자신이 무엇을 해야 구원을 얻을 수 있으리라고 생각하는 오류를 범하고 있습니다. 구원의 문제에 대해서 내가 무엇을 해야만 된다고 생각하는 것입니다. 그래서 도를 닦고, 적선을 하고, 고행을 합니다. 그러나 아무리 노력에 노력을 거듭해도 노력으로 구원을 얻을 사람은 아무도 없습니다. 바울은 단지 믿기만 하면 된다고 말하고 있습니다. 구원은 믿음으로 말미암아 얻는 것이지 사람의 노력으로 얻을 수 없는 것입니다.

> "네가 만일 네 입으로 예수를 주로 시인하며 또 하나님께서 그를 죽은 자 가운데서 살리신 것을 네 마음에 믿으면 구원을 얻으니 사람이 마음으로 믿어 의에 이르고 입으로 시인하여 구원에 이르느니라. 누구든지 주의 이름을 부르는 자는 구원을 얻으리라"(로마서 10장 9-10, 13절)

예수를 믿기만 하면 된다는 바울의 말을 들은 간수가 "아니 그렇게 쉽습니까? 그게 정말입니까?" 하고 물었습니다. 그리고 바로 그 자리에서 예수를 구주로 믿었습니다. 집안 모든 식구가 세례를 받게 되었고, 온 집안이 크게 기쁨을 얻었다고 했습니다. 돈이 생긴 것도 아니고, 출세한 것도 아닙니다. 더구나 명예를 얻은 것도 아닙니다. 그러나 그것보다 천 배, 만 배 귀한 예수 그리스도를 구주로 믿어 죄 씻음을 받고 하나님의 자녀가 된 것입니다. 구원 받아 천국의 백성이 되고 영생을 얻었습니다. 이 얼마나 큰 기쁨입니까?

우리에게 이런 기쁨이 없다면 한 번 자신의 신앙을 재점검해 보아야 합니다. 아직은 윤리적, 도덕적 신앙에 머무르고 있기 때문입니다. 간수가 질문한 것과 같이 '내가 어떻게 해야 구원을 얻으리이까?' 라는 질문은 도덕적인 질문입니다. 내가 무엇을 해야 될 것 같은 어리석음에서 벗어나야 합니다. 이 도덕적 질문에 대해 사도 바울은 복음으로 답변했습니다.

"주 예수를 믿으라 그리하면 너와 네 집이 구원을 얻으리라!"(사도행전 16장 31절)

복음이라는 말은 기쁜 소식(Good news)를 말합니다. 최고 기쁜 소식은 바로 내가 예수 믿어 새 생명 얻은 것이 최고의 뉴스요 복음입니다. 복음을 복음으로 느끼십니까? 그러면 세상의 그 무엇으로도 빼앗을 수 없는 큰 기쁨이 내 마음 속에서 솟아나게 될 것입니다. 예수님을 진정 구주로 믿고 구원받은 확신이 있다면 이런 기쁨과 감격이 넘쳐나게 될 것입니다.

> "만일 너희 믿음의 제물과 봉사 위에 내가 나를 관제로 드릴지라도 나는 기뻐하고 너희 무리와 함께 기뻐하리니 이와 같이 너희도 기뻐하고 나와 함께 기뻐하라"(빌립보서 2장 17-18절)

이 말씀에서 관제는 포도주나 기름과 같은 액체를 붓는 제사 방법을 말합니다. 사도 바울은 자신을 포도주병의 포도주가 제물 위에 다 쏟아져 사라짐같이 자신은 죽을지라도 기뻐한다고 말하면서 너희도 이 기쁨을 누리며 살라고 권면하고 있습니다. 30년 전 다메섹에서 부활하신 예수님을 만나 핍박자에서 전도자로 삶이 전환된 뒤, 그는 죽을 때까지 구원의 기쁨을 잠시도 잊지 않고 누린 참된 신앙인이었습니다.

구원받은 그리스도인의 표지는 기쁨입니다. 이 기쁨은 세상의 모든 고통을 덮는 기쁨입니다. 이 기쁨은 세상 모든 슬픔을 덮고도 남을 기쁨입니다. 이익을 따라 사는 육적인 삶을 벗어버리십시오. 이념과 사상의 감옥에서 벗어나 진리 되신 예수 안에서 참된 자유인이 되십시오. 바울이 누렸던 기쁨, 간수가 누렸던 기쁨, 믿음의 선조들이 모두 누렸던 구원의 기쁨을 누리며 살아가는 복음적 그리스도인이 되시기를 소망합니다.

인생을 경영하는 신앙의 CEO

| 야고보서 4장 13-17절 |

요즈음 매스컴에서 흔히 쓰는 용어 중의 하나가 CEO(Chief Executive Officer)라는 말이 있습니다. 이 단어의 뜻은 '최고 경영자' 입니다. 경제 용어로 사용되던 이 말이 최근에는 정치권으로 확산되면서 CEO시장, CEO대통령이라는 말까지 등장하고 있습니다. 대통령이 되겠다고 출사표를 던지는 후보마다 이제는 최고 경영자의 리더십이 아니고는 나라를 이끌어 갈 수 없다고들 합니다. 과거에는 민주 투사의 리더십이 통했으나 이제 민주 투사의 리더십은 끝이 났고, 더욱이 발상의 전환이나 변화를 두려워하는 기존의 관료주의적 마인드로도 공익의 부가가치를 창출할 수 없다고 합니다. 그렇기 때문에 기업 경영의 마인드를 가지고 나라를 경영할 리더십이 있어야 한다고 강조하면서 자신의 최고경영자 경력을 부각시키기 위해 노력하고 있습니다.

성공한 CEO들을 살펴보니 네 가지 공통점을 찾아볼 수 있었습니다. 먼저 확고한 경영 철학이 있습니다. 확고한 이념 아래 분명한 행동 지침의 틀을 만들어 주기 때문에 종업원들이 집중하고 단결할 수 있습니다. 이것을 '흔들 수 있는 깃발'이 있다고 말합니다.

둘째로 우수한 전문가들로 전략팀을 만들어 가동합니다. 전문가들이 머리를 맞대고 기본 방침을 정하고, 전략을 결정하고, 장기 경영 계획을 수립합니다. 셋째로 인재를 확보하기에 힘씁니다. 많은 돈을 들이고서라도 인재를 스카우트하고 적재적소에 인재를 배치함으로써 생산성을 높입니다. 넷째로는 우선순위를 정확하게 결정합니다. 아무리 하고 싶은 일이 많을지라도 인력과 자금력은 한계가 있음을 알고 자원 배분의 효과를 극대화하기 위해서 사업 기회의 우선순위를 판단해서 성과가 크고 성공 가능성이 높은 사업부터 시작합니다.

얼마 전에 〈매일경제신문〉에 "성서에서 배우는 비즈니스 지혜"라는 칼럼이 크게 실렸습니다. 제가 쓴 글이기는 합니다. 물론 제가 경제 경영을 공부해서 쓴 글은 아닙니다. 자초지종은 이렇습니다. 우리 교회 한 청년이 국내 유수한 대학의 경영학과를 졸업하고 경제 신문지의 기자가 되었습니다. 그 후 결혼을 하고 서울로 멀리 이사를 가서 가끔 소식을 듣는 정도인데, 하루는 전화가 와서 글을 좀 써 달라는 것입니다. 무슨 글이냐고 물었더니 신문사 기획회의에서 성서 속에서 비즈니스의 지혜를 얻는 난을 만들어 연재하기로 하고 자신이 책임을 맡았는데, 제가 생각이 나서 먼저 전화를 했다고 합니다. 고맙기는 하지만 얼마나 난감합니까? 경제에 대해 뭘 알아야지요. 심방을 가는 길에 전화를 받았기에 알았다고 전화를 끊었는데, 심방을 마치고 교회에 도착해보니 팩스에 자세한 내용이 와 있는 것입니다. '이틀 후에 원고지 7장 정도 분량을 이메일로 보내 주십시오.' 그 팩스를 받고 나니 공양미 삼백 석을 약속해 놓고서 한숨 쉬는 심봉사가 생각이 났습니다. 간신히 어렵게 써서 보냈더니 또 써달라고 하기에 김동호 목사님, 김진홍 목사님, 최일도 목사님 등 다른 목사님들의 전화번호를 가르쳐주고 그 쪽으로 부탁하라고 하고 재빨리 전화를 끊었습니다.

그런데 기사가 오전에 나가고 그날 오후에 전화가 왔습니다. 〈매일경제〉의 시사주간지 차장인데 잡지를 구독하면 좋겠다는 것이 아닙니까? 그래서 "아니, 목사가 무슨 경제 전문지를 보겠습니까?" 하면서 정중하게 거절하느라 혼났습니다. 그 다음날에는 편지 하나를 받았습니다. 어떤 회사인지는 모르겠는데 신문에 난 기사를 영구 보관할 수 있도록 원목에 코팅해서 액자를 만들어 주겠다는 것입니다. 속으로 '정말 대단하구나!' 하며 감탄이 절로 나왔습니다. 사업을 하려면 이 정도로 적극적으로 해야 되지 않겠습니까?

본문 말씀은 인생을 장사에 비유하고 있습니다. 우리 인생은 모두 장사입니다. 장사의 목적은 하나입니다. 그것이 남기는 것입니다. 세상이 다 아는 3대 거짓말이 있습니다. '노인이 죽고 싶다는 말, 처녀가 시집가기 싫다는 말, 장사가 밑지고 판다는 말' 이 그것입니다. 장사는 남기고 팔아야지, 밑지고 팔면 자선 사업이지 장사가 아닙니다. 그러면 우리 인생을 장사에 비유했는데 과연 나의 인생은 남기는 삶을 살아가고 있는가 아니면 밑지는 삶을 살아가고 있는가 한 번 깊이 생각해 보아야 할 것입니다.

기업의 CEO들에게 성공의 비결이 있는 것과 같이 신앙의 CEO인 우리들에게도 성공의 비결이 있습니다. 본문 말씀은 남기는 인생, 성공적인 인생의 공통점이 무엇인가를 가르쳐 주고 있습니다.

인생의 유한함을 알아야 합니다

피조물인 모든 사람들은 하나님께서 창조하신 시간과 공간 속을 살아갑니다. 지나온 시간들을 과거라 부르고, 걷고 있는 시간을 현재라고 부릅니다. 그리고 걸어야 할 시간을 미래라고 부릅니다. 사람들은 누구나 보다 더 나은 미래를 위해 계획을 세웁니다. 철저하게 계획하고 준비하는 사람이 지혜로운 사람입니다.

성경도 준비하는 사람들을 칭찬하고 있습니다. 홍수를 대비해 방주를 준비한 노아는 구원받았을 뿐 아니라 의인이라고 칭찬을 받았습니다. 등불뿐 아니라 기름까지도 준비한 다섯 처녀는 슬기롭다고 칭찬을 받았고 혼인잔치에 참예하여 신랑을 만났습니다. 이와 같이 미래를 준비하고 계획하고 저축하는 것은 소중한 일입니다.

현대 과학의 발달로 미래를 예측하기도 하고, 미래학이라는 학문도 생겼습니다. 내년 겨울은 추울 것이다, 내년 여름은 비가 많이 올 것이다 하면서 일기예보도 1년 앞을 예측하고 장기 예보를 합니다. 그런데 성경은 '인생들아, 너희들은 내일 일을 알지 못하는 유한한 인생임을 잊지 말라.'고 충고하고 있습니다.

"들으라 너희 중에 말하기를 오늘이나 내일이나 우리가 아무 도시에 가서 거기서 일년을 유하며 장사하여 이를 보리라 하는 자들아 내일 일을 너희가 알지 못하는 도다 너희 생명이 무엇이뇨 너희는 잠깐 보이다가 없어지는 안개니라"(야고보서 4장 13-14절)

여기에서 인생을 장사에 비유하고 있습니다. 장사는 투자할 곳을 잘 찾아야 합니다. 그리고 반드시 이윤을 남겨야 합니다. 치밀한 계획과 미래를 예측하는 예지와 정확한 판단이 요구됩니다. 그런 준비 끝에 투자를 했습니다. 그런데 성경은 '내일 일을 너희가 알지 못하는도다.' 라고 말씀합니다.

벤처 1세대 간판 기업이었던 메디슨이 결국 부도를 내고 도산했습니다. 메디슨의 부도 소식이 큰 충격으로 받아들여지는 것은 벤처업계에서 메디슨과 이민화 회장이 차지하는 비중이 절대적이었기 때문입니다. 1985년에 대학원을 졸업하자마자 구멍가게 같은 소기업을 시작해서 15년 만에 2,000억 원대의 우량 기업으로 키웠습니다. 이 때문에 메디슨은 국내 벤처업계의 첫번째 성공 사례로 꼽혔고, 벤처 기업의 선구자라는 평가를 받았습니다. MRI와 초음파 진단기를 만들어 국내와 국외 수출로 승승장구하던 메디슨이 몰락의 길로 들어선 것은 1998년부터 코스닥 시장이 폭등세를 나타내자 무모한 사업 확장에 나서 40개의 기업을 만들었다가 주가가 연일 급락하고 재무 구조가 급속히 악화되면서였습니다. 설상가상으로 수출 경기까지 나빠져 매출보다 차입금이 더 많아 어음을 막지 못하고 끝내 부도 처리되고 만 것입니다.

인생은 내일 일을 장담할 수가 없는 유한한 존재입니다. 미래의 불확실성은 자신의 계획이나 능력, 과학적인 통계를 동원한다고 해결되는 것이 아니라는 말입니다. 왜냐하면 인생의 근본이 안개와 같이 짧고 허무하고 불안정한 존재이기 때문입니다. 인생의 유한하고 허무하고 연약함에 대해 성경은 우리의 자존심을 팍팍 상하게 만듭니다. 인생은 그림자요, 풀과 같습니다. 풀의 꽃과 같습니다. 그래도 이 정도는 들어 줄만 합니다.

이사야 선지자는 아주 심한 말을 합니다. '지렁이 같은 너 야곱아! 구더기 같은 존재니라. 불에 탄 삼오라기야!' 이 얼마나 비참한 말입니까? '하나님, 그래도 만물의 영장인 인간인데, 그렇게 심한 말을 하실 수 있습니까?' 라고 항변할 수도 있을 것입니다. 인생의 연약함을 비유한 말씀은 이외에도 더 있습니다. 안개(야고보서 4장 14절), 그림자(욥기 8장 9절), 풀·꽃(이사야 40장 6절), 삼오라기(이사야 1장 31절), 심지어 구더기(이사야 14장 11절)도 있습니다.

하나님 없는 인생은 종잇장 같습니다. 그냥 찢어집니다. 그러나 하나님과 함께하는 인생은 종이는 종이로되 돌에 붙은 종이와 같습니다. 찢을 수 없습니다. 비로소 그때에 만물의 영장이 되는 것입니다. 강한 자가 되는 것입니다. 유한함을 극복하고 영원한 삶을 살게 되는 것입니다. 영원히 존재하시는 하나님과 이어져 영원한 존재가 되는 비결을 알아야 합니다. 그것을 모르는 사람은 한계에 부딪쳤을 때 일어나지 못합니다. 주저앉고 포기하고 절망하고 멸망의 길로 갈 수밖에 없습니다.

'인생이 유한한 존재다.' 또는 '우리로서는 내일 일을 알 수가 없다.' 라고 할 때 반응이 대체로 두 가지 유형으로 나타납니다. 하나는

'케세라세라' 유형입니다. '될 대로 되라.'를 외치며 먹고 마시고 즐기다 죽으면 그만이다 하고 쾌락에 빠지는 찰나주의적인 사람이 있습니다. 또 하나는 '스피노자' 유형이 있습니다. '내일 세상의 종말이 온다고 할지라도 나는 오늘 사과나무를 심겠노라.' 하면서 최선을 다해 사는 사람입니다.

"너는 내일 일을 자랑하지 말라 하루 동안에 무슨 일이 날는지 네가 알 수 없음이니라"(잠언 27장 1절)

내일은 내가 주관하는 시간이 아닙니다. 주님의 시간입니다. 인생의 유한함을 깨닫고 오늘 주어진 일에 최선을 다하며 계획과 준비 위에 하나님의 인도하심이 함께하시기를 간구하고 의지하시기를 바랍니다. 주의 도우심을 받아 유한한 인생이 변화 받고 영원한 삶을 살게 되기를 바랍니다.

주의 뜻대로 살아야 합니다

신앙생활을 하면서 제일 어려운 문제 중 하나는 주님의 뜻이 무엇인가를 아는 일입니다. '내 뜻이 과연 하나님의 뜻과 일치하는가 아니면 불일치하는가?' 또는 '내가 행하는 일이 하나님이 기뻐하시는 일일까'를 알 수만 있다면 신앙생활이 한결 쉬워질 것입니다. 그래서 어떤 목사님들은 하나님 뜻을 따라가는 비결을 이렇게 말했습니다. '내가 했으면 좋겠다.'고 생각될 때 그 반대로만 하면 하나님의 뜻을 따라갈 수 있습니다. 그러면 과연 하나님의 뜻을 알 수 있는 비결은 무엇입니까?

첫째로 자신의 의지를 꺾어야 합니다. 자기 자신의 욕심, 자기 실현의 욕구가 그것입니다. 사람은 자기 자신의 선호하는 방향 같은 것이 있게 마련입니다. 이런 모든 자신의 의지를 꺾을 때 하나님의 뜻이 보이게 마련입니다.

둘째로 기분에 의지하지 말아야 합니다. 감정을 따라가면 일을 그르치는 경우가 많습니다. 일을 판단할 때 일시적인 흥분으로 인한 쏠림 현상을 가지고 하나님의 뜻 운운하게 되면 지속적이지 못하고 흥분이 가라앉는 동시에 일도 끝나버리게 되고 마는 법입니다.

셋째로 성경을 통해서 뜻을 구해야 합니다. 말씀 없이 기도만 한다거나 말씀만 읽고 기도하지 않는다거나 둘 다 문제가 있습니다. 말씀을 읽고 기도하면 성령의 인도함을 받을 수 있습니다.

넷째로 하나님께서 섭리하시는 환경을 만들어야 합니다. 죄를 회개한 깨끗한 마음의 상태는 하나님께서 역사하시는 좋은 환경이 됩니다.

다섯째로 하나님의 뜻을 따라 승리한 사람들을 주목해야 합니다. 은혜 받는 사람들, 복을 받는 사람들, 성공한 사람들을 잘 연구하면 그들에게서 은혜의 줄기가 닿아 있는 것을 발견할 수 있습니다. 복 받을 일을 하는 사람들에게 하나님께서 복을 주십니다.

여섯째로 기도해야 합니다. 기도는 하나님과의 교통입니다. 기도를 들으시는 하나님께서 뜻을 밝혀 주실 뿐만 아니라 뜻이 아니었던 것도 돌이키셔서 응답해 주시기도 합니다. 기도하는 자만이 하나님의 뜻을 알 수 있고 이룰 수 있습니다.

일곱째로 믿고 나아가야 합니다. 기도했으면 이루어 주실 줄 믿고 나아가면 하나님께서 이루어 주십니다. 과연 될까 하는 조바심을 가지고 포기하면 결코 하나님의 뜻을 이룰 수가 없습니다.

> "너희가 도리어 말하기를 주의 뜻이면 우리가 살기도 하고 이것저것을 하리라 할 것이거늘"(야고보서 4장 15절)

그리스도인들은 모든 행동의 기준을 자신의 욕망이나 계획에 두고 결행하는 삶이 아니라, 오로지 하나님의 뜻에 따라서 행동함이 마땅하다고 말씀하고 있습니다. 자신을 신뢰하는 삶에서 떠나 하나님의 섭리 아래 경건하고 겸손한 삶을 살도록 권고하는 것입니다. 하나님의 자녀들은 마땅히 영의 아버지이신 하나님의 뜻을 따라 살아야 합니다. 하나님 뜻을 따라 사는 것이 효도요, 성공입니다. 사람들은 대개 자신의 뜻을 하나님의 뜻으로 합리화하려는 경향이 많습니다. 그에 관련된 예화가 있습니다.

어느 남자 집사님이 회사에서 밤 늦게까지 일을 하고 지하철을 타고 집으로 가고 있습니다. 늦은 밤 종점까지 가려면 오랜 시간이 걸리니까 눈을 감고 잠을 청했습니다. 잠이 들 만한데 누가 기대는 감이 있어 오른쪽을 보니 50쯤 된 아주머니가 졸면서 머리를 기대는 겁니다. 그러니까 어깨로 머리를 밀면서 하는 말이 "시험에 들게 마옵소서."라고 합니다. 그리고는 또 조금 가노라니까 이번엔 왼쪽에서 누가 기대는 감이 있어 눈을 떠보니 20대의 예쁜 아가씨가 졸다가 머리를 기대는 게 아닙니까? 그러니까 이번엔 가만히 있으면서 하는 말이 "주님 뜻대로 하옵소서."라고 했다는 겁니다.

사람들이 자신의 뜻을 하나님의 뜻으로 합리화하려는 경향이 많음을 꼬집는 이야기라고 생각합니다. 신앙의 최고 경영자가 되려면 진정 하나님의 뜻은 무엇일까를 일을 결정할 때마다 중요한 순간마다 묻고 기도해야 할 것입니다. 다음은 토마스 아 켐피스라는 중세기 성자가 남긴 "하나님의 뜻을 구하는 기도"입니다.

오, 고마우신 주님!
알만한 가치 있는 것을 알게 하옵시고,
사랑할 만한 값어치가 있는 것을 사랑하게 하옵시고,
주님을 가장 기쁘게 하는 것을 찬미하게 하옵소서.
오, 고마우신 주님!
주님 보시기에 귀중한 것을 값있게 여기게 하옵시며,
주님 보시기에 부정한 것을 증오하게 하옵소서.
그러나 그 무엇보다도 항상 주님의 선한 뜻을 좇게 하옵소서.
우리 주 예수 그리스도의 이름으로 비옵니다. 아멘.

주님의 마음을 가지고 주님과 같은 가치관을 갖고 사물을 보고 사람을 대하는 것, 주님의 눈을 가지고 선악을 분별하는 사람이 되는 것을 가리켜 주님의 뜻을 따라 산다고 말하고 있는 것입니다.

"내 아버지의 뜻은 아들을 보고 믿는 자마다 영생을 얻는 이것이니 마지막 날에 내가 이를 다시 살리리라 하시니라"(요한복음 6장 40절)

인간을 향한 하나님의 최고의 뜻은 예수 믿고 구원 받아 영생을 얻는 것입니다. 예수 믿는 것이 하나님의 기쁨이 되는 것이요, 믿지 않는 사람을 예수 믿도록 전도하는 것이 하나님께 가장 큰 효도입니다. 예수 잘 믿고 복음 잘 전해서 하나님의 뜻대로 살아가는 신앙의 최고 경영자 되시기를 바랍니다.

선을 행해야 합니다

지금 한국 사회를 지탱하는 정신이 있다면 무엇이 있겠습니까? 신라가 삼국을 통일할 때는 화랑도가 있었습니다. 그 화랑 정신이 배경이 된 것이 원광법사가 지은 다섯 가지 계율, 즉 세속오계(世俗五戒)입니다.

사군이충(事君以忠): 충성으로써 임금을 섬긴다.
사친이효(事親以孝): 효도로써 어버이를 섬긴다.
교우이신(交友以信): 믿음으로 친구를 사귄다.
임전무퇴(臨戰無退): 싸움에서 물러나지 아니한다.
살생유택(殺生有擇): 가려서 살생한다.

이런 정신 무장이 되어 있는 화랑들이 앞장서 삼국을 통일할 수 있었던 것입니다. 또 조선시대에는 선비정신이 있었습니다. 1960-70년대는 헝그리 정신과 새마을 정신이 있었습니다. 그런데 이 중 어느 것도 현재 한국 사회의 정신이 되지 못하고 있습니다. 한국 사회의 정신적 공황 때문에 바로 부정부패 비리의 온상이 되고 사회적 혼란을 맞고 있는 것입니다. 서구 사회는 노블리스 오블리제(Noblesse Oblige), 즉

'높은 신분에는 도의상의 의무가 수반된다.' 는 이 귀족 정신과 신사도가 남아 있어 사회를 지탱하는 힘이 됩니다.

기독교인이 되었다는 것은 예수 믿고 하나님의 자녀된 귀족됨을 의미합니다. 사회적 신분의 변화는 없을지라도 영적으로 우리 모두는 왕자요 공주입니다. 이런 자부심이 있어야 합니다. 귀족에게는 도의상의 의무가 수반되는 법입니다.

"이제 너희가 허탄한 자랑을 자랑하니 이러한 자랑은 다 악한 것이라 이러므로 사람이 선을 행할 줄 알고도 행치 아니하면 죄니라"(야고보서 4장 16-17절)

허탄한 자랑이 무엇인고 하니, 귀족이 되었다고 신분 자랑, 옷 자랑, 보석 자랑, 집 자랑, 정원 자랑, 말 자랑, 하인 자랑, 소유에 대한 자랑만 늘어 놓는 것은 헛되고 헛된 것이라는 말씀입니다. 귀족이 되었으면 의무를 다하고 책임을 질 줄 알아야 합니다. 영국 왕실이 왜 오늘까지 영국 국민의 혈세로 호화롭게 살아가면서도 존재할 수 있겠습니까? 전쟁이 나면 왕자가 먼저 참전합니다. 그리고 백작, 남작, 공작, 자작, 후작 등 모든 귀족의 아들들이 앞장서서 전쟁에 나갑니다. 그러면 나라 전체가 한 마음 한 뜻으로 일치단결하여 나라를 지킬 수 있는 것입니다.

몇 년 전인가 영국과 아르헨티나가 포틀랜드라는 섬을 놓고 전쟁이 났을 때 에드워드 왕자가 전투기 조종사로 참전하지 않았습니까? 그리스도인들은 하나님의 자녀된 큰 은혜를 받았습니다. 그러면 그 은혜를 갚을 의무와 책임이 있습니다. 그것은 바로 선행입니다. 선행으로 구원받는 것은 아닙니다. 그러나 반드시 구원받은 하나님의 자녀에게는 선행이 따릅니다. 그러므로 선한 행실을 보아 구원받은 자녀임을 알게 되는 것입니다. 선을 행해야 된다고 아는 것으로만 그쳐서는 안 됩니다. 선을 행할 줄 알고도 행치 않는 것도 죄가 됩니다.

> "내 형제들아 만일 사람이 믿음이 있노라 하고 행함이 없으면 무슨 이익이 있으리요 그 믿음이 능히 자기를 구원하겠느냐 만일 형제나 자매가 헐벗고 일용할 양식이 없는데 너희 중에 누구든지 그에게 이르되 평안히 가라 더웁게 하라 배부르게 하라 하며 그 몸에 쓸 것을 주지 아니하면 무슨 이익이 있으리요 이와 같이 행함이 없는 믿음은 그 자체가 죽은 것이라"(야고보서 2장 14-17절)

구체적으로 선을 행해야 하나님의 자녀라는 말씀입니다. 교회는 그런 의미에서 교인들이 선을 행할 수 있도록 프로그램을 개발하고, 선을 대행하는 일을 책임 있게 감당해야 합니다. 교회는 무엇을 하는 곳이냐고 세상 사람들에게 물으면 하나같이 좋은 일하는 곳이라고 말합니다. 그 기대를 저버릴 때 비난받게 되고, 그 기대를 충족시킬 때 칭찬 받고 존경받아 구원의 방주로서의 사명을 감당할 수 있는 것입니다.

지금 세상은 신분제도가 철폐되었습니다. 그러나 어느 세상에도 계급이 사라진 때는 없습니다. 공산주의가 계급을 철폐했다고 주장했으나 공산당원이 새로운 귀족이 되었습니다. 지금 세상은 돈 많은 사람이 귀족입니다. 누가 돈을 제일 많이 법니까? CEO입니다. 그런데

CEO는 아무나 하는 것이 아닙니다. CEO의 자질이 있습니다.

낡은 개념과 조직을 바꿀 줄 아는 혁신가의 자질이 있어야 하고, 윤리를 실현하며 사회적으로 책임을 다해야 진정한 CEO가 되는 것입니다. 카네기는 그의 모든 재산을 사회에 환원하면서 '부자가 돈을 가지고 죽는 것처럼 부끄러운 일은 없다.'고 했습니다. 코닥 필름을 만든 조지 이스트먼도 은퇴할 때는 주식의 1/3을 종업원들에게 나누어 주었으며, 남은 재산으로 로체스터 대학교, 이스트먼 음악대학, 이스트먼 극장을 설립해 사회에 환원했습니다. 현재 세계 최고의 CEO는 빌 게이츠입니다. 몇 년 전 빌 게이츠 부부가 저개발국 보건 증진 사업을 위해 240억 달러를 내놓았습니다. 우리 돈으로 계산하니까 31조 2천억 원입니다. 신발도 신지 못하는 아프리카 사람들, 전염병에 걸려 죽어가는 어린이들 등 이들을 구하기 위해 자신들이 번 재산을 내놓은 것입니다.

> "오직 선행으로 하기를 원하라 이것이 하나님을 공경한다 하는 자들에게 마땅한 것이니라"(디모데전서 2장 10절)

마땅한 일이란 기본을 말합니다. 선행은 그리스도인들의 기본입니다. 신앙의 CEO가 되기를 원하시는 그리스도인이라면 선을 행하고 주의 뜻대로 살아가야 합니다. 여러분 모두가 인생의 유한함을 알고, 영원하신 하나님을 의지하고, 인생을 경영하는 신앙의 CEO가 되시기를 축원합니다.

13_영혼이 건강하면 만사가 형통하다

| 요한삼서 1장 2절 |

성경에 하나님께서 인간을 향하여 명하신 두 가지 명령이 있습니다. 첫번째는 전도 명령입니다.

"그러므로 너희는 가서 모든 족속으로 제자를 삼아 아버지와 아들과 성령의 이름으로 세례를 주고 내가 너희에게 분부한 모든 것을 가르쳐 지키게 하라 볼찌어다 내가 세상 끝날까지 너희와 항상 함께 있으리라 하시니라"(마태복음 28장 19-20절)

두 번째는 문화 명령입니다.

"하나님이 그들에게 복을 주시며 그들에게 이르시되 생육하고 번성하여 땅에 충만하라, 땅을 정복하라, 바다의 고기와 공중의 새와 땅에 움직이는 모든 생물을 다스리라"(창세기 1장 28절)

문화 명령은 자연을 함부로 훼손시키며 마음대로 남획할 것을 허락하신 것이 아니라 창조 본연 그대로를 지키고 관리하고 정화하도록 위탁하신 것입니다. 그런데 많은 사람들이 자연을 보존하고 관리하기는커녕 이기적 탐욕에 이끌려 자연에 대한 착취와 파괴를 일삼고 있습니다.

그 결과, 수많은 자연 환경이 극도로 파괴되고 숱한 동식물들이 멸종되어 가고 있습니다. 1980년대 중반부터 한 해에 4-5만 종의 생물이 멸종되고 있습니다. 지구상에는 약 3천만 종의 생물이 살고 있는데, 100년 후에는 이중의 절반이 사라질 것이라고 환경생물학자들은 추정하고 있습니다. 우리가 환경을 보전해야 할 이유는 단순히 지구 생태계의 변화로 멸망의 위기가 있다는 생물학적인 차원에서만이 아니라 우리가 사는 지구는 하나님이 인간에게 주신 선물임을 믿는 '창조 신앙' 때문입니다.

인간은 자연의 정복자나 지배자가 아니라 자연의 품속에 겸허한 자세로 순응하면서 살아가야 되는 하나님의 피조물이요, 자연이 일부임을 알아야 합니다. 따라서 자연과의 동반자적 인식을 가져야 함은 물론, 자연 자원의 낭비를 줄여 나가는 생활운동을 벌이고 실천해야 합니다. 그리하여 후손에게 아름다운 자연 환경을 물려 주어야 합니다. 만약에 여러분들의 부모님이 그린 멋있는 그림을 딱 한 점만 가보로 물려 받았다고 합시다. 남들이 멋있다고 하면서 천만 원에 팔라고 하면 팔겠습니까? 일억 원을 줘도 안 팔겠다고 하고서는 애지중지 보관하다가 자식들에게 물려 주지 않겠습니까? 우리들이 자연을 보호하고 환경을 정화하는 일에 앞장서야 하는 이유는 바로 하나님께서 우리에게 남겨 주신 하나밖에 없는 위대한 작품이기 때문입니다.

그런데 이 자연이 병들어 죽어가고 있습니다. 피조물들까지도 하나님의 아들들이 나타나기를 고대하고 있습니다(로마서 8장 19절). 화석 연료의 사용과 나무의 남벌로 인해 도시의 공기가 오염되어 마실 물이 없습니다. 우리 나라에서도 불과 10년 사이에 물을 사 먹는 것이 당연시 되고 말았습니다.

땅이 오염되었습니다. 농약과 화학비료와 산성비로 인해 땅이 생명력을 잃어가고 있습니다. 세계보건기구(WHO)의 발표에 의하면 평균적으로 1년 간 물과 위생의 문제로 170만 명이 사망하고, 대기 오염의 문제로는 80만 명이, 기후 변화의 문제로는 15만 명이 사망한다고 합니다. 얼마 전 경남 고성군의 병산 마을 주민들이 집단으로 손과 발이 비틀어지고 허리가 휘고 통증을 호소하고 있어 이타이이타이병이 아닌가 하고 환경부에서 조사에 나섰습니다.

우리 나라에서도 1985년 온산공단에서 수백 명이 증세를 보여 집단 이주 시킨 사례가 있습니다. 1953년 일본 구마모토현의 작은 어촌인 미나마타에서 하늘을 날던 갈매기들이 갑자기 바다로 떨어졌습니다. 바다 위에서는 물고기가 허연 배를 내놓고 둥둥 떠올랐습니다. 집에서 기르던 고양이가 미쳐 날뛰다가 죽어버렸습니다. 그로부터 3년 뒤에 이곳 사람들에게도 이상한 증세가 나타나기 시작했습니다. 손발이 마비돼 제대로 걷지 못하는 사람이 갑자기 늘어났습니다. 말을 똑바로

하지 못하고 시야가 좁아지다가 하나 둘씩 죽어갔습니다. 12,000명이 이 병에 걸렸으며, 600명이 죽은 이것이 유명한 미나마타병입니다.

　세상에서 가장 안전한 곳이 어머니의 자궁입니다. 그런데 이젠 자궁이 태아를 못 지킬 정도로 환경이 오염되었습니다. 이렇게 된 원인은 인간의 탐욕 때문입니다. 자기의 이익만 꾀하고 돈이 되는 일이라면 공기가 오염되든, 물이 오염되든, 땅이 오염되든, 사람이 먹고 죽든 상관하지 않는 악한 마음이 문제가 된 것입니다. 근래에 큰 논란을 일으켰던 쓰레기 만두 사건을 보십시오. 그런데도 처벌은 영업 정지 30일로 끝나고 말았습니다. 내 몸 안의 생태계를 보호하려면 바깥 생태계를 먼저 보호해야 합니다. 환경이 아프면 몸도 아픕니다.
　창조신앙을 가진 우리 그리스도인들의 책임이 막중합니다. 자연 환경을 보호하고 사람들의 마음을 치유해야 합니다. 함께 잘 먹고 잘 살 수 있는 세상을 만들어야 할 책임이 있습니다.

영혼이 우선 되어야 합니다

　세상 사람들에게 있어 제 일의 가치는 '돈' 입니다. 젊은이들에게 행복의 조건이 무엇인가 하고 물었습니다. 그 응답으로 첫번째가 돈이요, 그 다음이 건강과 인맥이었다고 합니다. 이것이 현대인들의 가치관입니다. 현대인들은 물질적 풍요를 최고의 가치로 삼고 경제 발전에 매진해 온 나머지 환경을 파괴하기에 이르렀습니다. 물질은 이제 물신(物神)이 되어 하나님의 자리를 대신할 만큼 절대적인 위치를 차지하고 있습니다. 이러한 경향은 물리적 환경만 파괴하는 것이 아니라 정신적인 피폐도 가져옵니다. 그러니까 환경의 위기는 십자가를 지신 예수님의 가르침을 어기고 오히려 그 반대로 살아온 결과, 인류가 자초한 재앙입니다. 환경보존을 위해 힘쓰는 것은 십자가의 신앙을 회복하는 일이며, 물신주의를 극복하는 일이고, 창조신앙을 되찾는 일입니다. 이 일을 이루기 위해서는 삶의 우선순위가 바뀌어야 합니다. 돈이 먼저요, 물질이 제일이었던 가치관이 변해야 합니다.

"사랑하는 자여 네 영혼이 잘됨같이"(요한삼서 1장 2절 b)

인간은 만물의 영장입니다. 하나님께서는 인간에게만 영혼을 불어 넣어 주셨고, 하나님을 사모하는 마음을 주셨습니다. 그러므로 영혼이 잘 되어야 모든 것이 잘 될 수 있습니다. 영혼은 인생을 행복으로 이끄는 첫 단추입니다. 처음 단추를 잘못 끼우면 다 잘못됩니다. 그러므로 영혼이 최우선으로 잘 되어야 합니다. 사람에게는 제대로 먹고 제대로 사는 것이 중요합니다. 그리고 이보다 더 중요한 것은 이웃 그리고 자연과 더불어 조화를 이루면서 인간답게 사는 것입니다. 그러나 역시 가장 중요한 것은 영적으로 사는 것입니다. 영적으로 산다는 것은 내면의 소리를 듣고 내면으로부터 행복을 찾는 것입니다.

옛날에 아주 멋진 사향노루가 살았습니다. 그 노루는 언제나 코끝에 밀려오는 향기에 마음이 끌렸습니다. 시간이 흐를수록 그 향기는 점점 더 그를 매혹시켰습니다. 어느 날 사향노루는 "무슨 일이 있더라도 이 향기가 어디서 오는지를 꼭 알아내고야 말겠어. 나는 반드시 그 원천을 찾아내고 말거야."라고 다짐했습니다. 이 용감한 사향노루는 향기의 원천을 찾아 산을 넘고 물을 건너 사막을 가로질러 이 세상의 경계선까지 이르렀습니다. 하지만 그의 노력은 아무런 성과도 거두지 못했습니다. 어디를 가든 그 향기는 끊임없이 그의 코끝을 유혹하고 있었습니다. 사향노루는 끝내 그 향기가 어디서 나오는 것인지를 알아내지 못했습니다.

사향노루는 그래도 포기하지 않았습니다. 하루는 어느 산간 지방에서 가장 높은 절벽 위로 올라갔습니다. 그 주변을 샅샅이 살펴보는 동안 여전히 향기가 코를 자극하고 있는데도 사향노루는 그 향기의 원천을 찾아낼 수 없었습니다. 마침내 절망에 빠진 사향노루는 그만 절벽 꼭대기에서 뛰어내리고 말았습니다. 벼랑 아래 떨어진 사향노루는 사지가 처참하게 찢어졌습니다. 그 순간 그의 몸에서는 짙은 사향 냄새가 피어오르기 시작했습니다. 이내 계곡은 죽은 노루의 몸에서 피어나는 그윽한 사향 냄새로 가득 찼습니다. 하지만 불행하게도 사향노루가 그 향기의 원천이 자신의 속에 있다는 것을 발견하기에는 이미 때가 늦었습니다. 이 이야기는 인간이 찾는 행복은 밖에 있는 것이 아니라 내면에 있음을 가르쳐 주고 있습니다. 인간은 누구나 행복을 갈망합니다. 행복은 자기 존재의 근원인 하나님을 발견하는 데 있습니다. 사랑이 내적 체험의 문제이듯이 하나님을 아는 일도 인간의 내적 체험과 깊은 관련이 있습니다.

요즈음 불경기 속에서도 묘하게 웰빙 바람은 더 확산되고 있습니다. 세상에서 유행하는 웰빙(well-being)은 복지, 안녕, 행복의 뜻으로, 몸과 정신 건강을 동시에 추구하는 것을 의미합니다. 몇 년 전부터 시작된 웰빙 바람은 웰빙 음료, 웰빙 식당, 웰빙 침구, 웰빙 신발, 웰빙

의류, 웰빙 와인, 웰빙 쌀, 웰빙 껌, 웰빙 가전제품, 웰빙 아파트까지 나왔고, 드디어 웰빙 교회까지 등장했습니다.

세상의 것을 아무리 잘 먹고 잘 입는 웰빙의 삶으로도 참된 행복을 누릴 수는 없습니다. 영혼의 웰빙은 값없이 값진 보석을 얻는 기쁨이며 행복입니다. 그것은 영원한 젊음을 누리신 그리스도를 본받아 순간마다 새로 태어나며 옹달샘에서 솟는 시원한 샘물을 마시듯 창조의 삶을 맛보고 그것을 이웃으로 더불어 나누는 것입니다.

"너희는 먼저 그의 나라와 그의 의를 구하라 그리하면 이 모든 것을 너희에게 더하시리라"(마태복음 6장 33절)

먼저 해야 할 일을 할 줄 아는 사람이 지혜자입니다. 먼저 하나님의 나라와 그의 의를 구하고 하나님을 심령에 모시고 영혼이 건강한 삶을 살게 되기를 바랍니다.

영적으로 바로 설 때 범사가 형통합니다

사람은 누구나 복 받고 잘 되기를 원합니다. 복을 받고 잘 되기 위해서는 복 있는 사람이 되는 것이 먼저입니다. 복 있는 사람이 되면 복은 저절로 따라옵니다. 복 달라고 기도하지 말고 복 있는 사람이 되도록 기도해야 합니다.

"저는 시냇가에 심은 나무가 시절을 좇아 과실을 맺으며 그 잎사귀가 마르지 아니함 같으니 그 행사가 다 형통하리로다"(시편 1장 3절)

그러면 복 있는 사람이 되는 비결은 무엇일까? 그것은 영혼이 하나님 앞에 바로서는 것입니다. 하나님의 영이신 성령으로 충만하게 되고, 예수님의 온유하고 겸손하심으로 마음이 가득 찰 때 하나님 앞에 바로 서게 되는 것입니다. 그렇게 되면 하나님과 사이에 막힌 것이 없어지게 되고 수도꼭지를 틀면 팔당 수원지의 물이 콸콸 쏟아지는 것 같이 '주여!' 라고 부르기만 하면 주님의 은혜가 폭포수처럼 쏟아지게 되는 것입니다. 이것이 형통입니다. 하나님과의 관계가 막혀 있으면 은혜가 임하지 않습니다. 그것을 불통이라고 합니다. 그 막힌 것을 뚫으면 은혜가 임합니다. 우리가 영적으로 바로 서기만 하면 하나님은 우리에게 복 주고 복 주시며, 번성케 하고 번성케 하십니다. 복에 복을 더하시고 형통한 은혜를 내려 주십니다.

"사랑하는 자여 네 영혼이 잘 됨같이 네가 범사에 잘되고" (요한3서 2절)

영적으로 바로 설 때 범사가 형통케 되고 영적으로 잘못되면 만사가 불통합니다. 찰스 콜슨은 닉슨 대통령의 보좌관으로 정치 권력의 핵심에 섰던 사람입니다. 머리가 비상하고 지독할 정도로 냉철한 사람이었습니다. 잘 나가던 그가 워터게이트 사건에 연루되어 감옥에 갇히게 되었습니다. 그는 절망했습니다. 백악관의 핵심 참모가 철창에 갇힌 신세가 된 것입니다. 그때 그를 전도하려고 헤트필더, 휴스, 퀴에 라는 세 명의 상원의원이 날마다 기도 시간을 정해 기도하며 면회하고 책을 넣어 주었습니다. 찰스 콜슨의 형 집행기간이 7개월 가량 남았을 때 세 사람이 모여 기도하다가 퀴에 의원의 마음에 그를 위해 대신 옥살이를 해야겠다는 감동이 왔습니다. 변호사였던 퀴에 의원은 특수 법조 문안에 다른 사람을 대신하여 형기를 치를 수 있다는 내용을 찾아내고 법원에 제안했지만 거절당하고 말았습니다. 그런데 이 일로 찰스 콜슨이 마침내 마음의 문을 열고 복음을 받아들였습니다. 진정으로 자신을 위해 사랑하고 기도하는 사람들의 사랑이 그 얼었던 마음을 녹인 것입니다.

그의 영혼이 하나님을 만났습니다. 남은 형기 동안 교도소에 있는 죄수들에게 사랑을 베풀었습니다. 교도소에 있는 죄수들은 처음에 그의 사랑을 의심했습니다. 차갑고 교만했던 사람이 갑자기 달라졌기 때문입니다. 그러나 콜슨은 계속 사랑으로 섬기고 봉사하고 동료들을 전도하고 기도 모임을 시작했습니다. 그리고 일평생 죄수들을 위해 살겠다고 다짐했습니다. 형기를 마치고 나와서 『거듭나기』라는 책을 냈고 베스트셀러가 되었습니다. '교도소선교회'를 만들고 죄수들에게 복음을 전하는 일에 힘썼습니다. 그 후 종교계의 노벨상이라고 불리는 템플턴상을 받았습니다.

콜슨이 템플턴상을 수상할 때 언론에서 이와 같이 말했습니다. "현재 미국의 가장 건강한 사상적 영향을 끼치고 있는 저술가이자 예수 그리스도의 복음을 통해서 가장 영향력을 끼치고 있는 전도자, 그리고 가난하고 억눌린 사람들의 가장 따뜻한 이웃인 그가 새로운 이웃이 되어 우리 곁에 돌아왔다." 인생길이 막히고 추락했던 그였지만 영혼이 바로 설 때 만사가 형통한 축복의 통로가 될 수 있었던 것입니다.

"여호와를 경외하며 그 도에 행하는 자마다 복이 있도다 네가 네 손이

수고한대로 먹을 것이라 네가 복되고 형통하리로다"(시편 128편 1-2절)

하나님과의 관계를 회복하십시오. 영혼이 바로 서서 하나님을 경외하며 그 도에 행할 때 범사가 형통케 될 것입니다. 불통의 삶이 변하여 형통케 되기를 바랍니다.

영혼이 건강해야 육신이 건강합니다

요즈음 사람들은 건강한 삶을 위해 운동에 힘쓰고 먹는 것에 신경을 많이 씁니다. 건강에 무엇이 좋다고 소문이 나면 그 물건이 시장마다 동나고 건강에 나쁘다 소문나면 소고기도 안 먹고, 오리고기도 안 먹고, 닭고기도 안 먹고 이번에는 만두를 먹지 않아 전국에 만두 장사들이 큰 타격을 받았습니다. 우리 나라 사람들이 얼마나 보신 강장제를 좋아하는지 미국 수사당국이 웅담과 산삼을 구입하려는 한국인들을 대상으로 함정수사를 벌였는데, 100여 명이 체포되었다고 합니다. 버지니아 주의 검찰이 산삼과 흑곰 등 야생 생물의 불법 거래를 막기 위해 가짜 상점을 차려놓고 곰발바닥, 웅담, 산삼 등을 판매한다고 교포신문에 광고를 냈습니다. 이 광고를 보고 웅담과 곰발바닥을 사러 왔던 사람들을 체포한 것입니다. 이런 것을 먹는 습관을 고쳐야 합니다. 옛날부터 내려오는 건강십훈이 있습니다.

소육다채(小肉多菜): 육식은 적게 하고 채소는 많이 먹는다.
소식다작(小食多嚼): 식사를 적게 하고 잘 씹는다.
소염다초(小鹽多醋): 염분은 적게, 식초는 많이 먹는다

소의다욕(小衣多浴): 옷은 엷게 입고 목욕을 자주 한다.
소번다면(小煩多眠): 근심은 적게 하고 잠은 많이 잔다.
소욕다시(少欲多施): 욕심을 적게 내고, 남에게 많이 베풀도록 한다.
소당다과(小糖多果): 설탕은 적게 먹고 과일을 많이 먹는다.
소차다보(小車多步): 되도록 차는 적게 타고 많이 걷는다.
소언다행(小言多行): 말은 적게 하고 실행을 많이 한다.
소분다소(小憤多笑): 성은 적게 내고 많이 웃는다.

웰빙 바람이 불기 전에 우리에게 이렇게 전통적인 웰빙이 있었습니다. 그런데 이런 것을 지키지 못했던 것은 욕심이 사람의 마음을 가리웠기 때문입니다. 그러므로 무엇보다도 마음이 중요합니다.

"무릇 지킬 만한 것보다 더욱 네 마음을 지키라 생명의 근원이 이에서 남이니라"(잠언 4장 23절)

마음을 잘 지켜야 합니다. 마음이 온전히 성령으로 충만하면 영혼이 건강해지고 따라서 육신의 건강이 자연스럽게 뒤따르게 되어 있습니다. 영혼이 잘되고 건강한 비결은 하나님이 주신 계명인 말씀을 따라 살면 틀림없습니다. 하나님께서 에덴동산에서 아담과 하와에게 채소와 열매를 양식으로 주셨습니다. 그러므로 고기보다는 야채를 많이 먹는 것이 하나님의 건강법이 분명합니다.

"하나님이 가라사대 내가 온 지면의 씨 맺는 모든 채소와 씨 가진 열매

맺는 모든 나무를 너희에게 주노니 너희 식물이 되리라 또 땅의 모든 짐승과 공중의 모든 새와 생명이 있어 땅에 기는 모든 것에게는 내가 모든 푸른 풀을 식물로 주노라 하시니 그대로 되니라"(창세기 1장 29-30절)

풀을 먹어야 할 소가 육류가 첨가된 사료를 먹으므로 해서 무서운 병에 걸리지 않았습니까? 한 사람이 집에서 토끼를 기르면서 풀을 뜯어 먹이기가 귀찮아 여러 가지 음식을 섞어서 주었더니 성격이 포악해져서 급기야 자기가 낳은 새끼를 먹는 엽기토끼가 되었다는 기록을 보았습니다.

미국의 조지 부시 대통령이 호전적인 것은 미국 어느 지방보다도 고기를 많이 먹는 텍사스 출신이기 때문이라는 글을 보았습니다. 이런 것이 사실이라면 햄버거나 핫도그 같은 패스트푸드(Fast Food)에 길들여진 자녀들에게 직접 조리해서 먹는 전통적인 음식인 슬로우 푸드(Slow Food)를 먹이는 운동을 벌여야 합니다.

현대인들은 인생을 '빨리빨리' 재촉하면서 인생의 참된 맛을 음미하지 못하고 하나님이 주신 삶의 멋을 즐기지 못한 채 살아갑니다. 이것은 영혼이 병들었기 때문입니다. 영혼이 병드니 마음엔 욕심이 가득 차고, 많이 먹고, 급히 먹고, 나누지 않으니 병이 들어 육신이 약해지고 질병이 창궐하게 되는 것입니다. 우리의 육신은 하나님이 주신 소중한 재산입니다. 우리의 몸은 하나님이 계신 성소(聖所)입니다. 그러므로 하나님의 전인 몸을 건강하게 지켜서 하나님께 영광 돌리는 여러분이 되시기를 바랍니다.

"영혼 없는 몸이 죽은 것 같이 행함이 없는 믿음은 죽은 것이니라"(야고보서 2장 26절)

　영은 거룩하고 육은 악하고 천하다는 생각을 이원론적 사고라고 합니다. 이것은 잘못된 것입니다. 영혼이 없으면 몸이 죽고 몸이 죽으면 영혼도 하늘로 올라가고 맙니다. 그러므로 육신도 중요하고 영혼도 중요합니다. 영육이 함께 균형 잡힌 성장을 해야 합니다. 이것이 올바른 신앙을 갖게 되는 첩경입니다.
　먼저 자신의 내면을 돌아보고 영혼이 하나님과 바른 관계를 맺고 잘 되기를 힘쓰시기 바랍니다. 그리하면 범사에 형통케 될 것입니다. 육신도 건강을 누리게 될 것입니다. 주신 건강가지고 탄식하는 자연환경을 잘 보전하고 창조 질서를 잘 지켜 나가는 하나님의 자녀들이 되시기를 바랍니다.

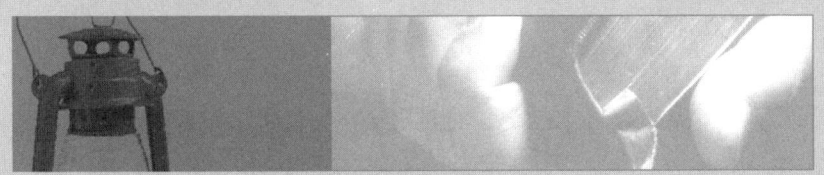

4장 | 하나님이 당신의 인생을 바꾸신다

10절에서는 의를 위하여 핍박받는 자에 대해 말씀하고 있습니다. 하나님의 의로 이 땅에 오신 예수 그리스도를 증거하면 세상에서는 핍박이 있게 마련입니다. 세상은 본질적으로 의를 좋아하지 않습니다. 왜냐하면 예수 그리스도가 나타나는 것만큼 사탄의 영역이 줄어들기 때문입니다. 그러나 진정한 그리스도인들은 핍박을 두려워하지 않고 오히려 기뻐합니다. "사도들은 그 이름을 위하여 능욕 받는 일에 합당한 자로 여기심을 기뻐하면서 공회 앞을 떠나니라"(사도행전 5장 41절) 사도들은 복음을 전하다가 핍박받은 것을 기뻐했다고 기록하고 있습니다. 하늘의 상급이 큰 것을 알았기 때문입니다. 본문의 11-12절에서도 핍박받는 자가 받을 복과 상에 대해 강조하고 있습니다. 예수님께서 핍박받을 때에 기뻐하고 즐거워하라고 하신 이유는 첫째로 하늘의 상이 크기 때문입니다. 둘째로 먼저 기쁨으로 고난당한 선지자들의 대열에 들게 되기 때문입니다.

거짓선지자들은 세상 사람들에게 대접을 받으며 괴로움 없이 잘 지냅니다. 거짓 선지자들은 거짓 평안과 안전을 전합니다. 그러나 참 선지자는 하나님의 말씀을 대언할 뿐입니다. 그러므로 세상에서 환난을 당하게 됩니다. "자녀이면 또한 후사 곧 하나님의 후사요 그리스도와 함께한 후사니 우리가 그와 함께 영광을 받기 위하여 고난도 함께 받아야 될 것이니라 생각건대 현재의 고난은 장차 우리에게 나타날 영광과 족히 비교할 수 없도다"(로마서 8장 17-18절) 고난이 있습니까? 영광의 나라를 바라보시기 바랍니다. 하나님께서 준비하신 상급을 바라보시기 바랍니다. 고난도 핍박도 다 이기고 천국을 소유하고 기쁨으로 살게 되시기 바랍니다. 천국은 죽어서 가는 나라가 아닙니다. 지금 천국을 심령에 소유한 자만이 들어갈 수 있는 나라인 것입니다.

예수님을 구주로 영접하셨다면 당신은 하나님을 만난 것입니다. 하나님을 만난 사람들은 태도가 달라지고 가치관이 달라집니다. 천국을 이미 기업으로 약속 받았기 때문입니다. 우리 모두 땅의 일로 '일희일비' 하며 상처를 주고받는 육적인 모습을 버립시다. 천국을 소유한 하나님의 자녀답게 참된 평안을 전하며, 기쁨을 누리며 살아야 할 것입니다.

14 하나님이 당신의 인생을 바꾸신다

| 마태복음 5장 1-12절 |

청춘! 이는 듣기만 하여도 가슴이 설레는 말이다.
청춘! 너의 두 손을 대고 물방아 같은 심장의 고동을 들어보라.
심장의 피는 끓는다. 끓는 피에 뛰는 심장은 거선의 기관과 같이 힘이 있다. 이것이다. 인류의 역사를 꾸며 내려온 동력은 이것이다. 이성은 투명하되 얼음과 같으며, 지혜는 날카로우나 갑 속에 든 칼이다. 청춘의 끓는 피가 아니더면 인간이 얼마나 쓸쓸하랴?

소설가 민태원의 "청춘예찬"이라는 수필의 한 부분입니다. 작가는 청춘이라는 말만 들어도 가슴이 설렌다고 말하고 있습니다. 그처럼 성경에서도 그 이름을 부르기만 해도 가슴이 설레는 말씀이 있습니다. 그것이 바로 산상수훈입니다.

산상수훈은 마태복음 5-7장에 기록된 예수님의 교훈 또는 설교를 가리킵니다. 갈릴리 바다 북서쪽 8킬로미터 지점에 위치한 낮은 핫틴 산에서 말씀하셨기 때문에 산상수훈이라 부르게 되었습니다. 너무 가치 있는 가르침이란 의미에서 산상보훈(山上寶訓)이라고도 하고, 기독교 도덕의 근본을 말한다는 의미에서 기독교의 대헌장이라고도 합니다. 오늘날 그곳에는 산상수훈교회가 세워져 있습니다.

누가복음 6장에도 산상수훈의 내용이 짧게 기록되어 있습니다. 산상수훈의 근본 목적이 무엇인가에 대해 역사적으로 많은 논란이 있었습니다. 산상수훈이 요구하는 윤리 수준이 너무 높다는 것이 그 이유였습니다. 그래서 중세의 로마 가톨릭 교회에서는 산상수훈이 본래 예수님의 열두 제자에게만 주어졌던 것으로서 현재에는 종교 지도자들이나 금욕 생활을 하는 수도사들에게나 적합한 것이고 일반 평신도들에게는 적합하지 않다고 생각했습니다. 또 성경의 문자적 해석을 고집하는 세대주의(世代主義, dispensationalism)자들은 이 세대에 해당되는 교훈이 아니라 그리스도의 재림 이후 도래할 천년왕국에서 지킬 수 있는 교훈이라고 생각합니다.

그러나 복음적 개혁 교회에서는 산상수훈은 이 세대를 살아가는 모든 그리스도인들이 마땅히 지켜 행해야 할 삶의 기준과 원리를 제시하고 있다고 말합니다. 물론 인간의 힘으로만은 이 교훈을 따르기 힘듭니다. 따라서 전적으로 하나님의 은총을 구하면 성령께서 예수님의 교훈을 지킬 수 있도록 힘 주신다는 것을 우리는 믿습니다. 그러면 어떤 것들이 그렇게 지키기 힘든 교훈인가? 몇 가지 예를 들어 보겠습니다.

"옛 사람에게 말한바 살인치 말라 누구든지 살인하면 심판을 받게 되리라 하였다는 것을 너희가 들었으나 나는 너희에게 이르노니 형제에게 노하는 자마다 심판을 받게 되고 형제를 대하여 라가라 하는 자는 공회에 잡히고 미련한 놈이라 하는 자는 지옥 불에 들어가게 되리라" (마태복음 5장 21-22절)

"또 간음치 말라 하였다는 것을 너희가 들었으나 나는 너희에게 이르노니 여자를 보고 음욕을 품는 자마다 마음에 이미 간음하였느니라." (마태복음 5장 27-28절)

"나는 너희에게 이르노니 악한 자를 대적치 말라 누구든지 네 오른편 뺨을 치거든 왼편도 돌려 대며" (마태복음 5장 39절)

"나는 너희에게 이르노니 너희 원수를 사랑하며 너희를 핍박하는 자를 위하여 기도하라" (마태복음 5장 44절)

율법의 잣대로 볼 때나 세상의 가치관으로 볼 때 도저히 이해할 수 없는 새로운 가르침이었던 것입니다. 그 중에 제일 처음하신 말씀이 본문의 내용입니다. 본문 말씀은 여덟 가지 복을 말씀하셨다고 해서 팔복(八福, Beatitude)이라고 하며, 영어에서는 '더할 나위 없는 행복'을 뜻한다고 합니다. 구약 율법의 핵심이 십계명이라면 산상수훈의 핵심은 팔복이라고 할 수 있을 만큼 중요하고 유명한 말씀입니다.

하나님을 만나면 태도가 달라집니다

영원한 숙제이자 토론의 주제 중 하나가 '닭이 먼저냐? 알이 먼저냐?' 하는 문제입니다. 또 '질적 성장이 중요하냐? 양적 성장이 중요하냐?' 하는 문제도 그렇습니다. 한편 '남자가 우위냐? 여자가 우위냐?' 하는 문제도 있는데, '세상을 정복한 것은 남자다. 그러나 남자를 정복한 것은 여자다.' 라는 근사한 답으로 결론이 나기도 했습니다.

이렇게 논쟁할 수 있는 또 한 가지의 주제는 '태도가 먼저 변하고 가치관이 변하느냐? 아니면 가치관이 변하고 나서 태도가 변하느냐?' 하는 문제입니다. 이것도 끝이 없는 토론의 주제가 될 것입니다. 하지만 저는 태도가 먼저 달라지고 나서 가치관이 점점 바뀌게 되고 그 후에 새로운 가치관이 형성된다고 봅니다.

예를 들어 군에 입대한 아들이 보고 싶어서 눈물 흘리던 엄마가 면회를 갑니다. 그러면 '어머니!' 하고 와락 품에 안겨 우는 것이 아니라 '충성!' 하고 거수경례를 붙이면서 씩씩한 대한의 남아로 태도가 완전히 바뀐 것을 보게 됩니다. 그렇다고 그의 가치관까지 바뀌었다고 말하기는 어렵습니다. 조금 더 시간을 두고 봐야 합니다. 제대한 뒤 일 년만 지나면 국방부에 군기를 반납하고 군기가 빠져 헬렐레하는 경우가 많기 때문입니다.

예수님을 통하여 하나님을 만난 사람들의 태도는 어떻게 달라지는가를 보겠습니다.

"예수께서 무리를 보시고 산에 올라가 앉으시니 제자들이 나아온지라 입을 열어 가르쳐 가라사대 심령이 가난한 자는 복이 있나니 천국이 저희 것임이요 애통하는 자는 복이 있나니 저희가 위로를 받을 것임이요 온유한 자는 복이 있나니 저희가 땅을 기업으로 받을 것임이요"(마태복음 5장 1-5절)

이 말씀은 모든 사람들을 위해 하신 말씀이 아니라 제자들에게 하신 말씀입니다. 만일 예수 그리스도의 제자가 아닌 사람들이 이 말씀을 들었다면 상당히 곤혹스러웠을 것입니다. 이 말씀은 일반 사람들에게 적용되는 것이 아니라 주님을 따르기로 결단한 제자들에게 적용되는 말씀이기 때문입니다.

그 당시 선생님은 앉아서 말씀하시고 학생들은 서서 배웠습니다. 요즈음은 그 반대가 되었습니다. 예수님은 제자들을 하나님의 자녀로 보고 가르치신 것입니다. 그래서 팔복을 보면 그 말씀을 듣고 있는 사람들, 즉 제자들을 땅의 사람들이 아닌 하늘 나라의 자녀로 묘사합니다. 또 나중에는 실제로 이들을 하나님의 자녀로 부르는 것을 보게 됩니다.

예수님께서 제일 먼저 "심령이 가난한 자는 복이 있나니 천국이 저희 것이라"고 말씀하셨습니다. 이 말씀을 "가난한 자들은 심령에 복이 있나니"라고 해석하는 분들이 있는데, 이것은 옳은 해석이 아닙니다. 가난한 사람들이 마음이 비단결 같다고 생각하지만 그렇지 않습니다. 오히려 상처가 많습니다.

제가 29세 때 광산촌에 그런 생각을 가지고 첫 목회를 시작했습니다. 그런데 그곳에서 큰 깨달음을 얻었습니다. 가난과 무지와 범죄와 질병은 형제라는 것을 알았습니다. 가난 때문에 심령까지 악해진 사람들도 많이 있습니다. 요즈음 일어나는 범죄 가운데 4분의 1은 가난해져서 저지르는 범죄라는 통계를 보았습니다. 가난 자체가 기쁨이나 복이 될 수는 없습니다. 예수님은 "심령이 가난한 자가 복이 있다"고 말씀하실 때 물질적 가난을 말씀하신 것이 아닙니다. 심령의 가난은 교만과 반대되는 표현입니다.

심령의 가난은 사람이 하나님을 만났을 때 나타나는 현상입니다. 하나님을 만난 사람은 심령이 가난해질 수밖에 없습니다. 이사야 6장을 보면 웃시야 왕이 죽던 해에 이사야가 본 환상이 나옵니다. 영광중에 거하시는 주를 뵙고 이사야는 이렇게 외칩니다.

> "그 때에 내가 말하되 화로다 나여 망하게 되었도다 나는 입술이 부정한 사람이요 입술이 부정한 백성 중에 거하면서 만군의 여호와이신 왕을 뵈었음이로다"(이사야 6장 5절)

이것이 하나님을 본 인간의 참 모습입니다. 다니엘은 여호와를 뵐 때 자신의 모습을 이와 같이 고백합니다.

> "그러므로 나만 홀로 있어서 이 큰 이상을 볼 때에 내 몸에 힘이 빠졌고 나의 아름다운 빛이 변하여 썩은듯하였고 나의 힘이 다 없어졌으나"(다니엘서 10장 8절)

베드로는 예수 그리스도를 알았을 때 이렇게 고백합니다.

"시몬 베드로가 이를 보고 예수의 무릎 아래 엎드려 가로되 주여 나를 떠나소서 나는 죄인이로소이다 하니"(누가복음 5장 8절)

진정으로 하나님을 만난 사람은 자신의 모습을 바로 보게 됩니다. 내가 잘났다고 뽐내고 힘을 주는 까닭은 주변 사람들과 자신을 비교하기 때문입니다. 다른 사람에 비해 나쁜 사람이 아니요 꿀릴 것이 별로 없다고 느껴집니다. 하지만 하나님을 만나고 그 분 앞에 서면 자신의 의는 순간적으로 사라져 버리고 마는 법입니다.

이것이 바로 가난한 심령이요, 하나님의 관점에서 본 자신에 대한 진정한 평가입니다. 자신의 참 모습을 하나님 앞에서 바로 보게 되는 순간 '오! 하나님, 저를 구해주소서.' 라는 탄식이 절로 나오게 되는 것입니다. 그러면 두 번째 말씀이 이해가 됩니다.

"애통하는 자는 복이 있나니 저희가 위로를 받을 것임이요"(마태복음 5장 4절)

참으로 역설적인 말씀입니다. 애통하는 자가 행복하다니…. 그러나 하나님 앞에서 나 자신의 모습을 올바로 보게 되면 가난한 심령을 보고 어찌 애통하지 않을 수 있겠습니까? 자신의 실패와 자신의 부패함을 보고 울지 않을 수 없을 것입니다. 그러나 주님은 우리를 위로해 주신다는 말씀입니다. 이어서 세 번째 말씀이 나옵니다.

"온유한 자는 복이 있나니 저희가 땅을 기업으로 받을 것임이요"(마태복

음 5장 5절)

세상은 저돌적인 사람이나 공격적이고 적극적인 사람이 복을 받고 돈을 벌고 기업을 차지합니다. 세상적인 관점으로는 꼭 망하기 좋은 이야기입니다. 그러나 본문에서 말하는 온유라는 말은 인간 관계만을 생각하는 말이 아니라 하나님과의 관계까지 포함한 말입니다.

"이 사람 모세는 온유함이 지면의 모든 사람보다 승하더라"(민수기 12장 3절)

모세도 혈기에 관한한 족보가 있는 사람입니다. 주먹으로 애굽의 감독을 때려서 죽이고 도망자가 된 전과가 있습니다. 하나님께서 반석을 명하여 물을 내라 하실 때 지팡이로 반석을 두드리면서 "내가 너희를 위하여 물을 내랴?" 하며 혈기를 부린 죄로 가나안 땅에 들어가지 못하게 된 사람입니다. 그런 모세에게 하나님께서 가장 온유하다고 말씀하신 것은 하나님과의 관계에서 절대 순종하는 사람이었다는 것을 가르쳐 주는 말씀입니다. 하나님을 만난 사람들, 즉 신을 체험한 사람들은 믿음의 태도가 달라지게 됩니다. 그리고 그들이 받을 땅은 곧 '하늘 나라'를 의미하는 것입니다.

"내 아버지께 복 받을 자들이여 나아와 창세로부터 너희를 위하여 예비된 나라를 상속하라"(마태복음 25장 34절)

하나님을 만나십시오. 분명히 삶의 태도가 달라질 것입니다. 그리고 하나님을 만났다면 심령이 가난하여 천국을 소유하게 되고, 죄에 대해 애통히 여기게 되며, 하나님의 위로를 받고 하나님께 대하여 온유함으로 하늘의 기업을 받게 될 것입니다.

하나님을 만나면 가치관이 달라집니다

'생각이 달라지면 말이 달라지고, 말이 달라지면 행동이 달라지고, 행동이 달라지면 습관이 달라지고, 습관이 달라지면 인생이 달라진다.' 는 말이 있습니다. 모름지기 사람은 변화 받아야 합니다. 물론 그 변화가 좋은 쪽으로 변화되어야 합니다.

"의에 주리고 목마른 자는 복이 있나니 저희가 배부를 것임이요 긍휼히 여기는 자는 복이 있나니 저희가 긍휼히 여김을 받을 것임이요 마음이 청결한 자는 복이 있나니 저희가 하나님을 볼 것임이요"(마태복음 5장 6-8절)

의에 주리고 목마른 자라는 말은 가치관이 달라진 사람을 의미합니다. 사람들은 대부분 양식에 주리고 음료에 목말라 합니다. 더 나아가 사랑에 굶주린 사람들이 있습니다. 그러나 의에 주리고 목마른 사람은 찾아보기 힘듭니다.

에리히 프롬은 『소유냐 존재냐?』라는 책에서 두 가지 유형의 인간에 대해 말하고 있습니다. 먼저 소유형 인간은 삶의 의미와 목적을 소유하는 데 두고 사는 사람입니다. 그리고 존재형 인간으로 삶의 의미와 목적을 존재하는 데 두고 사는 사람이 있다는 것입니다. 의에 주리고 목마른 사람, 남을 긍휼히 여길 줄 아는 사람, 마음이 청결한 사람, 이런 사람들을 존재형 인간에 속한다고 할 수 있습니다. 삶의 의미와 목적을 하나님의 뜻대로 인간답게 존재하는 데 관심을 두고 살아가기 때문입니다. 다시 말해 물질의 많고 적음이 문제가 아니라 삶의 방식과 가치관의 문제입니다. 하늘의 것을 구하는 가치관을 가진 사람이라는 것입니다. 정의의 문제, 공의의 문제, 의의 문제에 관심을 갖는 사람이 곧 존재형 인간입니다.

의의 근원은 하나님입니다. 즉 의는 하나님께로부터 나옵니다. 그리고 그 의는 바로 예수 그리스도이십니다. 우리가 하나님을 구하고 사모하면 할수록 참 목자가 되시는 예수 그리스도께서 생명의 떡과 영생의 생명수로 충만하게 채워 주실 것입니다.

"내가 주는 물을 먹는 자는 영원히 목마르지 아니하리니 나의 주는 물은 그 속에서 영생하도록 솟아나는 샘물이 되리라"(요한복음 4장 14절)

그리고 하나님께 받은 긍휼을 생각하며 형제에게 긍휼을 베풀 수 있는 마음을 갖게 됩니다. 형제의 어떤 허물이든지 덮고 그의 영혼을 불쌍히 여길 수 있는 주님의 마음을 본받게 됩니다. 마음이 청결하다는 것의 구약적인 개념은 도덕적 정결을 말하는 것이지만, 예수님이 강조하신 것은 두 마음을 품지 아니하고 하나님께 대하여 순전한 마음을 가지는 것을 말합니다. 이렇게 하나님을 만난 하나님의 자녀들은 세상적 가치관을 넘어서서 영적인 가치관을 가져야 합니다.

"육신을 좇는 자는 육신의 일을 영을 좇는 자는 영의 일을 생각하나니 육신의 생각은 사망이요 영의 생각은 생명과 평안이니라"(로마서 8장 5-6절)

천국을 기업으로 받을 것입니다

사람은 누구나 복 받기를 좋아합니다. 그래서 여기저기에 '복' 자를 새겨 넣습니다. 숟가락에도, 젓가락에도, 밥그릇에도, 국그릇에도, 이불에도, 베개에도, 문에도, 벽에도, 기와에도 등 복자가 안 들어가는 곳이 없습니다. 그런데 우리 나라 사람만 복을 좋아하는 줄 알았더니 중국 사람은 더 좋아합니다. 아예 복자를 거꾸로 붙여 놓습니다. 복이 쏟아져 들어오기를 바라는 것입니다. 구약에도 보면 신명기 28장이 전부 복에 대한 이야기입니다.

"성읍에서도 복을 받고 들에서도 복을 받을 것이며 네 몸의 소생과 네 토지의 소산과 네 짐승의 새끼와 우양의 새끼가 복을 받을 것이며 네 광주리와 떡반죽 그릇이 복을 받을 것이며 네가 들어와도 복을 받고 나가도 복을 받을 것이니라"(신명기 28장 3-6절)

4절에 걸쳐 복이 여섯 번 언급되고 있습니다.

또 우리 나라 사람들은 복도 좋아하지만 공짜는 더욱 좋아합니다. 부모에게서 기업을 상속받는 것을 무척이나 좋아합니다. 누구는 부모 잘 만나서 호강한다고 부러워합니다. 본문 말씀은 하나님을 만난 사람의 복은 이것보다 더 귀한 천국을 기업으로 받을 것이라고 말씀하고 있습니다.

> "화평케 하는 자는 복이 있나니 저희가 하나님의 아들이라 일컬음을 받을 것임이요 의를 위하여 핍박을 받은 자는 복이 있나니 천국이 저희 것임이라 나를 인하여 너희를 욕하고 핍박하고 거짓으로 너희를 거스려 모든 악한 말을 할 때에는 너희에게 복이 있나니 기뻐하고 즐거워하라 하늘에서 너희의 상이 큼이라 너희 전에 있던 선지자들을 이같이 핍박하였느니라"(마태복음 5장 9-12절)

9절에 화평케 하는 사람에 대해 말씀하고 있습니다. 여기에서 화평은 국가 관계나 개인 관계 속에서 화평을 적극적으로 만들어가는 사람을 뜻합니다. 뿐만 아니라 하나님과 분쟁 없는 바른 믿음 생활을 의미합니다. 더 나아가서는 다른 사람을 하나님께로 인도하여 하나님과 화해시킴으로써 하나님의 의로운 통치 영역을 확장시키는 적극적인 화해자가 되는 것을 의미하기도 합니다. 그런 사람은 하나님의 아들이라 일컬음을 받게 될 것이라고 말씀하고 있습니다. 아들은 곧 상속자를 의미합니다. 따라서 하나님의 아들이란 하나님 나라를 상속받는 자를 가리키는 것입니다. 즉 평화의 왕으로 오신 예수님을 만난 사람들은 그리스도를 본받아 평화를 실현하고 하나님 나라를 기업으로 받게 될 것입니다.

10절에서는 의를 위하여 핍박받는 자에 대해 말씀하고 있습니다. 하나님의 의로 이 땅에 오신 예수 그리스도를 증거하면 세상에서는 핍박이 있게 마련입니다. 세상은 본질적으로 의를 좋아하지 않습니다. 왜냐하면 예수 그리스도가 나타나는 것만큼 사탄의 영역이 줄어들기 때문입니다. 그러나 진정한 그리스도인들은 핍박을 두려워하지 않고 오히려 기뻐합니다.

> "사도들은 그 이름을 위하여 능욕 받는 일에 합당한 자로 여기심을 기뻐하면서 공회 앞을 떠나니라"(사도행전 5장 41절)

사도들은 복음을 전하다가 핍박받은 것을 기뻐했다고 기록하고 있습니다. 하늘의 상급이 큰 것을 알았기 때문입니다. 본문의 11-12절에서도 핍박받는 자가 받을 복과 상에 대해 강조하고 있습니다. 예수님께서 핍박받을 때에 기뻐하고 즐거워하라고 하신 이유는 첫째로 하늘의 상이 크기 때문입니다. 둘째로 먼저 기쁨으로 고난당한 선지자들의 대열에 들게 되기 때문입니다.

거짓선지자들은 세상 사람들에게 대접을 받으며 괴로움 없이 잘 지냅니다. 거짓 선지자들은 거짓 평안과 안전을 전합니다. 그러나 참 선지자는 하나님의 말씀을 대언할 뿐입니다. 그러므로 세상에서 환난을 당하게 됩니다.

> "자녀이면 또한 후사 곧 하나님의 후사요 그리스도와 함께한 후사니 우리가 그와 함께 영광을 받기 위하여 고난도 함께 받아야 될 것이니라 생각건대 현재의 고난은 장차 우리에게 나타날 영광과 족히 비교할 수 없도다"(로마서 8장 17-18절)

고난이 있습니까? 영광의 나라를 바라보시기 바랍니다. 하나님께서 준비하신 상급을 바라보시기 바랍니다. 고난도 핍박도 다 이기고 천국을 소유하고 기쁨으로 살게 되시기 바랍니다. 천국은 죽어서 가는 나라가 아닙니다. 지금 천국을 심령에 소유한 자만이 들어갈 수 있는 나라인 것입니다.

예수님을 구주로 영접하셨다면 당신은 하나님을 만난 것입니다. 하나님을 만난 사람들은 태도가 달라지고 가치관이 달라집니다. 천국을 이미 기업으로 약속 받았기 때문입니다. 우리 모두 땅의 일로 '일희일비' 하며 상처를 주고받는 육적인 모습을 버립시다. 천국을 소유한 하나님의 자녀답게 참된 평안을 전하며, 기쁨을 누리며 살아야 할 것입니다.

15 진리 안에서 자유를 누리는 에덴동산

| 창세기 2장 8-17절 |

일 년 중 가장 무더운 여름 때를 지날 때면 일의 능률도 떨어지고 몸은 지치게 마련입니다. 열대야로 며칠 잠을 설치고 나면 정신이 흐릿해지고 일이 손에 잡히질 않습니다. 이럴 때 일상생활을 잠시 접고 피서를 떠나는 것은 대단히 유익한 일이라고 생각합니다. 그래서 사람들은 휴가철을 맞으면 으레 피서지를 찾아 떠납니다. 숲이 우거지고 계곡물이 흐르는 산으로, 강물이 유유히 흐르고 들에는 옥수수가 익어가는 고향 마을로 또는 푸른 바다에서 흰 갈매기가 너울거리는 쪽빛 바다로 혹은 이국의 정취를 맛보기 위해 해외로 여행을 가는 사람들도 많이 있습니다.

수많은 사람들이 경관이 빼어나고 아름다운 곳을 찾아가는 것은 인간의 잠재의식 속에 남아있는 에덴동산을 찾고자 하는 본능 때문이라고 생각합니다. 하나님께서는 아담과 하와에게 에덴동산을 선물로 주셨습니다. 그런데 그만 사단의 유혹에 빠져 범죄함을 인하여 에덴에서 쫓겨나고 말았습니다. 죄는 하나님과 사이를 내었고 에덴에서 쫓겨난 사람의 마음속에는 에덴을 그리워하는 본능이 자리 잡고 있는 것입니다.

본래 에덴은 기쁨의 동산이라는 뜻을 가지고 있었습니다. 하나님은 기쁨의 동산으로 에덴을 창조하셨습니다. 하나님의 처음 창조는 완전한 것이었습니다. '보시기에 좋았던 피조물'들이었습니다. 그리고 그 중에서 하나님의 형상으로 지은 사람들을 사랑하셔서 그들을 위하여 에덴동산을 선물로 주셨던 것입니다. 그곳에서 아담과 하와는 아무 부족함 없이 하나님과 대화하며 말 그대로 기쁨 가운데 살아가게 되었습니다. 이는 하나님과 사람과 자연이 조화를 이루는 삶의 상징입니다. 그런데 이런 기쁨의 동산 중앙에 선악을 알게 하는 나무가 있었습니다. 하나님께서 이 나무의 실과는 먹지 말라고 엄하게 명령하셨습니다. 그러나 사단은 이 나무의 열매를 먹으라고 충동질하였고 결국은 아담과 하와가 그것을 먹게 되었습니다. 선악과를 먹게 된 배경을 가장 잘 이해할 수 있는 구절이 창세기 3장 5절입니다.

> "너희가 그것을 먹는 날에는 너희 눈이 밝아 하나님과 같이 되어 선악을 알줄을 하나님이 아심이니라"(창세기 3장 5절)

'하나님과 같이 되려는 교만'한 마음을 사단이 충동질한 것입니다. 이사야 14장에 보면 사단 역시 하나님과 같이 되고자 하는 교만함 때문에 하늘에서 떨어진 천사입니다.

"너 아침의 아들 계명성이여 어찌 그리 하늘에서 떨어졌으며 너 열국을 엎은 자여 어찌 그리 땅에 찍혔는고. 네가 네 마음에 이르기를 내가 하늘에 올라 하나님의 뭇별 위에 나의 보좌를 높이리라 내가 북극 집회의 산 위에 좌정하리라 가장 높은 구름에 올라 지극히 높은 자와 비기리라 하도다(이사야 14장 12-14절)

사단은 인간을 자기의 수하에 거느리기 위해 자신과 같이 교만한 마음을 불어넣어 하나님과 떨어지게 만든 것이었습니다. 이로 인해 에덴에서 추방된 인간은 에덴을 찾으려는 몸부림을 치게 되었고 에덴을 찾기까지 참된 안식을 얻지 못하게 된 것입니다. 죄로 인해 하나님의 질서가 파괴되고 타락한 인간 세상엔 희망이 사라졌습니다. 그로 인해 에덴에 들어갈 수 없게 되었고 사람과 자연은 고통을 받게 되었습니다. 하나님과의 교제가 단절되어 하나님을 찾을 수 없게 되었고 하나님이 사람에게 말씀하실 때만 들을 수 있었습니다. 그러나 하나님은 사랑이십니다. 자신이 온전하게 만든 창조 세계를 잊지 않으시고 회복시키실 것을 약속하시고 예수 그리스도를 보내 주셨습니다. 예수 그리스도께서 잃어버린 기쁨을 회복시켜 주시기 위해 이 땅에 오셨습니다. 예수님을 영접할 때 죄와 슬픔이 사라지고 에덴의 기쁨을 누릴 수 있게 되는 것입니다. 참된 기쁨과 안식을 원하십니까? 하나님의 약속인 예수 그리스도를 영접하시기 바랍니다.

옛날 중국에 큰 부자가 살고 있었습니다. 이 부자는 재산만 많은 것이 아니라 학문도 높고 인품도 어진 사람이었습니다. 그런데 사람이 모든 것을 다 가질 수는 없는 법입니다. 아들이 하나 있었는데 망나니였습니다. 고쳐 보려고 무던히 애를 썼지만 잘 되지 않았습니다. 그래서 자식 농사가 제일 어렵다고 말하지 않습니까? 그러던 어느 날 이 부자가 갑자기 죽었습니다. 유언을 남기지도 못하고 죽고 말았습니다. 아들이 유품을 정리하다가 유언장을 발견했습니다. 그런데 무슨 뜻인지 도무지 이해가 되질 않았습니다. 사람 인(人)자만 여섯 개 쓰여 있었던 것입니다. 그래서 마을에서 가장 지혜로운 현자를 찾아가서 물었습니다. 한참을 생각하던 현자가 그 뜻을 풀이했습니다. "사람(人)이면 다 사람(人)이냐? 사람(人)다워야 사람(人)이지. 사람(人)다운 사람(人)에게 유산을 물려 주노라."

사람은 본래 선하게 창조되었습니다. '하나님 보시기에 심히 좋았더라.' 하실 만큼 아름답고 완전한 존재로 태어났습니다. 그랬던 인간이 죄로 인해 에덴에서 추방되고 완전히 일그러지고 말았습니다. 우리는 타락하기 이전 에덴동산을 거닐던 아담과 하와의 모습으로 돌아가야 합니다. 이것을 창조 본연이라고 말하는 것입니다, 창조본연의 사람은 어 모습일까요?

"여호와 하나님이 동방의 에덴에 동산을 창설하시고 그 지으신 사람을 거기 두시고 여호와 하나님이 그 땅에서 보기에 아름답고 먹기에 좋은 나무가 나게 하시니 동산 가운데에는 생명나무와 선악을 알게 하는 나무도 있더라 강이 에덴에서 발원하여 동산을 적시고 거기서부터 갈라져 네 근원이 되었으니 첫째의 이름은 비손이라 금이 있는 하윌라 온 땅에 둘렸으며 그 땅의 금은 정금이요 그곳에는 베델리엄과 호마노도 있으며 둘째 강의 이름은 기혼이라 구스 온 땅에 둘렸고 셋째 강의 이름은 힛데겔이라 앗수르 동편으로 흐르며 넷째 강은 유브라데더라"(창세기 2장 8-14절)

기쁨의 정원인 에덴동산을 먼저 창조하시고 그곳 사람에게 주셨습니다. 그곳에는 보기에 아름답고 먹기에 좋은 나무가 가득했습니다. 에덴에서 발원하여 흘러내린 물이 사방으로 강물이 되었습니다. 비손 강가에 있는 하윌라 땅은 정금이 가득했습니다. 그리고 성경에서 대제사장의 흉패 장식용으로 사용(출애굽기 25장 7절)되었다고 기록하고 있는 베델리엄과 호마노가 가득했습니다.

여기에서 생각해 볼 수 있는 것은 에덴동산은 금이 가득한 하윌라 땅 위에 있었다는 사실입니다. 타락한 인간은 모두 황금에 눈이 어두워(황금흑사심, 黃金黑邪心) 황금에 노예가 되어 살아가고 있습니다.

경남에 27세난 남녀가 어려운 집안 형편 때문에 내년 가을에 결혼하기로 약속하고 사글세방을 얻어 살았습니다. 이들에게 가장 즐거운 시간은 로또 복권을 사고 그것을 맞춰보는 것이었습니다. 조 씨 성을 가진 남자가 지난 4월 꼭 복권에 당첨될 것 같은 번호를 메모지에 적어준 뒤, '이 번호로 로또 복권을 사라.' 며 1만 원을 아내에게 주고 출근을 했습니다. 추첨일인 5월 1일에 1등 당첨번호와 자신의 메모장에 적어둔 번호가 일치한 것을 확인하고 너무 기뻐 까무러쳤습니다. 그래서 아내 최 씨에게 복권 샀느냐고 물었더니 안 샀다는 것입니다. 다시

한 번 까무러쳤습니다. 낙심한 조 씨가 친구에게 이 사실을 이야기했습니다. 그 말을 들은 친구가 우리 동네에서 1등이 나왔고, 항상 네가 복권을 사던 복권 판매점에서 수동번호가 당첨됐다는 말을 들었다고 전해 줬습니다. 3일 동안 아내 최 씨를 추궁한 끝에 "사실은 복권을 구입했고, 로또 복권을 친정어머니에게 맡겨놓았다."는 말을 듣고 돈을 찾아오라고 친정에 보냈습니다. 그런데 친정에 가서 돌아오지를 않았습니다. 그래서 34억 중에 17억 원을 달라고 청구소송을 냈습니다.

에덴은 금보다도 위에 있었습니다. 우리가 에덴을 회복하기 위해서는 금으로 인생의 집을 짓고 재물로 인생을 설계해서는 안 된다는 것을 깨달아야 합니다. 창조 본연으로 돌아가기 위해서는 물질만능과 황금만능주의를 넘어야 합니다. 그때 비로소 사랑을 회복할 수 있습니다. 본래 인간의 모습으로 회복할 수 있습니다. 지금 세상에는 참사람을 찾아보기 힘듭니다. 즉, 사람다운 사람을 찾아보기 힘듭니다.

동물만 있으면 동물원이요, 식물만 있으면 식물원입니다. 에덴동산이 에덴동산일 수 있는 이유는 사람이 있기 때문입니다. 집이 아무리 크고 넓어도 사람이 없으면 폐가입니다. 땅이 아무리 크고 넓어도 사람이 살지 않으면 버려진 황무지에 불과합니다. 에덴동산을 거닐며 하나님과 교제하던, 하나님 보시기에 아름다운 아담과 하와의 본래의 모습을 회복해야 합니다. 우리 스스로를 돌아보시고 금으로 덮인 하월라 땅이 아니라 참 사람이 있는 에덴을 찾고 창조 본연의 모습을 회복하시기를 바랍니다.

"예수께서 나다나엘이 자기에게 오는 것을 보시고 그를 가리켜 가라사 대 보라 이는 참 이스라엘 사람이라 그 속에 간사한 것이 없도다"(요한 복음 1장 47절)

주님 앞에 간사한 것이 없다, 참 사람이라고 인정받을 수 있도록 창조 본연의 모습을 회복하는 우리가 되어야 할 것입니다.

에덴에는 사명이 있습니다

휴가는 열심히 일한 당신에게 주어지는 밀월입니다. 매일 빈둥빈둥 노는 사람, 365일이 휴가인 사람에게 휴가는 아무런 의미가 없습니다. 에덴동산이 에덴동산일 수 있는 이유는 하나님이 주신 사명이 있었기 때문입니다. 사람이 거기서 빈둥빈둥 거리기만 하면 에덴동산일 수 없습니다. 하나님이 주신 사명을 따라 일을 할 수 있는 것이 최고의 복입니다.

하와이나 폴리네시아 같은 에덴동산을 방불하는 아름답고 태초의 신비를 간직한 곳들이 관광의 명소로 등장하고 신혼여행지로 각광을 받고 있습니다. 그곳의 풍광을 머리에 한 번 그려보시기 바랍니다. 하늘로 길게 뻗은 야자나무와 아름다운 해변과 바다 속까지 환히 비치는 에메랄드 빛 바다를 생각해 보십시오. 그 속에서 살아가는 원주민들을 그려보십시오. 씨름 선수 같은 허리에 느릿느릿한 발걸음 그리고 목에 화환을 걸고 춤을 추는 사람들을 생각해 보십시오. 너무 좋은 자연 환경으로 인해 부지런히 일하지 않아도 되니까 게을러지고 그것이 유전인자가 되어 비둔해지고 창조 정신이 사라진 모습을 볼 수가 있습니다.

　자연 환경이 좋은 것이 에덴이 아니라 사명을 깨달은 자리가 에덴이 되는 것입니다. 남들이 시원한 곳을 찾아 피서를 갈 때 땀을 흘리며 봉사의 현장을 찾아 집 없는 이들의 집을 지어주는 사람들도 있습니다. 선교지를 찾아가 어려운 여건 속에서 땀을 흘리며 봉사하고 복음을 전하고 돌아오는 젊은이들도 있습니다. 왜 이런 고생을 사서합니까? 사명을 발견했기 때문입니다.

　"여호와 하나님이 그 사람을 이끌어 에덴동산에 두사 그것을 다스리며 지키게 하시고"(창세기 2장 15절)

　하나님은 에덴동산에서 먹고 놀라고 하지 않으시고 동산의 많은 동물들과 식물들을 다스리며 지키게 하셨습니다. 에덴동산에는 일거리가 있었습니다. 그 일거리는 하나님이 주신 일거리입니다. 일거리가 없을 때 삶은 끝난 것과 다름없습니다. 하나님이 나에게 주신 일거리가 있을 때에 그곳은 환경이 좋고 나쁜 것에 상관없이 그곳이 바로 에덴동산이 되는 것입니다. 일할 것이 있는 에덴동산을 가진 사람이 의미 있고 귀하고 값진 삶을 사는 것입니다.

　교회 홈페이지 게시판에서 짧은 글을 보았습니다. 친구의 아내가 아프리카 모잠비크에 선교여행을 다녀와서 그곳은 하늘을 가릴 수 있는 지붕만 있는 거처만 있으면 부자이고, 벽까지 둘러쳐져 있으면 그곳이 바로 강남의 대치동 쯤 된다고 합니다. 그들의 식사는 하루 두 끼의 옥수수죽을 먹습니다. 굶주림과 질병으로 죽어가는 그들을 보고 와서 한국이 천국이고, 우리들의 삶의 수준이 그들의 왕족보다 낫다고 했습니다. 그래서 자신이 사는 곳인 원당이 천당이고, 광성교회가 천성이고, 한국이 천국이라고 올린 것을 감명 깊게 읽었습니다. 환경이 좋고 나쁜 것은 상대적인 것입니다.

에덴이 에덴 되는 것은 일이 있었기 때문입니다. 믿음의 조상들의 발자취를 따라 가보면 그들은 이방인과 나그네같이 살면서도 천국을 품고 살았습니다. 그 비결은 하나님께서 주신 사명을 위해 자신을 불살랐기 때문입니다. 에스더에게는 '죽으면 죽으리라.' 는 조국과 민족을 구원할 사명이 있었습니다.

느헤미야는 무너진 예루살렘 성을 재건할 사명이 있었습니다. 그 사명을 위해 자신의 부귀영달과 왕의 비서실장 자리를 버리고 변방 예루살렘의 총독으로 지원할 수 있었던 것입니다. 솔로몬은 나라를 다스리기 위한 사명을 잘 감당키 위해 지혜를 구했고, 하나님은 지혜뿐 아니라 부귀도 더해 주셨습니다. 바울은 복음을 전할 사명을 위해 목숨을 내어놓았더니 오척 단구의 연약한 몸을 가지고도 세계에 복음의 씨를 뿌릴 수 있었던 것입니다. 요셉은 모진 고난 속에서 자신에게 민족을 구원할 사명이 있음을 깨닫고 원망의 말을 거두어들이고 감사하며 성실히 행하였더니 국무총리가 되고 온 가족을 구원하고 민족을 융성케 할 수 있었던 것입니다.

에덴동산이 없음을 원망하지 마시고 내게 사명이 없음을 통탄하시기 바랍니다. 사명이 없으면 재벌회장도 자살하고, 도지사도, 시장도 한강에서 뛰어내립니다. 그러나 사명을 깨달으면 내가 가진 것이 비록 적고 내 나이 너무 늙었어도 포기하거나 절망하지 않습니다. 아무

것도 없었던 소년 다윗이 하나님을 목자 삼고 하나님의 영광을 찬송했더니 왕이 되게 하셨습니다. 안나와 시므온은 나이 먹은 백발의 노인이었으나 메시야를 대망하며 기도하던 중에 아기 예수님을 품에 안는 영광을 맛보았습니다. 사명의 자리가 바로 에덴입니다. 기도의 사명, 선교의 사명, 가족 구원의 사명, 민족 복음화의 사명, 교회 부흥의 사명, 가문을 믿음의 명문으로 세울 사명이 있음을 자각하게 되시기를 축원합니다.

"혈육 있는 모든 생물을 너는 각기 암 수 한 쌍씩 방주로 이끌어 들여 너와 함께 생명을 보존케 하되"(창세기 6장 19절)

에덴동산은 생명이 넘치는 곳이었습니다. 이 생명을 지키고 다스리는 사명이 아담과 하와에게 주어졌습니다. 이 사명을 감당치 못하므로 에덴을 잃어버렸습니다. 하나님은 노아의 방주를 통해 세상을 다시 회복시키셨습니다. 하나님은 우리의 삶을 통해 생명을 보존하고 풍성케 하시기를 원하십니다. 우리 모두 사명을 깨닫고 지금의 삶의 자리를 에덴으로 만들어 나가게 되기를 기도합니다.

에덴에는 명령이 있습니다

사람은 누구나 자유롭기를 원합니다. 그러나 자유가 지나치면 타인의 자유를 침범하게 됩니다. 이것을 방종이라고 합니다. 이것을 막기 위해 법이 생기고 통제와 강제수단을 동원하게 되는 악순환이 일어납니다. 문명과 정신의 진보는 인권을 존중하게 되었고, 따라서 개인의 자유가 신장되었습니다. 그래서 무슨 짓을 하던 개인의 자유가 우선 되고 존중되어야 한다는 것을 앞세우다 보니 별별 일이 다 벌어지고 있는 것입니다.

동성연애가 합법화된 나라가 많습니다. 독일만 하더라도 정당의 당수가 "나는 동성연애자다."라고 당당하게 밝히고 오히려 인기가 올라갔습니다. 며칠 전 미국장로교회에서 동성연애자들도 목사가 될 수 있도록 하는 안이 통과되었습니다. 타락할 권리, 망할 권리까지 주장하는 세상이 된 것입니다. 아담과 하와의 범죄로 타락하고 에덴에서 추방된 인간은 완전할 수 없습니다. 그러므로 삶을 통제하는 금도(禁度)가 반드시 있어야 합니다.

에덴동산에는 하나님의 명령이 있었습니다. 각종 나무의 실과를 먹되 선악을 알게 하는 나무의 실과는 먹지 마라는 명령에는 반드시 상과 벌이 주어지고 강제가 따르게 되어 있습니다. 그런데 인간의 심리가 참으로 묘해서 하라는 것은 하기 싫고 하지 말라는 것은 해보고 싶은 마음이 있습니다. 이것이 아담과 하와로부터 물려받은 유전인자인가 봅니다. 사도 바울도 그런 고민을 했습니다.

"내가 원하는 바 선은 하지 아니하고 도리어 원치 아니하는 바 악은 행하는도다 만일 내가 원치 아니하는 그것을 하면 이를 행하는 자가 내가 아니요 내 속에 거하는 죄니라 그러므로 내가 한 법을 깨달았노니 곧 선을 행하기 원하는 나에게 악이 함께 있는 것이로다 내 속 사람으로는 하나님의 법을 즐거워하되 내 지체 속에서 한 다른 법이 내 마음의 법과 싸워 내 지체 속에 있는 죄의 법 아래로 나를 사로잡아 오는 것을 보

는 도다 오호라 나는 곤고한 사람이로다 이 사망의 몸에서 누가 나를 건져 내랴"(로마서 7장 19-24절)

우리를 사망에서 건지실 분은 오직 예수 밖에 없습니다. 예수님은 하나님의 명령에 순종하셔서 우리를 구원하셨습니다.

"그가 아들이시라도 받으신 고난으로 순종함을 배워서 온전하게 되었은즉 자기를 순종하는 모든 자에게 영원한 구원의 근원이 되시고"(히브리서 5장 8-9절)

에덴을 잃어버린 것은 명령에 불순종한 까닭입니다. 예수님께서 우리에게 잃어버린 에덴을 찾아 주신 것은 하나님께 순종하셔서 고난의 십자가를 지셨기 때문입니다. 그러므로 명령이 없는 곳은 에덴이 아닙니다. 명령이 있되 순종하는 사람들이 있는 곳이 에덴입니다. 고분고분하고 영원히 품안에 있을 것 같던 자식들이 사춘기가 되면 갑자기 아담과 하와의 본성이 드러납니다. 모든 행동이 거부하는 몸짓으로 나타납니다. 입에서는 '아니요, 싫어요, 못해요, 그런데요?' 등이 줄줄 흘러나옵니다. 청개구리 영신이 들려서 산으로 가라 하면 바다로 가고, 동으로 가라하면 서로 갑니다. 공부하라 하면 TV보고, 교회 가자 하면 잠자고, 책 좀 읽어라 그러면 게임합니다. 이것이 바로 에덴을 잃어버린 인간의 모습입니다. 어른들의 모습도 크게 다를 바 없습니다. 하나님의 명령이 있고 그 명령대로 순종하는 곳이 에덴입니다.

"사무엘이 가로되 여호와께서 번제와 다른 제사를 그 목소리 순종하는 것을 좋아하심 같이 좋아하시겠나이까 순종이 제사보다 낫고 듣는 것이 수양의 기름보다 나으니"(사무엘상 15장 22절)

우리가 누리는 자유는 예수 안에서 누려야 합니다. 물을 떠난 고기는 죽고 맙니다. 말씀의 담 밖을 넘으면 사단의 밥이 되고 맙니다. 하나님의 명령에 순종하는 것이 성도의 행복이요 그곳이 에덴입니다. 에덴은 결코 내 맘대로 사는 곳이 아니었습니다. 하나님의 법도를 따라 사는 곳이었습니다.

하나님의 명령에 순종하여 진리 안에서 자유를 누리며 에덴동산을 거닐게 되는 여러분이 되십시오. 창조 본연의 인간 모습을 되찾고 하나님께서 주신 사명을 발견하고 실천하며, 하나님의 명령에 순종하여 에덴동산을 회복하는 여러분이 되십시오.

16_당신은 종으로 부르심을 받았다
| 마가복음 10장 43절 |

하나님을 섬기는 것은 다른 사람을 섬기는 것입니다. 세상에서는 위대함을 권력, 소유, 명성, 지위 등으로 정의합니다. 그래서 세상에서는 다른 사람에게 섬김을 요구할 수 있는 입장이 되면 인생에서 성공했다고 생각합니다. 자기중심적 사고를 강조하는 오늘날의 문화 속에서 종과 같이 행동하는 것은 인기가 없습니다. 그러나 예수님은 위대함을 신분이 아닌 섬김의 잣대로 측정하십니다.

하나님은 우리의 위대함을 다른 사람이 우리를 얼마나 섬기는가가 아니라 우리가 다른 사람을 얼마나 섬겼느냐에 따라 결정하십니다. 이것은 세상에서 말하는 것과 너무나 상반되기 때문에 행동하기도 어렵지만 이해하는 것조차 쉽지 않습니다. 예수님의 제자들조차 누가 가장 높은 자리에 앉을 것인가를 놓고 다투었습니다. 그 후 2천 년이 지난 오늘도 기독교 지도자들이 교회와 교단 그리고 선교기관 안에서 그들의 지위와 명성을 위해 엎치락뒤치락 하는 것을 볼 수 있습니다.

리더십에 관한 수천 권의 책이 쓰여 졌지만 '섬김의 도'에 대한 책은 거의 없습니다. 누구나 다 지도자가 되기를 원하지만, 종이 되기는 원하지 않습니다. 우리는 모두 장군이 되기를 원하지, 사병이 되기를 원하지 않습니다. 크리스천들도 섬기는 리더가 되기를 원하지, 그저 종으로 남기를 원하지는 않습니다.

그러나 예수님처럼 되기 위해서는 종이 되어야 합니다. 왜냐하면 예수님이 바로 자신을 그렇게 부르셨기 때문입니다. 자신의 모습을 알고 하나님을 섬기는 것이 중요하지만 그보다 더 중요한 것은 종의 마음을 갖는 것입니다. 종의 마음이 없이는 자신의 유익만 추구하게 될 것입니다.

하나님은 때때로 내가 가진 은사와는 다른 일로 나를 시험하십니다. 그러면 우리는 이렇게 대답할 것입니다. "나는 그것을 잘하지 못합니다." 가령, 구덩이에 빠진 사람을 보면서 "나는 자비의 은사가 없어."라고 말할 때 하나님은 "네가 그의 손을 붙잡아 주어라."고 말씀하실 것입니다. 나에게 특정한 은사가 없을 때 공동체는 그 은사를 필요로 하고 있습니다. 그런 상황에서 주위에 은사자가 나타나지 않는다면 하나님이 바로 나를 부르고 계신 것일지도 모릅니다. 우리의 은사는 우리의 사역을 보여주지만, 종의 마음은 우리의 신앙이 얼마나 성숙한가를 보여줍니다. 모임 후에 쓰레기를 줍는다든지, 의자를 정리한다든지 하는 일은 특정한 은사를 요하는 것이 아닌 것처럼 누구나 다 종이 될 수 있습니다. 종이 되기 위해서 필요한 것은 은사가 아니라 성품입니다. 한 번도 종이 되지 않고 평생 교회에 다니는 것이 가능합니다. 그러나 거듭 말하지만 모든 크리스천은 종의 마음을 가져야 합니다. 그러면 종의 모습은 어떻게 알 수 있습니까?

"그의 열매로 그들을 알찌니 가시나무에서 포도를, 또는 엉겅퀴에서 무화과를 따겠느냐"(마태복음 7장 16절)

진실한 종은 시간을 드립니다

인생에서 가장 중요한 것 중 하나가 시간입니다. 그래서 서양 격언에 '시간은 금이다.'라고 합니다. 주일이면 교회 곳곳에서 벌어지는 봉사의 현장에서 사장님들이 회사 일을 맡겨놓고 차량 봉사에 청소도 합니다. 또 주방에서 봉사하는 집사님들과 권사님들도 여러 가지 궂은일을 도맡아하는 것을 볼 때 마음속으로 얼마나 고맙고 감사한지 모릅니다. 시간이 남아돌아 하는 것이 아니라, 섬김의 도를 실천하기 위해 복지관에서, 노인학교에서, 교회 각 부서에서 시간을 드려 봉사하는 그 봉사를 하나님이 가장 기뻐하신다는 사실을 믿으시기 바랍니다. 종은 주인이 부를 때 시간이 없다고 말할 수 없습니다. 자신이 편할 때만 섬기는 일을 한다면 진실한 종이라고 할 수 없을 것입니다.

"군사로 다니는 자는 자기 생활에 얽매이는 자가 하나도 없나니 이는 군사로 모집한 자를 기쁘게 하려 함이라"(디모데후서 2장 4절)

특수부대원은 언제나 준비를 갖추고 명령에 복종합니다. 그런데 오합지졸은 핑계가 많습니다. 집안 걱정을 합니다. 그러면 싸워 보나마나 지고 맙니다. 하나님의 군사로 부름 받은 우리들에게 하나님께서 언제든지 시간을 낼 수 있는지를 물으십니다. 좋은 특정한 때와 장소에서만 섬기겠다고 할 수 있는 선택의 여지가 없습니다. 종이 되었다는 것은 자신의 스케줄과 권리를 포기한 것을 뜻합니다.

언제든지 하나님께서 원하시면 자신의 삶을 내어드리는 것이 진정한 종입니다. '나는 하나님의 종입니다.' 하고 매일 상기한다면 어떤 난관도 뚫고 섬길 수 있을 것입니다. 종은 자신의 계획을 방해하는 요소도 사역을 위한 하나님의 약속으로 생각하고, 섬기는 연습을 할 수 있는 기회를 얻은 것으로 행복해 할 수 있어야 합니다. 인생에 있어서 가장 소중한 시간을 우선적으로 드리겠노라고 다짐하는 진실한 종이 되시기 바랍니다.

진실한 종은 형제를 돌아봅니다

종은 언제나 도울 준비가 된 사람을 뜻합니다. 그래서 사람들의 필요를 목격하면 다가가서 손을 내밀고 도와주는 사람입니다.

"그러므로 우리는 기회 있는 대로 모든 이에게 착한 일을 하되 더욱 믿음의 가정들에게 할지니라"(갈라디아서 6장 10절)

하나님께서는 우리의 성장을 위해 때로 곁에 도움을 필요로 하는 사람을 세워 시험하십니다. 그 중에서도 우선순위를 두고 섬겨야 할 대상이 교회의 형제들입니다. 섬기는 사람에게 필요한 감성은 민감성과 순발력입니다. 섬길 수 있는 기회는 결코 오래 기다려 주지 않습니다. 가장 어려울 때, 가장 고독할 때, 가장 지치고 피곤할 때, 다가가는 것이 필요합니다.

> "네게 있거든 이웃에게 이르기를 갔다가 다시 오라 내일 주겠노라 하지 말며"(잠언 3장 28절)

감리교의 창시자 요한 웨슬리는 위대한 하나님의 종이었습니다. 그의 좌우명은 다음과 같았습니다.

> "내가 할 수 있는 모든 선한 일을 하자. 모든 수단과 모든 방법을 동원하고, 어떤 장소에서든지, 어느 시간이든지, 상대가 누구든지, 내가 할 수 있는 한 오랫동안 하자."

우리는 다른 사람이 하고 싶어 하지 않는 아주 작은 일들을 주의 깊게 살펴보는 세심한 눈을 가져야 합니다. 그리고 작은 일들을 위대한 일들처럼 하시기 바랍니다. 하나님이 그것을 웃으시며 지켜보고 계십니다. 진심으로 형제를 돌아보고, 넘어진 형제를 일으켜 주고, 배고픈 형제에게 밥을 먹여 주는 사랑의 실천자들이 되시기 바랍니다.

진실한 종은 최선을 다합니다

봉사를 회피하는 사람들 중에 나는 건강도 재능도 물질도 부족해서 못하겠다고 말합니다. 그러나 종은 핑계를 대거나 뒤로 미루거나 환경이 좀 더 나아지기를 기다리지 않습니다. '언젠가는'이나 '상황이 나아지면' 등의 말을 결코 하지 않습니다. 해야 할 바를 즉시 행합니다.
"완벽한 상황을 기다리면 아무것도 할 수 없다"(전도서 11장 4절)

하나님은 우리가 어느 곳에 있든지, 우리가 가진 것으로 우리가 할 수 있는 일을 하기 원하십니다. 많은 사람들이 자신이 부족하다고 느끼며 두려워하기 때문에 섬기지 못합니다. 그런 사람들은 '슈퍼 스타'만이 하나님을 섬길 수 있다고 생각합니다. 하나님은 보통 사람들의 봉사를 기뻐하시는 분이십니다. 마치 어린아이의 재롱을 기뻐하는 부모와 같은 마음입니다. 사람들은 '잘하지 않으려면 하지도 말라'고 말하지만, 우리 예수님은 그런 말을 하신 적이 없습니다. 처음부터 잘 할 수 있는 사람은 없습니다. 에디슨의 999번의 실패가 전기를 만들어 낸 것처럼 사람은 부족함과 실수를 통해 더 큰 것을 배울 수 있습니다. '그 정도면 괜찮아.'라고 서로 격려하고 칭찬하는 것이 좋습니다. 완벽하지 않아도 하나님께서 복주십니다. 하나님은 소수의 능력자에 의해 운영되는 완벽한 교회보다는 수천 명의 보통 사람이 참여하는 교회가 되기를 원하십니다. 부족할지라도 최선을 다할 때 기적이 일어남을 믿으시고 자신의 것을 드려 봉사하는 진실한 종이 되시기 바랍니다.

진실한 종은 무슨 일에든지 헌신합니다

종은 큰 일과 작은 일을 가리지 않습니다. 주어진 일이면 그 일이 어떤 일이든지 몸을 바쳐 충성합니다.
"무슨 일을 하든지 마음을 다하라"(골로새서 3장 23절)

하찮은 일을 하기에는 자신이 너무 중요한 사람이라고 생각한다면 인생에서 아무것도 할 수 없습니다. 하찮은 일이란 존재하지 않습니다. 하찮다고 생각하는 사람이 존재할 뿐입니다.

> "만일 누가 아무것도 되지 못하고 된 줄로 생각하면 스스로 속임이니라" (갈라디아서 6장 3절)

우리가 작은 일을 할 때 예수님을 닮아갑니다. 예수님의 전공이 하찮은 일을 하는 것이었기 때문입니다. 발 씻기기, 어린아이 안아 주기, 사람들에게 빵 만들어 주기, 잔칫집 포도주 만들어 주기, 문둥병자 돌보기 등 예수님은 섬기러 오셨기 때문에 당신이 섬기지 못할 만큼 작은 사람이 없었던 것입니다. 예수님이 그렇게 섬기신 것은 우리에게 본을 보여 주셔서 따라오게 하려는 목적이었습니다.

작은 일을 기쁨으로 할 때 넓은 마음을 얻게 됩니다. 종의 마음은 다른 사람들이 생각하지 못하는 작은 행동들을 통해 나타납니다. 사도행전 28장에 바울이 탄 배가 파선하여 멜리데섬에 상륙해서 모닥불을 피우고 있을 때 바울이 나뭇가지를 모아 불에 넣는 장면이 나옵니다. 그도 여러 날 동안 먹지 못하고 지친 상태였으나 그 순간에도 형제들을 섬기고 있는 모습을 보여주고 있는 것입니다. 우리가 종의 마음만 가지고 있다면 할 수 없는 일이란 존재하지 않습니다. 위대한 일들은 때때로 조그만 일들로 위장되어 있습니다. 인생에서 작은 일들은 큰 일을 결정케 합니다. 하나님을 위해 위대한 일만 하려고 하지 마십시오. 작은 일이라도 기꺼이 헌신하면 더욱 큰 것으로 맡기실 것입니다.

"지극히 작은 것에 충성된 자는 큰 것에도 충성되고 지극히 작은 것에 불의한 자는 큰 것에도 불의하니라"(누가복음 16장 10절)

하나님을 위해서 위대한 일을 하고자 하는 사람은 많지만 작은 일을 기꺼이 하려는 사람은 거의 없습니다. 리더가 되기 위한 경쟁은 치열하고 비좁지만, 종이 될 수 있는 길은 환하게 열려 있고, 많은 자리가 비어 있습니다. 때로는 위를 섬기기도 해야 하지만 아래를 섬겨야 할 때도 있습니다. 위로 섬기든 아래로 섬기든 형제가 필요로 하는 것을 채우려고 노력할 때 종의 마음을 가질 수 있게 될 것입니다. 작은 일에도 충성하고, 큰 일에도 충성하면서 맡겨진 일에 최선을 다해 헌신하는 일꾼이 되시기를 바랍니다.

진실한 종은 끝까지 충성합니다

사람들 중에는 시작은 거창하게 하지만 끝을 맺지 못하는 사람들이 있습니다. 그런 사람들을 두고 용두사미(龍頭蛇尾)라고 합니다. 처음은 좋으나 끝이 좋지 않고, 머리는 용이나 꼬리는 뱀인 사람들을 두고 하는 말입니다. 진실한 종들은 자신의 일을 끝까지 잘 감당하고 책임을 완수하며, 약속을 지키고 헌신한 바를 완수합니다. 반 정도 일을 끝내는 사람이 아니라 끝까지 해내는 사람이 되어야 합니다.

"많은 사람은 각기 자기의 인자함을 자랑하나니 충성된 자를 누가 만

날 수 있으랴"(잠언 20장 6절)

충성된 사람을 찾기 힘든 것은 이제나 저제나 똑같습니다. 대부분의 사람들이 헌신의 의미를 잘 모르고 건성으로 헌신하고 아무 망설임이나 양심의 가책도 없이 극히 작은 이유로 그들의 헌신을 헌신짝같이 버립니다. 어떤 모임을 해보면 연락 없이 나오지 않고 다음에 봐도 전혀 미안해 하지 않는 사람들이 있습니다. 당신은 지켜야 할 약속과 완수해야 할 서약 그리고 존중해야 할 헌신을 지키고 있습니까? 우리가 이런 작은 시험들을 거치면서 큰 일꾼으로 성장하게 되는 것입니다.

아브라함, 모세, 사무엘, 다윗, 다니엘, 디모데, 바울 등 이들 모두가 하나님의 신실한 종이라 불렸습니다. 하나님은 신실한 종들에게 하늘의 상을 베풀어 주십니다.

"그 주인이 이르되 잘 하였도다 착하고 충성된 종아 네가 작은 일에 충성하였으매 내가 많은 것으로 네게 맡기리니 네 주인의 즐거움에 참예할지어다 하고"(마태복음 25장 23절)

신실한 종에게 절대 은퇴란 없습니다. 하나님을 섬기는 일에 있어서 은퇴란 없습니다. 그래서 우리교회에서는 장로, 집사, 권사님들 모두 은퇴가 없습니다. 천국 가는 그날까지 섬기는 것입니다. 우리 모두 끝까지 충성합시다. 끝까지 충성하여 하나님의 마음을 시원케 하고 천국의 면류관 받도록 합시다.

진실한 종은 겸손합니다

진실한 종은 일을 해도 소리 소문 없이 합니다. 저는 군대에서 훈련을 받고 비서실 생활을 해보았습니다. 그래서 그림자처럼 섬기는 것이 잘 섬기는 것임을 압니다. 섬기는 자는 사람들의 시선을 끌거나 자기를 드러내지 않습니다.

"서로 겸손으로 허리를 동이라"(베드로전서 5장 5절)

누군가 칭찬하면 '할 일을 한 것뿐입니다.' 라고 말해야 합니다. 봉사 중에 눈가림 봉사가 있는데, 눈만 즐겁게 해주는 봉사입니다. '립 서비스' 라는 것은 마음은 그렇지 않은데 입술로만 좋은 소리를 하는 것입니다.

"종들아 모든 일에 육신의 상전들에게 순종하되 사람을 기쁘게 하는 자와 같이 눈가림만 하지 말고 오직 주를 두려워하여 성실한 마음으로 하라"(골로새서 3장 22절)

바리새인들은 구제하고 헌금하고 기도하는 일조차 다른 사람에게 보여주기 위해 실행했기 때문에 그것은 공연이 되고 말았습니다.

"사람에게 보이려고 그들 앞에서 너희 의를 행치 않도록 주의하라 그렇지 아니하면 하늘에 계신 너희 아버지께 상을 얻지 못하느니라"(마태복음 6장 1절)

그들은 예수님께 호된 질책을 들었습니다. 자기 자랑과 종의 마음은 함께 설 수가 없습니다. 신실한 종은 다른 사람의 칭찬이나 인정을 받기 위해 섬기지 않습니다.

> "이제 내가 사람들에게 좋게 하랴 하나님께 좋게 하랴 사람들에게 기쁨을 구하랴 내가 지금까지 사람의 기쁨을 구하는 것이었다면 그리스도의 종이 아니니라"(갈라디아서 1장 10절)

바울은 한 분의 관객만을 의식하고 산 배우였습니다. 진실한 종은 화려한 조명 아래에서 찾을 수 없습니다. 조용히 섬기는 것이 아름답습니다. 요셉은 조용히 '보디발'을 섬겼고, 간수를 섬겼고, 떡 맡은 관원과 술 맡은 관원을 섬겼습니다. 하나님은 그런 요셉에게 복을 주셨습니다. 바로가 국무총리를 시켰어도 그의 자세는 이전의 모습 그대로였습니다. 형제들에게도 똑같은 종의 마음으로 섬겼으며, 결코 원한을 갚지 않았습니다. 불행한 것은 많은 지도자들이 종의 자세로 시작했다가 유명인사가 된다는 사실입니다. 화려한 '스포트라이트'는 눈을 가립니다. 그러다보면 섬김의 대상을 잃고 하나님도 잃을 수 있습니다.

당신은 혹시 알아주는 이 없이 홀로 섬기고 있지 않습니까? 하나님이 목적이 있어서 당신을 그곳에 보내신 것입니다. 하나님은 우리의 머리털까지도 세시고 심장과 패부를 감찰하십니다. 당신의 사역은 하나님 나라에서 정말로 귀중한 것입니다.

> "우리 생명이신 그리스도께서 나타나실 그 때에 너희도 그와 함께 영광 중에 나타나리라"(골로새서 3장 4절)

세상에서 유명해지는 것과 진실한 종이 되는 것과는 관계가 없습니다. 위대한 섬김은 때때로 눈에 보이지 않습니다. 보이지 않는 곳에서 이름도 없이 빛도 없이 섬긴 것을 하나님은 반드시 기억하시고 상을 주실 것입니다. 그러므로 실망하지 말고 계속 하나님을 섬기듯 이웃과 형제를 섬기십시오.

"그러므로 내 사랑하는 형제들아 견고하며 흔들리지 말며 항상 주의 일에 더욱 힘쓰는 자들이 되라 이는 너희 수고가 주 안에서 헛되지 않은 줄을 앎이니라"(고린도전서 15장 58절)

가장 작은 일이라도 하나님은 반드시 기억하시고 상 주시는 자상한 아버지이십니다.

"또 누구든지 제자의 이름으로 이 소자 중 하나에게 냉수 한 그릇이라도 주는 자는 내가 진실로 너희에게 이르노니 그 사람이 결단코 상을 잃지 아니하리라 하시니라"(마태복음 10장 42절)

겸손하게 언제나 낮은 자세로 섬기고 봉사하므로 세상을 아름답게 만들어나가는 종들이 되시기를 기도합니다.

17_사랑을 가득 담은 큰 그릇이 되라

| 고린도후서 6장 11-13절 |

　기독교를 '사랑의 종교'라고 말합니다. 그 사랑은 아가페로서 아무 조건 없는 사랑을 말합니다. 다시 말해 이타적(利他的)인 사랑을 말합니다. 마음이 좁아서 자기만 생각하는 것을 이기주의라고 합니다. 우리가 마음을 조금만 넓히면 우리 모두 손에 손을 잡고 벽을 넘어서 하나가 되는 아름다운 세상을 만들 수 있을 것입니다. 그런데 지금 세상은 너무나 각박합니다. 고소, 고발, 민원에 따른 송사가 이웃 일본에 비해 열 배를 넘습니다.

　집 한 채 지으려고 하면 이웃들에게 잘 보여야 합니다. 그렇지 않으면 경찰서 몇 번 왔다 갔다 해야 합니다. 사람 귀한 줄 모르기 때문일 것입니다. 다른 사람은 다 그래도 우리 그리스도인은 그러면 안 됩니다. 기독교의 반대말은 유교나 불교나 무신론이 아니라 이기주의입니다. 이타적 사랑을 하려면 마음을 넓혀야 합니다.

> "무릇 지킬 만한 것보다 더욱 네 마음을 지키라 생명의 근원이 이에서 남이니라"(잠언 4장 23절)

'마음을 지키라'는 말은 '마음을 다스리라' 또는 '마음을 넓혀라'라는 뜻입니다. 중국이 세계 강국으로 미국의 유일한 견제 세력으로 떠오르고 있습니다. 북한의 김정일도 중국에 가서 원조를 요청하고 우의를 다져 왔습니다. 중국이 점점 힘을 얻고 있다는 증거입니다. 문화혁명과 사상 투쟁 속에서 초근목피로 연명하던 중국이 일어나게 된 데에는 오뚝이라고 불리는 등소평의 공이 큽니다.

인민을 잘 살릴 수만 있다면 자본주의 경제 정책을 써서라도 인민을 먹여 살려야 한다는 실용주의 노선을 강조하고 나와서 오늘날 중국의 성장을 가능케 했던 것입니다. 제가 중국에 갔을 때 중국 오지의 사람들이 TV에 등소평이 나오면 너무 고마워서 TV를 끌어 안는다는 말을 들었습니다. 이렇게 지도자 한 사람이 마음을 넓히면 13억을 잘 살게 만듭니다. 탄핵 정국과 17대 선거를 지켜보면서 '정말 마음 씀씀이가 좁아 터졌구나' 하면서 한탄할 때가 많았습니다.

"권력은 부자지간에도 나누지 못한다."는 격언이 있습니다. 그래서 그런지 대통령이 되기 바쁘게 전임의 공을 깎아내리기 바쁩니다. 그 업적의 토대 위에서 출발하면 훨씬 쉬울 텐데 모든 걸 새로 시작하려니 얼마나 힘들고 국력을 낭비하는 것입니까? 교회에서도 원로목사와 신임목사 간에 사이가 좋은 경우가 드물고, 전임회장과 후임회장도 사이가 좋지 않은 경우가 많습니다. 마음을 넓히지 못해서 그렇습니다.

말에 거짓이 없어야 합니다

요즈음 신조어가 많이 만들어지고 있습니다. 얼굴이 잘 생긴 사람을 두고 '얼짱'이라고 하는가 하면 몸매가 잘 빠진 사람을 '몸짱'이라고 합니다. 반대로 못 생긴 사람들을 두고 '얼꽝'이니 '몸꽝'이니 합니다. 그래서 얼굴을 고치기 위해 성형 수술하는 것이 유행이 되었습니다. 심지어 몸매를 고치고 살을 빼기 위해 위를 잘라내기까지 합니다. 그런데 얼마 전, 위를 잘라낸 처녀가 그만 죽고 말았습니다. 한국 의사들이 얼마나 실습을 많이 했는지 실력이 좋아서 중국에서 수술 원정을 오기도 하고 의사들이 중국으로 원정을 가기도 합니다.

지금 상하이에 가면 김희선의 눈에, 송혜교의 입술에, ○○○의 코를 가진 여인들을 많이 볼 수 있습니다. 세상풍조가 이쯤 되다보니 내적인 아름다움을 추구하는 것에는 아랑곳하지 않습니다. 그러니 마음이 점점 삭막해지고 좁아지고 이기적이 되어서 고소, 고발, 이혼, 송사가 폭발적으로 증가하고 있는 것입니다. 이런 세상을 살면서 빛된 그리스도인들은 얼꽝이 되고, 몸꽝이라고 불릴망정 마음을 잘 다스려서 '맘짱'이 되어야 하겠습니다. 그러면 맘짱인지 아닌지 어떻게 알 수 있습니까? 그 사람의 말을 들어보면 알 수 있습니다.

"고린도인들이여, 너희를 향하여 우리의 입이 열리고 우리의 마음이 넓었으니" (고린도후서 6장 11절)

고린도교회는 사도 바울이 2차 전도여행 때 세운 교회입니다. 그런데 이들 중에 사도 바울이 예수님께 직접 사도로 임명받은 적이 없다고 하면서 사도가 아니라면서 사도권을 의심하고 비난하는 사람들이 생겼습니다. 이에 대해 사도 바울은 화목케 하는 복음에 근거하여 관용할 것을 권면하면서 자신의 마음이 고린도교회 성도들을 향하여 활짝 열려 있음을 말하고 있습니다. 본문에서 '우리의 입이 열리고'라는 말의 뜻은 어떤 비밀도 없이 모든 것을 숨김없이 말했고, 결코 거짓으로 대하지 않았다는 것입니다. 사람 중에 제일 대하기가 어려운 사람은 말에 복선을 놓는 사람입니다. 말에 낚싯바늘이 있는 사람, 입에서 독침이 튀어나오는 사람이 있습니다. 그래서 이런 격언들이 생겼습니다. 독일에서는 "고기는 낚싯바늘로 잡고 사람은 말로 잡는다."고 하고, 모로코에서는 "말로 입은 상처는 칼에 맞아 입은 상처보다 더 아프다."라고 합니다.

그러므로 말을 잘해야 합니다. 말속에 거짓이 담겨 있다면 가면을 쓴 배우와 다를 바가 없습니다. 가면을 쓰면 진정한 자신의 얼굴이 가리워집니다. 하나님은 가면을 벗어 버리길 원하십니다. 우리 그리스도인들은 각자 깊은 내면을 살펴야 합니다. 우리를 둘러싸고 있는 명예와 부와 권력은 마치 가면과 같아서 하나님 앞에서 다 벗겨지게 되고 말 것입니다. 마지막에는 벌거벗은 나만 남게 될 것입니다.

"하나님의 말씀은 살았고 운동력이 있어 좌우에 날선 어떤 검보다도 예리하여 혼과 영과 및 관절과 골수를 찔러 쪼개기까지 하며 또 마음의 생각과 뜻을 감찰하나니 지으신 것이 하나라도 그 앞에 나타나지 않음

이 없고 오직 만물이 우리를 상관하시는 자의 눈앞에 벌거벗은 것 같이
드러나느니라."(히브리서 4장 12-13절)

말씀이 육신이 되어 오신 예수 그리스도께서 장차 심판주가 되셔서 심판하실 때 우리의 마음 상태가 벌거벗은 것 같이 드러나게 된다는 말씀을 명심하시기 바랍니다. 우리 인간은 그 사람의 인간됨이나 마음을 말을 통해 알 수 있습니다. 그러므로 말에 거짓이 없어야 온전한 사람이라 할 수 있습니다. 온전함이란 완벽함과는 전혀 다른 것입니다. 이는 '내적인 나'와 '외적인 나'가 일치하는 것을 의미합니다. 즉 하나님께서 나를 보시는 것과 같이 내가 나를 보기에 마음과 말이 하나될 때 온전하다고 할 수 있습니다.

마음을 넓히면 말이 달라집니다. 부드럽고, 온유하고, 진실할 뿐 아니라 사랑을 듬뿍 담게 됩니다. 그러면 사람을 움직이고 변화시킬 수 있는 생명력이 생기게 됩니다. 우리 그리스도인들은 마땅히 달라져야 합니다.

"누추함과 어리석은 말이나 희롱의 말이 마땅치 아니하니 돌이켜 감사
하는 말을 하라"(에베소서 5장 4절)

마음을 넓히셔서 거짓된 말을 버리고 감사하고 찬송하는 온전한 성도들 되시기 바랍니다.

사랑을 담는 그릇이 되어야 합니다

성경에 보면 사람의 마음을 그릇에 비유한 말씀을 여러 곳에서 찾아볼 수 있습니다.

"궤휼한 자는 그 그릇이 악하여 악한 계획을 베푼다"(이사야 32장 7절)
"은에서 찌끼를 제하라 그리하면 장색의 쓸만한 그릇이 나올 것이요"
(잠언 25장 4절)
"이 사람은 이방인을 위하여 택한 나의 그릇이라"(사도행전 9장 15절)
"자기를 깨끗하게 하면 귀히 쓰는 그릇이 된다"(디모데후서 2장 21절)

우리 마음의 그릇에는 사랑이 담겨야 합니다.

"너희가 우리 안에서 좁아진 것이 아니라 오직 너희 심정에서 좁아진 것이니라"(고린도후서 6장 12절)

본문에서 '심정'이란 헬라어로 '스플랑크논'인데, 심장이나 허파와 같이 중요한 기관을 의미하기도 하지만 감정과 사랑을 담는 그릇이란 의미를 가짐으로써 보이지 않는 그릇을 의미합니다. '좁아진다'는 것은 헬라어로 '소테노코레이스데'로서 제한되고 여유가 없다는 것을 의미합니다. 즉 그릇에 여유가 없다는 뜻이 됩니다.

고린도 교인들의 사랑을 담아야 할 마음이 좁아졌습니다. 왜 좁아졌을까요? 사도 바울의 사도권에 대해 의심하고 비난하다가 마음을 제한하고 여유를 잃어버렸기 때문입니다. 여러분들도 다 경험해 보셨을 겁니다. 화를 내고 운전을 하면 시야가 좁아집니다. 그래서 남편들이 출근할 때 뽀뽀해서 내보내야지 바가지 긁어 내보내면 안 됩니다, 시야가 좁아져 교통사고가 나게 됩니다. 남을 의심하고 미워하고 헐뜯고 공격하면 마음의 여유가 없어지고, 시야가 좁아지고, 인상이 험악해집니다. 한국 사람 인상도 보통은 넘습니다. 눈은 쫙 찢어지고 광대뼈는 툭 튀어나왔는데 도무지 웃지 않습니다. 그러니 이게 싸우자는 인상이지, 잘 사귀자는 인상이 아니지 않습니까?

웃어야 합니다. 웃으면 복이 옵니다. 김영삼 대통령은 사진에서 늘 점수를 땄습니다. 옆에 사람과 얼굴을 붉히고 막 싸우다가도 사진 기자가 "사진 한 장 찍겠습니다." 그러면 씩 웃는 포즈를 취하는데, 그 웃음이 순진한 어린아이 같아서 보는 사람들을 포근하게 해주었습니다. 그런데 이회창 씨는 평생 웃어보지를 못했습니다. 평생 재판석에 앉아 징역 20년, 징역 10년 하면서 방망이만 두들기다보니 인상이 차가워졌습니다. 사진 기자가 웃어보라고 해도 이게 안돼서 어려웠다는 겁니다. 그러므로 직업이 심각한 직업일지라도 웃음을 잃지 않아야 합니다.

예수님 인상이 웃는 인상이셨을 것 같습니까, 심각한 인상이셨을 것 같습니까? 과연 심각하셨을까요? 아닙니다. 찬송가 133장과 84장에 잘 나타나 있습니다.

허물 많은 베드로를 용서하시고 의심 많은 도마에게 확신주시고

사랑하는 그의 제자 가슴에 안고 부드러운 사랑으로 품어주셨네

그 동정의 눈빛과 음성을 나는 잊을 수 없겠네
내가 영원히 사모할 주님 부드러운 그 모습을
나 뵈옵고 그 후로부터 내 구주로 섬겼네

산상수훈에서 "여자를 보고 음욕을 품은 자마다 마음에 이미 간음하였느니라."(마태복음 5장 28절)라고 말씀하시는 예수님을 생각하면 서릿발 같은 두려움을 느낍니다. 그런데 간음한 여인이 잡혀 왔을 때 "너희 중에 죄 없는 자가 먼저 돌로 치라."고 말씀하신 후에 성난 군중들이 다 떠나가자, "나도 너를 정죄하지 아니하노니 가서 다시는 죄를 범치 말라."(요한복음 8장 11절)고 하셨습니다. 여인을 자유케 하신 예수님은 사랑 그 자체이십니다. 산상수훈에서 말씀하신 것은 하늘의 법을 말씀하신 것이요, 요한복음에서 말씀하신 것은 법을 넘어서 사랑의 주님이심을 친히 보여준 것입니다. 바로 이것이 우리가 닮아야 할 예수님의 마음입니다.

"내 계명은 곧 내가 너희를 사랑한 것같이 너희도 서로 사랑하라 하는 이것이니라. 사람이 친구를 위하여 자기 목숨을 버리면 이에서 더 큰 사랑이 없나니"(요한복음 15장 12-13절)

보답하는 마음이 있어야 합니다

'원한은 마음에 새기고 은혜는 물에 새긴다.'는 격언과 같이 사람들

은 은혜를 잊어버리는 경우가 많습니다. 사도 바울이 고린도에서 자그마치 1년 6개월을 유하며 헌신적으로 복음을 전했습니다. 선교비를 충당하기 위해 자기 손으로 직접 천막을 만들어 팔면서 복음을 전했습니다. 고린도교회는 놀랍게 성장했을 뿐만 아니라 각종 신령한 은사가 많이 나타났습니다. 그런데 바울이 떠난 후 그들 중에 바울의 수고를 잊어버리고 오히려 비난하는 소리가 나오기 시작했습니다.

믿었던 사람들에게 배반을 당한다는 것이 얼마나 아픈 것인지 당해보지 않은 사람은 모릅니다. 괴로움에 잠을 이룰 수가 없습니다. 사도 바울이 바로 그런 경우를 당한 것입니다. 그러나 예수 안에서 도통한 사도 바울은 그들을 정죄하거나 비난하지 않고 부모가 자식을 타이르듯이 사랑으로 권면하고 있음을 볼 수가 있습니다.

"내가 자녀에게 말하듯 하노니 보답하는 양으로 너희도 마음을 넓히라"(고린도후서 6장 13절)

바울은 부모의 심정으로 고린도 교인들을 타이르고 있습니다. 야단치고 때려야 마땅한데, 타이르고 구슬리고 있는 모습을 볼 수 있습니다. 왜 그럴까요? 바울이 약점이라도 잡힌 것은 아닐까요. 아닙니다. 그 이유를 고린도전서 4장 14-15절에서 찾을 수 있습니다.

"내가 너희를 부끄럽게 하려고 이것을 쓰는 것이 아니라 오직 너희를 내 사랑하는 자녀같이 권하려 하는 것이라 그리스도 안에서 일만 스승이 있으되 아비는 많지 아니하니 그리스도 예수 안에서 복음으로써 내

가 너희를 낳았음이라"(고린도전서 4장 14-15절)

바울이 출산의 고통을 맛보고 이들을 낳았기 때문입니다. 그러므로 자신을 아비라고 말하고 있습니다.

저도 짧은 목회 연륜 속에서 이 마음을 조금은 알 것 같습니다. 마땅히 야단치고 혼을 내야 되겠다고 생각하다가도 그러면 상처받고 떨어질 것을 생각하여 오히려 사과하고 달랜 후 돌아올 때면 내가 뭐하는 건가 하는 자괴감이 들기도 합니다. 그러다가도 이렇게 해서 아이가 온전히 설 수만 있다면 내가 죽는 게 낫지 하고 자위할 때가 있습니다. 그러면 성령님께서 마음에 평안을 주시고 위로해 주시는 것을 체험하게 됩니다.

여러 자녀를 기른 어머니들은 잘 아실 것입니다. 어느 자녀는 때리고 야단쳐야 되지만 어떤 자녀는 어르고 달래야 풀어지는 아이가 있습니다. 그때 남들은 아이 버릇 나쁘게 만든다고 하지만 어머니만이 알 수 있는 성품이 있습니다. 이런 부모의 마음, 스승의 마음을 헤아린다면 어찌 보답하지 않을 수 있겠습니까? 그런데 문제는 우리말에 '철들자 망령이라' 고 깨달음이 항상 늦은 경우가 많습니다. 부모님 귀한 것을 돌아가신 후에야 깨닫고, 선생님 고마운 것을 헤어진 다음에야 알게 되고, 목사님 고마운 것은 교회 떠난 후에 알게 되는 경우가 많습니다.

우리 교회에서 처음 신앙 생활하신 분들이 이사 간 후에 잊지 못해 연락하는 경우가 많습니다. 교회는 모두 일산광성교회처럼 밝고 건강하고 행복한 줄 알았는데 그렇지 않다고 하면서 편지도 하고 전화도

옵니다. 그러기에 평소에 부모님과 선생님과 어르신께 보답하는 마음을 갖는 것이 후회하지 않을 수 있는 비결입니다. 엊그제 김창인 목사님과 점심 식사를 하고 왔는데, 한 시간 동안 운전하고 오면서 어찌나 마음이 아팠는지 모릅니다. 그렇게 쟁쟁하시던 어른이 은퇴하시니까 기운이 다 빠지셨습니다. 그 모습을 보니까 허락되면 우리 교회 오셔서 설교하실 수 있도록 하면 좋겠다는 생각이 드는 겁니다. 은혜를 모르고 은혜에 보답하지 않는 사람을 하나님이 기뻐하지 않으십니다.

"그 때에 히스기야가 병들어 죽게 된 고로 여호와께 기도하매 여호와께서 그에게 대답하시고 또 이적으로 보이셨으나 히스기야가 마음이 교만하여 그 받은 은혜를 보답지 아니하므로 진노가 저와 유다와 예루살렘에 임하게 되었더니"(역대하 32장 24-25절)

히스기야만 은혜를 잊었을까요? 우리는 과연 어떠합니까? 죄에서 구원받고 지옥에서 천국 시민으로, 마귀의 종에서 하나님의 자녀로, 영생을 선물로 받고 은혜 위에 은혜를, 복에 복을 받았으면서도 받은 은혜에 보답했습니까? 은혜를 보답해야 사람 노릇하는 겁니다.

다윗이 사울 왕에게 미움 받아 죽을 위기에 놓였을 때 그를 살려준 것은 다름 아닌 사울 왕의 아들 요나단이었습니다. 목숨을 건진 다윗은 10년 간 유랑과 망명 생활 끝에 왕위에 올랐습니다. 그가 왕위에 올라 처음한 일 중 하나가 요나단의 아들을 찾아 왕의 식탁에서 함께 먹고 지내도록 배려한 일입니다. 사울과 요나단이 전사했을 때 유모가 안고 도망하다가 떨어뜨리는 바람에 아이는 그만 절름발이가 되고 말았습니다(사무엘하 4장 4절). 그 므비보셋을 찾아 요나단을 대하듯 성심으로 돌보아 주었던 것입니다. 은혜를 보답할 줄 아는 다윗을 하나님께서 '내 마음에 합한 자' 라고 말씀하셨습니다.

"여호와께서 내게 주신 모든 은혜를 무엇으로 보답할꼬 내가 구원의 잔을 들고 여호와의 이름을 부르며 여호와의 모든 백성 앞에서 나의 서원을 여호와께 갚으리로다"(시편 116편 12-14절)

우리가 어찌 하나님의 구원의 은혜를 보답할 수 있겠습니까? 그러나 보답하고자 하는 마음을 잃지 않는 것이 중요합니다. 그런 마음을 가지면 하나님께서 그 마음을 받으십니다. 부모님의 은혜, 선생님의 은혜, 누구에게서든지 받은 은혜를 보답하고자 하는 마음을 간직하는 것이 바른 마음입니다. 마음을 넓혀서 주위에 소외된 이웃을 돌아보고 입에서 거짓을 제하고 진실한 말로 사람을 살리게 되시기 바랍니다. 마음을 넓혀서 시비 대신 사랑을 가득 담은 큰 그릇이 되시기 바랍니다. 하나님의 은혜와 받은 사랑에 보답하는 큰 마음 갖고 하나님의 마음과 사람의 마음을 시원케 하는 여러분이 되시기 바랍니다.

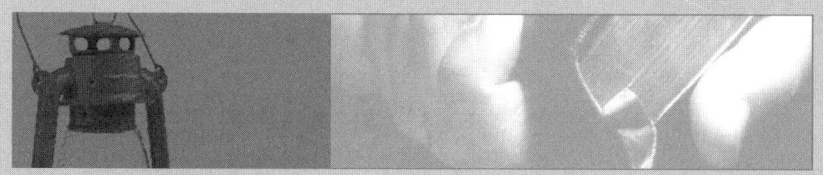

5장 | 당신은 이 땅의 거룩한 씨앗이다

영화의 내용과 아름다운 장면, 장엄한 음악, 특히 오보에 연주는 잊을 수가 없습니다. 영화가 끝나면 관람하던 사람들이 눈물을 닦느라고 한동안 정신이 없을 정도로 감동적인 영화입니다. 저는 영화의 마지막 장면을 자주 음미하며 그것이 시사하는 바를 묵상해 보았습니다. 그렇습니다. 그들이 바로 남은 자입니다. 그 어린이들이 있는 한, 복음으로 거듭났던 그 부족은 다시 이 땅 어딘가에서 생명력을 이어가게 될 것입니다.

이 어린이들이 거룩한 씨앗인 것입니다. 저는 그 장면을 통해 감독이 말하고자 한 메시지가 바로 이것이었으리라고 이해했습니다. 우리 그리스도인들은 단순히 살아남은 자가 될 것이 아니라 궁극적으로 거룩한 씨앗 되는 것이 목적임을 알아야 합니다. 거룩한 씨앗이 되고자 하는 성도들의 삶에 대하여 아모스 선지자가 다음과 같이 말했습니다. "너희는 악을 미워하고 선을 사랑하며 성문에서 공의(公儀)를 세울찌어다 만군의 하나님 여호와께서 혹시 요셉의 남은 자를 긍휼히 여기시리"(아모스 5장 15절) 악을 미워하고, 선을 사랑하며, 공의를 세울 때 그 남은 자에게 하나님께서 긍휼을 베푸사 거룩한 씨앗을 삼으시고 30배, 60배, 100배로 창대하게 넘치는 복을 내려 주실 것입니다. 예수님은 죽어야 사는 법을 가르쳐 주셨습니다. 내가 죽으면 가정이 살고, 내가 죽으면 교회가 살고, 내가 죽으면 나라가 삽니다. 나라를 살리고, 교회를 살리고, 가정을 살리려면 잘 죽어야 합니다. 잘 썩어야 합니다.

"내가 진실로 진실로 너희에게 이르노니 한 알의 밀이 땅에 떨어져 죽지 아니하면 한 알 그대로 있고 죽으면 많은 열매를 맺느니라"(요한복음 12장 24절) 어제를 보내고 오늘 새 하루를 살아가는 남은 자 되게 하신 하나님께 감사를 드립시다.

우리 모두 나를 향한 하나님의 음성을 들으시기 바랍니다. 사명을 깨달아 사명에 살고 사명에 죽는 참 사명자가 되시기 바랍니다. 거룩한 씨앗이 되어 가정과 교회와 나라를 살리는 남은 자들이 되시기 바랍니다.

18_ 당신 한 사람이 중요하다

| 로마서 5장 12-21절 |

현재 기업들은 소리 없는 전쟁을 치르고 있습니다. 기업이 사느냐? 죽느냐? 사활을 건 경쟁이 치열하게 벌어지고 있습니다. 기업이 살아남기 위해 제일 힘쓰는 부분이 인재를 양성하는 일입니다. 그래서 인재경영(人才經營)이라고도 합니다. 더 나아가 천재경영(天才經營)이라고도 하는데, 삼성 그룹의 이건희 회장이 이 천재경영을 표방하기도 했습니다. 이것은 마이크로소프트사의 빌 게이츠 같은 천재 3-4명만 있으면 나라의 운명이 바뀔 수 있다는 것입니다. 문제는 이런 사람을 어떻게 확보하느냐 하는 것인데, 그래서 인재 양성을 위해 많은 돈을 투자하기도 하고 유망한 인재를 스카우트하기도 합니다.

한사람의 중요성은 그 한사람의 지위와 비례합니다. 지위가 높을수록 중요성은 증가됩니다. 국가에서 가장 중요한 영향력을 행사하는 사람은 대통령이듯 회사에서는 사장이, 교회에서는 목사가 중요한 영향력을 행사합니다. 그런 만큼 목사가 잘못하면 교회가 영적 침체에 빠지게 되고, 사장이 잘못 경영하면 회사가 부도나고, 가장이 잘못하면 가정이 파탄에 빠질 수도 있습니다. 이와 같이 한 사람이 중요합니다.

본문에 '한 사람'이라는 말이 10번이나 나오고 있습니다. 사도 바울은 한 사람으로 말미암아 모든 사람이 죄인이 되기도 하고 의인이 되기도 한다는 말씀을 통해 한 사람의 중요성을 역설하고 있습니다.

아담으로 말미암아 사망이 들어왔습니다

초등학교 5학년 사회 시간이었습니다. 문익점이라는 분이 고려 말에 원나라에서 목화씨를 붓대에 몰래 넣어 우리 나라로 가져왔고, 재배에 성공하여 백성들을 추위에서 구하고 나라를 크게 이롭게 했다는 사실을 배웠습니다. 이렇게 좋은 것을 보급하여 퍼뜨린 사람이 있는가 하면 악한 것을 들여오는 사람도 있습니다. 예를 들어 마약을 들여와 수많은 사람들을 꼬여 마약의 올무에 빠뜨리는 자들이 그렇습니다.

> "이러므로 한 사람으로 말미암아 죄가 세상에 들어오고 죄로 말미암아 사망이 왔나니 이와 같이 모든 사람이 죄를 지었으므로 사망이 모든 사람에게 이르렀느니라 죄가 율법 있기 전에도 세상에 있었으나 율법이 없을 때에는 죄를 죄로 여기지 아니하느니라 그러나 아담으로부터 모세까지 아담의 범죄와 같은 죄를 짓지 아니한 자들 위에도 사망이 왕노릇하였나니 아담은 오실 자의 표상이라" (로마서 5장 12-14절)

12절에 '한 사람으로 말미암아 죄가 세상에 들어왔다.'고 하는데, 이 한사람이 누구일까요? 아담입니다. 그러면 여기에서 왜 아담이라고 바로 말하지 않고 '한 사람'이라고 말하고 있을까요? 그것은 대표성을 강조하기 위함입니다.

위의 로마서 구절은 신학적으로 중요한 인간론과 구원론의 내용을 담고 있습니다. 그 중에서도 '대표와 연합의 원리'를 말하고 있는데, 그것을 이해하기 위해서 먼저 죄의 전가(轉嫁: imputation)에 대해서 이해해야 합니다. 전가는 죄과나 책임을 남에게 넘겨 맡기는 것을 의미합니다. 아담의 범죄는 그의 후손 모두를 죄인으로 만들고, 죄에 대한 형벌인 사망이 모든 사람에게 임하게 하였습니다. 그러면 어떻게 아담 한 사람이 범죄했다고 모든 후손이 다 죄인이 될 수 있느냐 하는 의문이 생길 수 있습니다. 여기에서 대표와 연합의 원리가 나오는 것입니다. 어느 한 인격체가 자신과 연합된 공동체 전체를 대표하여 계약을 체결했다고 할 때, 법적 결과가 그와 연합된 공동체 전원에게 미치는 원리입니다.

아담이 전 인류의 대표가 될 수 있었던 것은 하나님께서 창조하신 최초의 인간으로서 전 인류의 조상이 되기 때문입니다. 하나님께서는 후손이 태어나기 이전에 아담을 인류의 대표로 그와 언약을 체결했는데, 이것이 바로 유명한 선악과언약(=행위언약)입니다.

"여호와 하나님이 그 사람에게 명하여 가라사대 동산 각종 나무의 실과는 네가 임의로 먹되 선악을 알게 하는 나무의 실과는 먹지 말라 네가 먹는 날에는 정녕 죽으리라 하시니라"(창세기 2장 16-17절)

그런데 아담이 이 언약에 불순종하고 죄를 범하므로 아담을 대표로 한 그의 후손, 즉 모든 인류가 죄의 영향 아래 놓이게 된 것입니다. 그래서 사망이 모든 사람에게 이르렀고, 아담과 같은 죄를 짓지 않았을지라도 사망이 왕 노릇하게 된 것입니다.

예를 들면 아버지가 주식을 하다 돈을 모두 잃고 집마저 빚으로 잃어버리게 되었을 때 집달관들이 들이닥쳐 빨간 딱지를 붙이고 가족들을 밖으로 몰아냅니다. 그때 아들이 "내가 빚진 적이 없는데 왜 나보고 나가라고 하냐. 난 억울해서 못나가겠다."고 버텨도 소용없습니다. 아버지가 그 집의 대표요, 아들은 아버지와 연합되어 있기 때문입니다.

봄날 뱀 새끼가 알을 깨고 나왔습니다. 따뜻한 햇볕을 쬐려고 나왔다가 아이들에게 들켰습니다. "야, 뱀 새끼다!" 하고 아이들이 작대기를 들고 달려와 두들겨 잡습니다. 그때 뱀 새끼가 "나는 한 번도 너희들을 문 적이 없는데, 왜 나를 때려죽이려 하느냐? 내가 무슨 죄가 있냐?"고 항변을 합니다. 그러면 아이들이 "뱀 새끼이기 때문이다."고 말합니다. 이런 것을 '대표와 연합의 원리'라 말합니다.

"모든 사람이 죄를 범하였으매 하나님의 영광에 이르지 못하더니"(로마서 3장 23절)

우리는 태생적으로 죄인입니다. 우리 조상 아담이 범죄했기 때문입니다. 그리고 아담은 우리의 대표요, 우리와 혈통으로 연합되어 있습니다. 그러므로 둘째 아담이 필요하게 되었는데, 그가 바로 예수 그리스도입니다.

예수 그리스도로 말미암아 생명이 들어왔습니다

술을 마시는 사람들을 보면 처음에는 사람이 술을 먹습니다. 그 다음에는 술이 술을 먹습니다. 마지막에는 술이 사람을 먹습니다. 그러면 인사불성이 되어 버립니다. 죄도 마찬가지입니다. 처음에는 사람이 죄를 짓습니다. 그 다음에는 죄가 죄를 부르게 되고, 전과 10범이니 20범이니 별을 달게 됩니다. 그 다음에 죄가 사람을 삼켜 그를 악의 도구로 삼게 됩니다. 본문에서는 이런 상태를 가리켜 죄가 왕노릇 한다고 말하고 있습니다.

"그러나 이 은사는 그 범죄와 같지 아니하니 곧 한 사람의 범죄를 인하여 많은 사람이 죽었은즉 더욱 하나님의 은혜와 또는 한 사람 예수 그리스도의 은혜로 말미암은 선물이 많은 사람에게 넘쳤으리라 또 이 선물은 범죄한 한 사람으로 말미암은 것과 같지 아니하니 심판은 한 사람을 인하여 정죄에 이르렀으나 은사는 많은 범죄를 인하여 의롭다 하심에 이름이니라 한 사람의 범죄를 인하여 사망이 그 한 사람으로 말미암아 왕 노릇 하였은즉 더욱 은혜와 의의 선물을 넘치게 받는 자들이 한 분 예수 그리스도로 말미암아 생명 안에서 왕 노릇 하리로다 그런즉 한 범죄로 많은 사람이 정죄에 이른 것 같이 의의 한 행동으로 말미암아 많은 사람이 의롭다 하심을 받아 생명에 이르렀느니라"(로마서 5장 15-18절)

죄가 왕 노릇 하고, 사망이 왕 노릇 하는 상태를 영적으로 마귀의 자식이라고 합니다. 이런 인간의 상태를 가장 잘 표현하고 있는 성경 구절이 에베소서 2장입니다.

"너희의 허물과 죄로 죽었던 너희를 살리셨도다 그 때에 너희가 그 가운데서 행하여 이 세상 풍속을 좇고 공중의 권세 잡은 자를 따랐으니 곧 지금 불순종의 아들들 가운데서 역사하는 영이라 전에는 우리도 다 그 가운데서 우리 육체의 욕심을 따라 지내며 육체와 마음의 원하는 것을 하여 다른 이들과 같이 본질상 진노의 자녀이었더니"(에베소서 2장 1-3절)

죄로 죽었으며 공중 권세를 잡은 자는 마귀를 말합니다. 본질상 진노를 면치 못할 마귀의 자녀였다는 것입니다. 그런 우리를 위해 하나님께서 독생자 예수 그리스도를 세상에 보내 주셔서 우리를 위해 십자가를 지시고 속죄의 피를 흘리시므로 말미암아 우리가 생명을 얻게 되었습니다. 여기에도 동일하게 '대표와 연합의 원리' 가 적용됩니다. 그래서 예수님을 둘째 아담이라고 말하는 것입니다. 그러나 아담과 그의 후손들의 연합이 육적인 연합이었다면 예수님과의 연합은 영적인 연합입니다.

나사못을 가지고 생각해 봅시다. 나사못을 박습니다. 이것을 풀 수 있는 방법은 반대로 돌려야 합니다. 바로 그것입니다. 아담이 저질러 놓은 죄를 예수님이 풀어놓으신 것입니다. 이제까지는 사망이 왕 노릇 했는데, 지금부터는 생명이 왕 노릇 하게 된 것입니다. 이 은혜를 맛 본 그리스도인은 다음과 같이 외칩니다.

"사망아 너의 이기는 것이 어디 있느냐 사망아 너의 쏘는 것이 어디 있느냐 사망의 쏘는 것은 죄요 죄의 권능은 율법이라 우리 주 예수 그리

스도로 말미암아 우리에게 이김을 주시는 하나님께 감사하노니"(고린도
전서 15장 55-57절)

사망이 쏠 수 있는 것은 죄에 속해 있는 사람뿐입니다. 예수 안에 있는 하나님의 자녀는 쏠 수가 없습니다. 그러므로 믿는 우리는 사망 앞에서도 담대할 수 있습니다. 그리고 이제는 아담 한 사람으로 말미암아 죄가 온 인류에게 미치고 사망이 왕 노릇 하게 된 것을 둘째 아담 되시는 예수 그리스도께서 저주의 십자가에서 못 박히심으로 뒤바꿔 놓으셨습니다. 예수의 몸에 못이 박힐 때, 우리 몸에 박혀 있던 저주의 못이 뽑히고 우리는 자유와 생명을 얻게 된 것입니다.

"그가 찔림은 우리의 허물을 인함이요 그가 상함은 우리의 죄악을 인함이라 그가 징계를 받음으로 우리가 평화를 누리고 그가 채찍에 맞음으로 우리가 나음을 입었도다"(이사야 53장 5절)

한 사람 아담으로 말미암아 사망이 들어왔습니다. 그러나 다시 한 사람 예수 그리스도로 말미암아 생명이 들어왔습니다. 한 사람이 중요합니다. 예수 그리스도를 통해 받은 생명의 축복과 풍성함을 늘 잊지 않고 삶 가운데 가득 누리기를 바랍니다.

한 사람의 결단이 중요합니다

한 사람 아담으로 말미암아 온 인류가 죄인이 되었고 온 인류에게 사망이 임했습니다. 그래서 온 인류가 사탄의 노예가 되었고 죽음이 왕

노릇 하게 되었습니다. 이처럼 한 사람이 중요합니다. 그런데 다 잘 되어도 내가 안 되면 아무 소용이 없습니다. 나 하나가 더욱 중요합니다.

> "한 사람의 순종치 아니함으로 많은 사람이 죄인된 것같이 한 사람의 순종하심으로 많은 사람이 의인이 되리라 율법이 가입한 것은 범죄를 더하게 하려 함이라 그러나 죄가 더한 곳에 은혜가 더욱 넘쳤나니 이는 죄가 사망 안에서 왕 노릇 한 것 같이 은혜도 또한 의로 말미암아 왕 노릇 하여 우리 주 예수 그리스도로 말미암아 영생에 이르게 하려 함이니라"(로마서 5장 19-21절)

우리도 예수님과 같이 자기를 비우고 낮아지며 순종하고 섬기는 종이 될 때 우리를 통하여 가정이 살고, 교회가 살고, 나라가 사는 역사가 일어나게 될 것입니다. 20절에 '죄가 더한 곳에 은혜가 더욱 넘쳤나니' 라는 말씀은 사람들이 죄를 죄로 알게 될 때 괴로워하고 절망하게 된다는 뜻입니다. 그때 사탄은 우리를 절망케 하고 죽음으로 인도합니다. '너 같은 게 살아서 뭐하냐? 목이라도 끊어라!' 하면서 자살을 충동질합니다. 그때 성령님께서 하나님의 은혜를 깨닫게 하시고 죄사함과 구원의 은총에 참예하도록 회개하게 하신다는 뜻입니다. 즉 우리는 자신의 죄와 허물을 다 회개하고 하나님의 은혜가 왕 노릇 하도록 영적으로 자신을 깨끗하게 하는 일에 힘써야 합니다.

요즈음 세상은 속사람을 가꾸는 일에는 관심이 없고 오직 겉사람을 꾸미는 일에만 관심이 있습니다. 중년의 한 여인이 심장마비로 쓰러져 119 구급대가 출동해서 병원으로 실려 갔습니다. 수술대 위에서 거의 죽을 지경에 이르게 되었는데, 그때 천사를 만났습니다. "저의 목숨이 이것으로 끝입니까?" 하고 물었더니 천사는 아니라고 하면서 앞으로 30-40년은 더 살 수 있노라고 말했습니다. 그 소리를 듣고 깨어났습니다. 그리곤 병이 회복되어 퇴원할 수 있게 되었습니다. 그런데 이 여인이 생각하기를 앞으로 30-40년을 더 살 수 있다라면 이왕이면 더 예쁘게 살아야지 하면서 주름 제거 수술을 했습니다. 얼굴이 팽팽하게 되었습니다. 이번에 배를 쳐다봤습니다. 얼굴은 20대인데 배가 40대라 이것도 고쳐야겠다고 생각하고 지방 흡입 수술을 받았습니다. 가슴도 키우고, 머리도 염색하면서 브릿지를 넣었습니다.

새 사람이 되어 드디어 병원에서 퇴원해서 정문을 나서는데 그만 달려오는 앰뷸런스에 치여 죽고 말았습니다. 그녀가 천사에게 물었습니다. "제가 30-40년은 더 살 거라면서요? 어떻게 이럴 수가 있습니까?" 천사가 말했습니다. "미안합니다. 너무 많이 뜯어 고쳐서 못 알아봤습니다."

나 하나가 중요합니다. 겉모습을 고치는 것이 중요한 것이 아니라 속사람을 강건하게 고치는 것이 중요합니다. 지금 세상이 흉흉하고, 교계가 혼란하고, 가정이 파괴되는 것은 참 나를 찾지 못하기 때문입니다. '군군, 신신, 부부, 자자(君君 臣臣 父父 子子)'라는 말이 있습니다. 임금은 임금답고, 신하는 신하답고, 아버지는 아버지답고, 아들은 아들다울 때 그런 나라가 좋은 나라가 되고 좋은 세상이라는 뜻입니다. 대통령에만 문제가 있는 것이 아닙니다. 국회의원들에게만 문제가 있는 것이 아닙니다. 남의 탓하기 전에 내 탓이요! 내 탓이요! 내 탓이요!

자신의 가슴을 치고 자신을 돌아보아야 합니다. 하나님께 불순종한 것, 나라에 불충한 것, 생활에 불성실했던 것, 형제에 대해 불의하게 행한 모든 것을 회개하고 은혜가 왕 노릇 하도록 자신을 쳐서 주께 복종할 수 있어야 합니다.

지위가 높을수록 큰 책임이 있습니다. 우리는 거룩한 백성이요 왕 같은 제사장된 하나님의 자녀가 아닙니까? 우리의 책임이 대통령보다 더 중요함을 인식하고 나라를 위해 기도하고, 교회를 위해 기도하고, 가정을 위해 기도해야 될 것입니다. 나로 말미암아 가정이 복을 받고, 자손이 복을 받고, 나라가 복을 받고, 교회가 부흥하는 축복의 통로가 되기를 원하십니까? 그렇다면 말씀에 순종하고 영적인 사람으로 살아가기를 결단하십시오.

> "이같이 너희 빛을 사람 앞에 비취게 하여 저희로 너희 착한 행실을 보고 하늘에 계신 너희 아버지께 영광을 돌리게 하라" (마태복음 5장 16절)

한 사람으로 말미암아 모든 사람이 사망에 이르고 한 사람으로 말미암아 많은 사람이 생명에 이를 수 있음을 알게 되었습니다. 그러면 나로 말미암아 자손만대가 복을 받고, 가정이 구원을 얻도록 축복의 통로가 되어야 하지 않겠습니까? 우리 모두 생명의 주님이신 예수님의 빛을 받아 어두운 세상에 빛을 비추고, 나라를 도탄에서 구하고, 교회를 부흥케 하고, 가정을 영적인 가정으로 만들어나가는 생명력 있는 그리스도인이 되도록 함께 결단하시는 여러분이 되시기를 바랍니다.

19_ 하나님을 느끼게 하라

| 신 6: 4-9 |

제가 중학교 다닐 때 '국민교육헌장(國民敎育憲章)'이 생겼습니다. 이 헌장은 국민 도덕의 기본 방향을 밝히고 국민 각자의 나아갈 바와 교육의 지표를 제시한 것이었습니다. 그 시절 학교에서는 애국조회 시간마다 그 내용을 낭독하였고 학생들은 암송해야 했으며, 대입학력고사 시험 문제로 출제되기도 했습니다. 그런데 언제부터인가 '국민교육헌장'이 교육에서 사라졌습니다. 시대에 뒤떨어졌기 때문에 폐기된 것인지 그 이유는 알 수가 없습니다.

하지만 분명한 것은 현재 우리 나라의 교육의 목표와 방향이 분명치 않고 큰 혼란을 일으키고 있다는 사실입니다. 그 문제점이 곪아서 터진 사건이 2004년의 수능 부정 사건이라고 볼 수 있습니다. 대대적인 수사가 전개되면서 커닝에 가담한 학생들의 수가 얼마나 되는지 알 수 없을 정도로 큰 사건이었습니다. 모두가 공감하는 바와 같이 아이들이 저지른 부정 행위는 단순히 아이들만의 잘못이라고 넘기기에는 너무나 큰 문제점들을 안고 있었습니다. 학벌 지상주의와 출세 지상주의가 낳은 사생아가 바로 이 사건이라고 할 수 있습니다. 고득점을 올려 좋은 대학에만 가면 인생길이 열리고 출세가 보장되리라는 기계적 학력 지상주의가 빚어낸 비극입니다.

'학교가 무너지고 있다. 공교육이 무너지고 있다.'는 말이 나온 지 이미 오래 되었지만 제대로 된 처방이 나온 적은 한 번도 없습니다. 학교는 마땅히 학력과 인성을 함께 교육해서 인격자를 배출하는 전인 교육의 도장이 되어야 하지만 공교육에서는 인성 교육을 포기한 것이 이미 오래입니다. 교육 당국의 책임만이 아니라 부모들의 책임도 면할 수가 없습니다. 초등학교 때는 '정직해라, 싸우지 마라.'고 가르치다가 중학생 쯤 되면 '학원 잘 갔다 왔니?'가 인사처럼 됩니다. 고등학생 때는 '조금만 참아라.'고 하면서 대학 문턱 가기까지 버티기에 바쁩니다. 부모들과 자녀들 간에 사랑과 교훈을 담은 따뜻한 말이 오고갈 여지를 빼앗기고, 자녀들을 입시 지옥으로 내민 책임은 부모들에게도 있습니다.

수능 부정 사건에 대해 조사를 철저히 하고 일벌백계하는 것으로 끝난다면 아무런 의미가 없습니다. 국민적 합의를 끌어내고 교육을 개혁하는 것이 더 중요하기 때문입니다. 정부가 과도하게 규제하고 통제하고 주도해서 성공하지 못했다면, 학생선발권을 철저하게 대학에게 내주고 관리와 감독만 하는 체재로 전환해야 합니다. 그리고 자율b경쟁에 의한 대학의 성장과 도태를 학생과 사회와 기업에 맡겨 두는 것이 훨씬 빠른 교육 개혁의 접근 방법이 될 것입니다. 그리고 정직과 정의와 공정한 경쟁과 사회적 질서가 무엇인가를 학생들에게 가르칠 수 있는 학교들로 거듭나는 계기를 만들어야 합니다. 이렇게 큰 사건을 겪고도 교훈을 얻지 못한다면 그보다 더 불행하고 무능한 사회는 없을 것입니다.

이스라엘은 지구상 모든 족속 가운데 가장 많은 시련을 겪고도 그 존재를 뚜렷하게 드러내고 있는 독특한 민족입니다. 이스라엘 내 국민과 세계에 흩어져 있는 디아스포라를 합쳐 1,000만 명도 되지 않는 숫자입니다. 그런데 이들이 노벨상의 절반 이상을 수상하고 있으며, 세계 경제를 주무르고 과학, 예술, 문학 분야에서 대가들을 배출해냈습니다. 많은 학자들이 그 요인을 조사한 결과 유태인들의 가정에서 이루어지는 가정 교육과 회당에서 이루어지는 신앙 교육 때문이라는 결론을 내렸습니다.

그런데 가정과 회당에서 어린아이들에게 가장 먼저 가르치는 내용이 바로 본문의 말씀입니다. 이 말씀은 원문에 '쉐마 이스라엘' 이라고 되어 있습니다. 쉐마(Shema)는 '들으라' 라는 뜻입니다. 신명기 6장 4-9절에서 '쉐마' 는 우리 나라의 국민교육헌장과 같이 이스라엘 백성들을 교육하는 지침이었습니다.

살아 계신 하나님을 가르쳐 주십시오

수능 부정 사건으로 곤혹을 치루고 있는 교육인적자원부는 부정 방지 대책을 여러 가지 내놓기도 했지만 여전히 골머리를 앓고 있습니다. 학교마다 전파차단기를 설치하는 방안, 수능 시험장 주변의 기지국 전원을 수능 시험 시간 동안 차단하는 방안도 내놓았고, 심지어 연필만 가지고 들어가게 하고 어떤 전자제품도 불허한다는 방침도 나왔습니다. 또는 전파 탐지봉을 교실마다 배치해 공항 검색대처럼 몸수색을 하자는 방안도 나왔지만 수십억이 소용되는 계획이라 실현 가능성은 희박합니다.

일련의 대책들을 지켜보면서 이런 방법으로는 근본을 치유할 수 없는데 하는 아쉬운 마음을 금할 수 없었습니다. 앞으로 수년 내에 연필에 컴퓨터가 장착되고 책받침으로 인터넷 서핑을 할 수 있는 유비쿼터스(Ubiquitous) 시대가 올 텐데 그 때에는 또 어떤 탐지봉으로 시험장을 지킬 것인가라는 생각이 들었습니다. 유비쿼터스는 '신은 언제나, 어디에나 존재한다.' 는 뜻의 라틴어에서 유래한 말인데, 복잡한 컴퓨터들이 소형화되면서 모든 사물 속에 들어가 사람들이 컴퓨터의 존재를 전혀 의식하지 못하게 될 정도가 되면 컴퓨터가 신처럼 우리가 알지도 못하는 사이에 온갖 사물들 속에서 우리를 둘러싸는 시대가 될 것이라는 뜻입니다. 결국 기계적 장치로는 부정을 막을 수 없습니다.

도둑 하나를 잡기 위해서는 경찰 10명이 있어야 합니다. 이제 가정과 학교와 교회에서 자라나는 학생들에게 잘잘못과 옳고 그름을 가르쳐야 합니다. 정정당당하게 살아나가는 정직과 정의를 가르치지 못한 것을 반성하고 도덕과 윤리의 재무장 운동을 펼쳐야 합니다. 그러나 이것이 진정으로 성공하기 위해서는 살아 계신 하나님을 느낄 수 있도록 해주는 것이 최선의 길입니다.

"이스라엘아 들으라 우리 하나님 여호와는 오직 하나인 여호와시니"(신명기 6장 4절)

유태인들에게는 하나님의 존재 유무에 대한 토론이 없습니다. 그들은 당연히 '하나님은 살아 계신다.' 라는 전제로부터 출발합니다. 하나님은 영원 자존하시는 분이십니다. 이것을 믿는 유대인들은 하나님의 존재에 대해 논하지 않습니다.

4절에 하나님을 '오직 하나' 라고 말씀하고 있습니다. 여기에서 유일신 사상이 비롯되고 있습니다. 신은 하나님 외에 잡신이나 귀신 등 여럿이 존재하지만 참신은 하나님 한 분 뿐이라는 뜻입니다. 하나님은 죽은 하나님이 아니며, 움직이지 못하는 우상이 아닙니다. 살아 계시고, 역사를 운행하시고, 인간의 일거수일투족을 감찰하시는 분이십니다. 이 사실을 믿도록 가르쳐야 합니다. 그렇게 되면 사람의 눈을 속이려 하지 않습니다. 사람은 속일 수 있어도 하나님은 속일 수 없다는 것을 깨닫게 되기 때문입니다. 살아 계신 하나님을 느끼게 해주면 죄를 범하지 않게 되는 것입니다.

하나님을 느끼게 하는 교육으로 무감독시험과 양심시험을 실시하는 학교가 있습니다. 거창고등학교와 한동대학교 등이 바로 그런 학교입니다. 한동대학교 김영길 총장은 다음과 같이 말했습니다.

"교육의 가치는 결코 지식과 점수에 있지 않습니다. 정직과 성실, 상호 신뢰를 통한 교육이야 말로 세상을 바꿀 수 있는 힘입니다."

요셉은 보디발의 아내가 유혹하며, '이곳에는 당신과 나 단 둘 뿐'이라고 말할 때, "어찌 이곳에 하나님이 지켜보심을 느끼지 못하십니까?"라고 당당하게 외치고 죄의 유혹을 뿌리쳤습니다.

"내가 어찌 이 큰 악을 행하여 하나님께 득죄하리이까" (창세기 39장 9절)

우리 모두 날마다 숨 쉬는 순간마다 천국에 가는 날까지 하나님을 느끼며 동행하는 사람이 되어야 할 것입니다. 그러면 죄악 세상을 이기고 승리할 수 있게 됩니다. 뿐만 아니라 자녀들에게도 하나님을 느낄 수 있도록 살아 계신 하나님과 참 신이신 여호와 하나님을 전하는 신앙 교육의 성공자들이 되어야 할 것입니다.

최선을 다하는 삶을 살게 하십시오

휴대폰으로 수능 부정 시험을 치렀던 학생들의 문제는 당일에 충동적으로 저지른 범죄가 아니라 철저하게 준비한 부정이라는데 문제가 있습니다. 이들은 공부하는 데 최선을 다한 게 아니라 부정하는 데 최선을 다했습니다. 모여서 함께 방법을 모의하고, 휴대폰을 공동으로 구입하고, 돈을 모아 문제를 풀어 송신해 줄 선수를 뽑는 등 조직적인 범죄에 혀를 내두를 정도였습니다.

이들은 자신들이 할 수 있는 것을 다하기는 했는데 최악을 다한 것입니다. 그 결과는 멸망입니다. 이 학생들이 들키지 않고 대학에 가고, 명문 대학을 졸업해서 사회 곳곳에 포진하게 된다면 그 세상 또한 부정과 비리로 얼룩진 비극적인 세상이 되고 말 것입니다. 이런 사람이 득세하면 수단과 방법을 가리지 않고 출세를 위해 남을 해치고 악한 방법을 동원할 것 아니겠습니까?

우리 믿음의 사람들은 최선의 삶을 경주하고 자녀들에게도 '이 모습을 본받으라.' 고 말할 수 있어야 합니다. 각종 불의와 불법과 탈법이 판치는 세태 속에서 학생들에게만 올바른 길을 가라고 말할 수는 없습니다. 자신은 밤마다 도둑질을 하면서 '너는 정직하게 살아라.' 라고 말한다면 어려서는 그 말을 믿을지 모르나 철들면 말하지 않아도 아버지가 무슨 일 하는지 눈치로 다 아는 법입니다. 자식은 아버지가 말하는 대로 살지 않고 아버지가 행동하는 대로 닮습니다. 유대인들은 그 본을 보이기 위해 철저한 신앙의 길을 걸었습니다.

"너는 마음을 다하고 성품을 다하고 힘을 다하여 네 하나님 여호와를 사랑하라"(신명기 6장 5절)

본문에서 다하라는 말이 세 번 나옵니다. 최고로 강조할 때 성경에서는 이렇게 반복해서 사용합니다. 마음은 히브리어로 '레바브' 인데 심장이나 중심을 의미합니다. 성품은 '네페쉬' 로서 생명, 영혼, 뜻과 의지를 다 포함하는 말입니다. 힘은 '메오드' 로 열렬함이나 힘과 능력을 뜻합니다. 그런데 원문에 보면 마음과 성품과 힘이라는 단어 앞에 '콜' 이라는 수식어가 붙어있습니다. 콜은 모든(every) 또는 전체(total)라는 뜻입니다.

하나님은 두 마음이 아니라 한 마음, 곧 전심으로 온 힘 다해 사랑하기를 원하십니다. 하나님이 참 신이시고 살아 계신 것을 느꼈으면 온 힘 다해 그분을 사랑해야 합니다. 하나님께서 기뻐하시도록 바르게 의롭게 정직하게 살아야 합니다. 일곱 눈을 가지고 감찰하시며 지켜보시는 하나님 앞에 부정과 불의를 행할 수는 없습니다. 그를 슬프시게 하는 것이요, 우리의 죄를 위해서 십자가 지신 예수님을 다시금 십자가에 못 박는 죄를 저지르는 것이기 때문입니다. 하나님을 느끼며 하나님을 사랑하는 마음이 있다면 정직하고 올바르게 최선을 다하게 될 것입니다.

2005년 봄에 한동대학교를 졸업한 김용범 씨가 삼성 그룹에 입사를 했습니다. 회사에 들어가면 다 된 줄 알았는데 부서 배치 평가 시험이 있었습니다. 그런데 문제가 너무 어려워서 잘 이해할 수 없어 '죄송합니다.'라고 쓰고 백지를 제출을 했습니다. 그런데 다른 사원들은 빽빽이 적어 내는 것이 아닙니까? 그래서 불안한 마음을 가지고 초조하게 기다리는데, 원하는 부서에, 그것도 제일 좋은 부서에 배치되었습니다. 웬일인가 하고 인사 담당자에게 물었더니, 이번 시험 문제는 정답이 없는 문제였다며 답을 쓴 자체가 오답이라는 것이었습니다.

'인생을 정직하게 살면 손해 본다.'는 말은 하나님 없는 불신앙적인 말입니다. 하나님은 정직한 자의 하나님이십니다. 정의를 위해 최선을 다하고, 하나님의 영광을 위해 최선을 다하는 사람을 반드시 사슴의 발과 같이 높여 주신다는 사실을 잊지 마시기 바랍니다.

"내가 선한 싸움을 싸우고 나의 달려갈 길을 마치고 믿음을 지켰으니 이제 후로는 나를 위하여 의의 면류관이 예비 되었으므로 주 곧 의로우신 재판장이 그날에 내게 주실 것이니 내게만 아니라 주의 나타나심을

사모하는 모든 자에게니라"(디모데후서 4장 7-8절)

사도 바울은 최선을 다해 복음을 전했습니다. 하나님을 사랑하는 마음을 복음에 실어 전했습니다. 그 길이 하나님의 영광을 드러내는 길이라고 믿었기 때문입니다. 최선을 다하여 싸우고 달리고 믿음을 지켰습니다. 의의 면류관을 바라보고 달렸기 때문에 끝까지 승리할 수 있었습니다. 이 말씀이 우리에게 위로를 주는 것은 바울뿐 아니라 주를 사랑하고 사모하는 모든 자에게 면류관이 예비 되어 있다는 말씀 때문입니다.

최선을 다해 신앙의 길을 걸어갑시다. 그 길은 분명히 상급이 있는 길입니다. 최선을 다해 하나님의 사랑을 가르칩시다. 그 길에 인생의 승리가 보장되어 있습니다. 최선을 다해 공부하고 복음을 전하고 하나님을 사랑하는 주의 자녀들이 되도록 합시다.

말씀을 새겨 주십시오

사도행전 16장에 빌립보에서 복음을 권하던 사도 바울 일행이 루디아의 집에서 나와 회당으로 기도하러 가는 길목에서 귀신들려 점을 치는 여종 하나를 보았습니다. 바울 일행이 지나가기만 하면 "이 사람들은 지극히 높은 하나님의 종으로 구원의 길을 너희에게 권하는 자라." 하며 난리를 쳤습니다. 바울은 너무 시끄러워서 그 귀신을 쫓아내었습니다. "예수 그리스도의 이름으로 내가 네게 명하노니 그에게서 나오라." 그 즉시 귀신은 떠났고 여종은 점괘를 내놓지 못하게 되었습니다. 그 여종의 주인은 더 이상 귀신으로 돈을 못 벌게 되었습니다. 세상에 이와 같이 귀신에 사로잡혀 점치는 사람이 많습니다.

국가대표 레슬링 선수가 귀신 들려 점쟁이가 되기도 하고, 탤런트가 귀신이 들려 점쟁이가 되기도 합니다. 귀신도 물론 점을 잘 칩니다. 그런데 문제는 그들에게는 윤리가 없고 구원이 없다는 사실입니다. 내가 잘 되는 일이라면 남이 죽거나 망해도 상관이 없다고 합니다. 귀신의 역사로 점괘를 내놓을 수는 있으나 영원한 생명을 줄 수는 없습니다. 부정한 방법으로 성적을 올리고, 대학에 가고, 출세를 하는 것도 점을 치는 행위와 다를 바가 없습니다. 내가 잘 되는 일이라면 밤새워 공부한 친구들에게 피해가 가는 것은 안중에도 없습니다. 이런 삶은 생명이 없습니다. 살아 있으나 죽은 생명입니다.

그러면 우리는 어떻게 살아야 할까요? 우리의 자녀들은 어떻게 가르쳐야 할까요?

> "오늘날 내가 네게 명하는 이 말씀을 너는 마음에 새기고 네 자녀에게 부지런히 가르치며 집에 앉았을 때에든지 길에 행할 때에든지 누웠을 때에든지 일어날 때에든지 이 말씀을 강론할 것이며 너는 또 그것을 네 손목에 매어 기호를 삼으며 네 미간에 붙여 표를 삼고 또 네 집 문설주와 바깥문에 기록할지니라"(신명기 6장 6-9절)

6절에서 '하나님의 말씀을 마음에 새겨 주라.' 고 명령하고 있습니다. 마음에 새기기 위해서는 반복적으로 교육해야 합니다. 본문에서 '부지런히 가르치다.' 라는 말씀은 히브리어로 '솨난' 인데, 본래는 '날카롭게 찌르다' 라는 말로서 예리한 무기로 찌르듯 마음속 깊이 새겨

놓으라는 뜻입니다. 부지런하게 가르치는 방편으로 앉았을 때든지, 길에서 행할 때든지, 누웠을 때든지, 일어날 때든지, 언제 어디서나 새긴 말씀이 기억나도록 반복해서 가르치라는 명령입니다.

이것을 실천하기 위하여 말씀을 손목에 매고 다녔습니다. 손은 행동이나 활동을 의미합니다. 말씀을 행동의 기준으로 삼으라는 뜻입니다. 미간에 붙여 표를 삼기도 했습니다. 이마는 생각과 사고력을 의미합니다. 말씀을 생각의 판단 기준으로 삼으라는 것입니다. 그리고 문설주와 바깥문에도 기록했습니다. 이것은 타인에게 경각심을 주고 자신에게는 말씀의 지배를 받는 삶을 살라는 것입니다.

유대인들은 이 말씀을 실천하기 위해 경문(經文, Phylactery)이라는 것을 만들었습니다. 신명기 6장 4-9절(신앙 교육의 명령), 출애굽기 13장 2-10절(유월절의 규정 규례), 출애굽기 3장 11-17절(장자의 성별 규례), 신명기 11장 13-22절(율법에 대한 복종 규례)의 구절들이 그것입니다. 그들은 이 네 개의 구절을 양피지에 적어 작은 상자에 넣은 것으로 이마와 왼팔에 매고 다녔다고 합니다. 이 말씀을 기억하며 기도하라는 의미로 경문을 이마와 손목에 매었던 것입니다. 그러면 오늘날 우리도 경문을 차게 해야 할까요? 이렇게 하면 이것은 또 하나의 부적이 되고 우상이 될 뿐입니다. 중요한 것은 영적으로 해석하는 일과 그것을 실천하는 일입니다. 말씀을 심비에 새겨야 합니다.

"너희가 우리의 편지라 우리 마음에 썼고 뭇 사람이 알고 읽는 바라 너희는 우리로 말미암아 나타난 그리스도의 편지니 이는 먹으로 쓴 것이 아니요 오직 살아계신 하나님의 영으로 한 것이며 또 돌비에 쓴 것이

아니요 오직 육의 심비에 한 것이라"(고린도후서 3장 2-3절)

우리의 마음에 말씀이 새겨져야 이것이 그리스도의 편지가 되고, 자녀들에게 전달되고, 형제와 이웃에게 전달될 수 있습니다. 우리와 우리의 자손들이 신전의식(神前意識)을 가지고 살아갈 수 있는 유일한 방법은 말씀을 심비에 새기는 것입니다. 이제부터 세상의 풍조에 휩쓸리거나 악한 영에 이끌리지 않고 말씀의 힘에 이끌려 살아가도록 말씀을 우리 마음에 새기고 자녀들의 마음에도 새겨야 할 것입니다.

"인자와 진리로 네게서 떠나지 않게 하고 그것을 네 목에 매며 네 마음 판에 새기라"(잠언 3장 절)

우리는 어떤 정신으로 세파를 헤쳐 나가고 있습니까? 말씀을 심비에 새겨 어두운 길에 등불을 삼고 자손들에게 그리스도의 편지를 전하는 진리의 배달부가 되도록 합시다. 마음과 성품과 힘을 다하여 하나님을 사랑하고 최선을 다하여 세상에서 선한 싸움을 싸우고, 믿음을 지켜나갑시다. 그리하여 예비된 면류관을 받는 여러분 모두가 되시기를 축원합니다.

20_진정한 애국

| 갈라디아서 5장 1절 |

지난 2004년 8월 1일, 폴란드 바르샤바의 볼스키 국립묘지에서는 60년 전 나치에 대항하다 희생된 시민들을 추모하는 행사가 열렸습니다. 그 자리에 독일 슈뢰더 총리가 참석해 "독일인들은 나치의 범죄를 생각하면 부끄러움 속에서 몸을 수그린다."고 과거사를 사죄하며, "나치 독일이 폴란드인에게 헤아릴 수 없는 고통을 안겨 줬다."고 고개를 숙였습니다. 그런 뒤 당시 나치군에 항거했던 폴란드 시민군과 노병들을 껴안고 눈물을 흘리며 위로했습니다.

이미 1970년 당시 빌리 브란트 총리도 이곳에 와서 무릎을 꿇고 사죄했습니다. 폴란드가 요구했기 때문이 아니라 자발적으로 역대 대통령이 방문할 때마다 거듭 사과를 했습니다. 독일 정부와 기업들이 함께 설립한 '기억-책임-미래 재단'은 지난 2일 제 2차 세계대전 당시

나치가 강제로 동원했던 유태인과 일반 노역자 13만 명에게 보상금을 지급했습니다. 나치 정권과 대기업들이 각종 공사판과 군수 공장에서 노예처럼 부려먹은 것을 보상하기 위해 6조 원 가량의 재원을 마련하고, 60년이 지난 지금 배상을 한 것입니다.

그러면 일본은 어떻습니까? 1937년 봄, 경남 하동의 평화로운 농촌에 일본군이 들이닥쳐 13살 난 정서운이라는 어린 소녀를 강제로 잡아갔습니다. 부산에서 시모노세키, 대만, 싱가포르, 인도네시아로 끌려가서 자카르타의 한 일본군 부대에서 7년 동안 끔찍한 고통과 치욕의 나락에서 몸부림쳐야 했습니다. 1995년 9월 중국 베이징에서 열린 〈세계여성대회〉에서 "저는 일본군의 성노예였습니다. 하루 평균 50명, 주말에는 100명의 군인을 상대해야 했습니다."라고 폭로해 국제사회에 충격을 주었습니다. 이후 일본대사관 앞에서 일본군의 만행을 폭로하며 일본의 사과와 적절한 보상을 촉구하는 데 앞장섰습니다. 이 같은 할머니의 노력으로 유엔에서는 일본군 위안부 문제를 '명백한 전쟁 범죄'로 규정하게 되었습니다.

그러나 정작 일본은 한 번도 공식적 사과를 하지 않았습니다. 정서운 할머니는 올해 2월 26일에 80세의 한 많은 세월을 마감하면서 "편안하게 눈을 감으려면 일본의 사죄를 꼭 받았어야 했는데 …." 하시며 말을 잊지 못하고 눈을 감고 말았습니다. 그럼에도 일본의 고이즈미 총리는 이웃 나라의 항의에도 불구하고 제2차 세계대전의 주역인 도조 히데키 등 14명의 전범들의 위패가 놓여 있는 야스쿠니 신사를 참배하고 일본의 침략 전쟁을 미화하는 한편, 더 이상 일본은 법적 책임이 없다고 큰소리를 칩니다.

한국과 중국의 거듭된 중단 요구에도 불구하고 고이즈미는 '앞으로도 매 년 계속 참배할 것' 이라고 고집을 부리고 있습니다. 일본 정부는 징용, 징병, 위안부 등으로 끌고 간 100만여 명의 조선인 희생자들에게 개별적으로 피해 보상을 해주기는커녕 사과조차도 하지 않았습니다. 일본의 '새 역사 교과서를 만드는 모임' 이라는 우익 단체에서는 각급 학교에서 사용할 역사 교과서를 만들어 정부에 검정을 신청했는데, 위안부 문제 같은 것은 아예 빼버렸고 대신 독도는 일본 땅이라고 밝히고 있습니다.

참으로 어처구니없는 일이 아닐 수 없습니다. 일본이 그러는 것만 해도 분통이 터져 죽겠는데, 이번에는 중국이 고구려와 발해가 모두 중국 역사의 일부였다고 주장하고 나와 우리의 근본 뿌리까지 흔들고 있습니다. 우리 나라 교육 제도는 어떻게 된 것인지 국사를 필수 과목에서 빼버리고 선택 과목으로 만들어 놓았습니다. 때문에 다음 세대들이 우리의 역사와 뿌리를 제대로 알 수 없도록 만들어 버리고 말았습니다. 전통과 역사 그리고 뿌리를 알지 못하면 새로운 것을 알 수가 없고 안다고 해도 그것은 뿌리가 약해 곧 무너져 버리고 말게 됩니다. '진정한 애국은 무엇이며, 참된 자유는 무엇인가? 나라는 어떻게 지킬 수 있는가?' 를 생각해 보면서 죄에서 자유를 얻은 하나님의 자녀인 우리 그리스도인들이 해야 할 나라 사랑과 영적인 자세는 어떤 것인지 생각해 보고자 합니다.

자유를 지켜야 합니다

신앙인들이 행복하게 살려면 적어도 세 가지가 안정되고 평안해야 합니다. 첫째는 가정입니다. 둘째는 교회입니다. 셋째는 나라입니다. 나라가 잘 되고 부강해야 국민들이 평안하고 세계에 나가 대접을 받습니다. 나라 잃은 서러움을 체험해 보지 못한 사람들은 나라가 얼마나 소중한지 모를 것입니다.

   일제에 나라를 빼앗겼을 때 말도 빼앗기고, 글도 빼앗기고, 이름까지도 빼앗기고, 정신까지도 빼앗기고 말았습니다. 손기정 선수는 베를린 올림픽의 마라톤 경기에서 세계신기록을 세우고 우승했지만 일장기를 달고 시상대에 오를 수밖에 없었습니다. 시상대에 오른 사진을 보신 적이 있으십니까? 그때 그의 표정은 결코 우승한 사람의 표정이 아니었습니다. 그가 그렇게 고개를 떨어뜨리고 슬픈 표정을 할 수밖에 없었던 것은 조국을 빼앗겼기 때문입니다.

   미국 미시건 대학의 사회조사연구소에서 한국, 일본, 미국 등 10개국을 대상으로 '전쟁이 나면 나라를 위해 싸울 용기가 있느냐?' 하고 설문조사를 했습니다. 이 질문에 한국인은 85퍼센트가 싸우겠다고 대답하여 1위를 차지했습니다. 우리 나라는 나라 잃은 경험이 있기 때문에 나라를 사랑하는 마음이 더 깊다고 보겠습니다. 그런데 문제는 애국심은 있는데 진정으로 애국할 줄 모른다는 것입니다. '어떻게 하는 것이 애국하는 것인가?' 하고 물으면 머리만 긁적이지 뚜렷하게 대답하지 못하는 것이 우리의 현실입니다.

   "그리스도께서 우리로 자유케 하려고 자유를 주셨으니"(갈라디아서 5장 1절 상반절)

영적 자유는 내가 얻은 것이 아니라 그리스도께서 주신 것입니다. 자유는 거저 주어지는 것이 아닙니다. 잃어버린 자유를 찾아주시기 위해 예수님께서 십자가를 지셨습니다. 그리고 사탄과의 싸움에서 사탄을 결박하시고 죄와 사망에서 우리를 건져내셨습니다. 그러므로 이제 다시 사탄의 노예가 되어 죄의 종노릇하지 않게 된 것입니다.

"우리가 알거니와 우리 옛 사람이 예수와 함께 십자가에 못 박힌 것은 죄의 몸이 멸하여 다시는 우리가 죄에게 종노릇 하지 아니하려 함이니"(로마서 6장 6절)

우리들은 보통 예수님께서 십자가를 지신 것만 생각하지, 그 다음에 사탄이 지배하던 지옥에서 사탄과 싸워 사탄이 가지고 있던 죽음의 권세를 깨뜨리시고 부활하셨다는 것은 잘 생각하지 않는 경향이 있습니다. 이것을 생각해 본다면 우리가 얻은 영원한 생명과 죄와 사망으로부터 얻은 자유는 예수님께서 피 흘려 죽으시기까지 싸워서 빼앗아 주신 자유라고 하는 사실을 인식할 수가 있습니다. 자유는 그냥 주어진 것이 아닙니다. 우리도 이 자유를 지키기 위해서는 원수 마귀와 대적해야 합니다. 오늘도 마귀는 두루 삼킬 자를 찾아다니고 있기 때문입니다.

"근신하라 깨어라 너희 대적 마귀가 우는 사자 같이 두루 다니며 삼킬 자를 찾나니"(베드로전서 5장 8절)

자유를 지키기 위해서는 싸워야 합니다. 나라를 지키기 위해서도 적과 싸워야 합니다. 지금 우리 나라는 적이 누구인지를 잊어버리고 우왕좌왕하고 있습니다. 사실 우리 나라의 형편은 사방에 적으로 우겨 싸임을 당한 형국입니다. 이것을 타개하는 길은 자강의 길 밖에 없습니다. 스스로 힘써 강해져야 합니다. 그래야 조상들이 피 흘리며 싸워서 지킨 이 나라를 지킬 수 있습니다. 패트릭 헨리는 "우리에게 자유를 달라. 그렇지 않으면 차라리 죽음을 달라!"고 외쳤습니다. 외세의 간섭을 받지 않는 자유는 생명을 주고 바꿀 정도로 소중한 것입니다. 나라를 만들기 위해 실력을 키우고 경제력을 키워야 합니다. 신앙의 자유를 지키기 위해 사탄을 대적해야 합니다. 죄악과 싸워 이겨야 합니다.

> "예수께서 대답하시되 진실로 진실로 너희에게 이르노니 죄를 범하는 자마다 죄의 종이라 종은 영원히 집에 거하지 못하되 아들은 영원히 거하나니 그러므로 아들이 너희를 자유케 하면 너희가 참으로 자유하리라"(요한복음 8장 34-36절)

그리스도께서 우리에게 자유를 주셨습니다. 이 자유를 온 땅과 만민들이 누릴 수 있도록 죄악과 싸워 물리치고 참 자유를 전해야 합니다. 우리 나라가 외세와 싸워 이길 수 있도록 강한 나라가 되도록 힘써 기도하며 자유를 지키는 애국적 그리스도인들이 되어야 할 것입니다.

하나가 되도록 단결해야 합니다

적전분열(敵前分裂)이라는 말이 있습니다. 적들이 쳐 들어오는 상황에서 갈라져 나뉘는 상황을 말합니다. 지금으로부터 100년 전 조선의 상황이 그러했습니다. 오랫동안 중국의 영향 아래 있던 우리 나라를 중국이 쇠퇴한 틈을 타서 서구 열강들이 잡아먹으려고 달려들었습니다. 러시아, 영국, 프랑스, 독일, 미국, 일본 등이 달려들었습니다. 이렇게 달려드는 적들 앞에서 조선은 친러파, 친청파, 친일파로 갈라졌습니다. 단결해도 나라를 지키기 어려운 상황에서 분열하고 이합집산을 거듭하는 가운데, 일본이 청일전쟁과 러일전쟁에서 승리하면서 조선을 삼켜 버리고 만 것입니다. 지금의 상황도 크게 다를 바가 없습니다.

미국의 절대 영향권 아래 있던 한국이 새 정권이 들어서고 이라크 전쟁으로 인해 미국과 틈이 벌어진 사이를 중국이 파고들었습니다. 집권 여당에 많은 사람들이 중국을 가장 친해야 할 나라라고 생각하고 있습니다. 여전히 일본은 경제적 우위를 바탕으로 버티고 있습니다. 이런 속에서 여당과 야당, 보수와 진보, 소장파와 노장파로 국론이 분열되고 있습니다. 이것은 위기의 징조입니다. 지금 우리 나라는 경제적, 정치적, 외교적으로 위기를 맞고 있습니다. 이때 굳세게 단결하는 길만이 우리가 살길임을 자각해야 합니다.

"그러므로 굳세게 서서"(갈라디아서 5장 1절 하반절)

굳세게 선다는 말은 반석 위에 선다는 말이요, 반석은 예수 그리스도를 뜻합니다. 그러므로 오직 예수를 믿는 믿음의 반석 위에 굳게 서서 하나될 때 흔들리지 않는 신앙의 공동체가 될 수 있다는 말씀입니다. 나라도 마찬가지입니다. 굳세게 단결해야 합니다. 민주주의 사회는 다양성이 생명입니다. 여러 의견이 나와야 정상이고 소수의 의견도 존중되어야 합니다. 대내적으로는 언제나 토론을 벌이고 때로는 격론을 벌이고 내가 옳니 네가 옳니 하다가 끝내는 죽일 놈, 살릴 놈 할 수도 있습니다. 그러나 대외적으로는 한 목소리가 나야 합니다. 그렇지 않으면 콩가루 집안으로 비춰져서 남들이 우습게 보기 때문입니다. 미국이나 영국이나 일본이나 다른 나라를 보십시오. 안에서는 여당과 야당이 으르렁거리며 싸우다가도 국가적인 이익이 걸린 문제가 대두되면 오직 자기 나라만이 있을 뿐입니다. 이렇게 단결하기 때문에 강한 나라가 되는 것입니다. 우리는 적들 앞에서 싸우기 때문에 주변국들에게 계속 당하기만 하는 것입니다.

영국의 유명한 역사가이자 문명비평가였던 토인비(Arnold J. Toynbee, 1889-1975)는 역사의 연구에서 인류 역사에서 한 시대를 일으키고 사라진 문명이 28개가 되는데, 그 문명을 주관하던 민족이 망하는 이유 세 가지를 들었습니다. 첫번째가 권력층이 독재하는 경우요, 둘째가 국민 대다수가 애국심을 잃은 경우이며, 셋째가 사회 분위기가 결속되지 않을 경우입니다.

조선조 말 단결하지 않았고, 한국전쟁 때에는 심각하게 정치적으로 대립하고 좌우가 분열되었습니다. 또 지금이 그런 양상을 띠고 있습니다. 우리 그리스도인들은 위기의식을 가지고 나라를 위해 기도하고 굳세게 단결해야 할 것입니다.

유대인들은 1870년 간 나라를 잃고 유리하면서도 민족혼을 잃지 않고 나라를 되찾아 세계사에 가장 강한 흔적을 남긴 독특한 민족입니다. 그 이유가 무엇인지 연구해 보았더니 세 가지의 큰 이유가 발견되었습니다. 그것은 율법과 율법을 해석한 탈무드 그리고 유월절 의식입니다.

유월절 의식을 지내면서 각 가정에서 아버지가 자녀들을 모아 놓고 15가지 순서를 진행합니다. 그 중에 가장 중요한 의식이 '마기드'라는 유월절의 의미를 설명하는 의식입니다. 이때 가족 중 막내가 아버지에게 이와 같이 질문합니다. "아버지, 오늘 밤이 다른 밤들과 무엇이 다릅니까?" 그러자 아버지는 "우리는 애굽에서 바로의 종이었단다."라고 말하면서 그의 조상들이 어떻게 애굽에 들어가게 되었고, 어떻게 고난당했으며, 바로가 얼마나 강퍅하고 악했는지, 또 10가지 재앙으로 모세가 어떻게 이스라엘을 해방시켰는지를 설명합니다. 그리고 오늘날 모든 종류의 억압으로부터 이스라엘과 인류를 해방시킬 사명이 있음을 권고합니다. 그러면서 유월절에 맞는 세 가지 음식의 의미를 설명합니다.

먼저 유월절 양(양의 뼈)은 열 번째 재앙 때 희생된 양을 상징합니다. 그리고 무교병 세 쪽은 조상들의 가난과 출애굽 당시의 다급한 상황 그리고 해방의 기회에 지체할 수 없었음을 상징합니다. 마지막으로 쓴 나물은 애굽에서 조상들의 고통을 상징합니다. 그리고 이런 의식을 매 년 똑같이 행하므로 수천 년의 민족정신을 이어오고 단결할 수 있었던 것입니다.

"모든 겸손과 온유로 하고 오래 참음으로 사랑 가운데서 서로 용납하

고 평안의 매는 줄로 성령의 하나 되게 하신 것을 힘써 지키라"(에베소서 4장 2-3절)

굳세게 단결하기 위해서는 겸손해야 합니다. 온유해야 합니다. 또 오래 참아야 합니다. 사랑하는 마음으로 서로 다른 것을 용납해야 합니다. 사탄의 전략은 분열을 일으켜 불안을 조성하는 것이요, 성령의 전략은 하나 되게 하셔서 평안을 주시는 것입니다. 성령의 인도하심을 받아 가족이 하나 되도록, 교회가 하나 되도록, 나라가 하나 되도록, 민족이 하나 되도록 힘써 교육하고 애국애족을 실천하는 애국적 그리스도인들이 되시기를 바랍니다.

노예근성을 뿌리 뽑아야 합니다

〈겨울연가〉라는 우리 연속극이 일본에서 히트하면서 배용준 씨가 '욘사마'라는 극존칭을 받고 폭발적인 인기를 누리고 있습니다. 일본의 개인 홈페이지 중 최다 접속 기록을 세웠고 2004년 전반기 히트상품 2위에 올랐습니다. 춘천에서 겨울연가를 촬영한 집에는 하루 300명의 일본 관광객이 다녀간다고 합니다. 그러면 과연 일본 연속극이 한국에서 이렇게 인기를 끌 수 있을까요? 아직은 요원하다고 봅니다.

여러 나라 사람이 탄 배가 파선되어 보트를 타게 된 열 명의 승객들이 있었습니다. 보트에는 일곱 명밖에 탈 수 없어서 물이 자꾸 들어오고 침몰 직전이 되어 할 수 없이 세 명이 보트에서 뛰어내리기로 했습니다. 서로 눈치를 보면서 침묵이 흘렀습니다. 먼저 영국 사람이 "제가 대영제국의 신사도를 발휘하겠습니다." 하고 뛰어 내렸습니다. 그 다음 미국 사람이 "세계 최강국의 위신을 생각해서 제가 희생하겠습니다." 하고 뛰어 내렸습니다. 그 다음 한국 사람이 벌떡 일어나 '대한 독립 만세!' 를 세 번 외치더니 옆에 있는 일본 사람을 밀어버렸습니다.

우스개 이야기지만 이 속에는 뼈가 있습니다. 우리 민족은 아직도 일본에 대한 콤플렉스가 남아 있습니다. 이제 일본을 미워하고 반대하기보다는 극복하고 넘어서는 극일(克日)을 해야 할 때입니다.

"다시는 종의 멍에를 메지 말라"(갈라디아서 5장 1절)

멍에가 무엇입니까? 멍에는 말과 소의 목에 얹어 수레나 쟁기를 끌게 하는 둥그렇고 구부러진 막대로서 포로의 속박이나 종의 생활을 상징합니다. 본문에서는 인간 생활을 규제하는 율법의 속박을 나타내는 뜻으로 상용되고 있습니다. 종의 멍에를 메지 말라는 말씀은 복음을 받아들인 성도들이 다시 율법으로 돌아가 율법적 생활에 얽매이면 안 된다는 말씀입니다.

사람은 참으로 묘해서 나이 들면 고향이 그립고 고생했던 옛 추억까지도 아름답게 느껴집니다. 어느 시인이 읊은 시구 중에 "추억은 아름다워 밉도록 아름다워"라는 구절이 생각납니다. 출애굽기를 보면 애굽에서 400년 간 종살이로 극심한 고난 끝에 탈출한 이스라엘이 광야 생활의 고달픔에 견디지 못할 때마다 애굽으로 돌아가자며 반란을 일으키는 것을 볼 수 있습니다.

가끔 일제시대를 사셨던 어른들 중에 일본을 찬양하고 그 시대를 동경하는 분들을 볼 수 있습니다. 이런 것을 가리켜 노예근성이라고 말합니다. 무엇이든지 남의 지시가 있어야만 행동하고 자주적으로 행동하지 못하는 성질로서 굴종적이고 타성적이며 의존적인 특징을 가지고 있습니다. 우리 나라 사람들에게 노예근성이 있다고 말하면 펄쩍뛰겠지만 우리 나라 사람들에게 사대주의 정신이 농후한 것은 사실입니다. 우리 나라의 역사 대대로 주체성 없이 세력이 강한 나라를 좇아 자기의 존립을 유지하려는 의식이 깊었던 것입니다.

우리 나라는 해방 이후 미국을 의지했습니다. 요즈음에는 진보 정권이 들어서더니 중국 쪽으로 기울어지다가 한 방 얻어맞고 이래서는 안 되겠다고 정신을 가다듬는 중입니다. 우리 모두 해방 후 선각자들이 했던 말을 귀담아 들어야 합니다.

"미국을 믿지 말고, 소련에게 속지 말고, 일본이 일어나고, 되놈(중국)이 되돌아온다."

북한은 소련에게 속았습니다. 남한은 미국을 하나님보다 더 믿다가 요즈음 사이가 벌어지고 있습니다. 일본이 대국이 되었고, 중국이 엄청난 힘으로 되돌아 왔습니다. 그러면 누구를 의지할까요?

"방백들을 의지하지 말며 도울 힘이 없는 인생도 의지하지 말찌니"(시편 146편 3절)

"야곱의 하나님으로 자기 도움을 삼으며 여호와 자기 하나님에게 그 소망을 두는 자는 복이 있도다"(시편 146편 5절)

사람을 의지하면 비굴해지고 하나님을 의지하면 담대해집니다. 하나님을 의지하면 노예근성을 뿌리 뽑고 자유를 지키고 평안을 누릴 수 있습니다. 우리 모두 신앙의 자유를 지키고 정치적 자유를 지키는 복음적이고 애국적인 신앙인들이 되시기 바랍니다. 굳세게 단결하여 주께서 주신 자유를 지키고 조상들이 피 흘려 세운 나라를 번영의 길로 인도합시다. 우리의 정신 속에 들어 있는 노예근성을 벗어 버리고 자유를 누리고 인류 공영에 이바지하는 나라를 만들어 나가는 일에 앞장서는 그리스도인들이 되시기를 바랍니다.

21_당신은 이 땅의 거룩한 씨앗이다

| 이사야 6장 8-13절 |

영국이 낳은 20세기 최고의 역사학자 토인비는 『역사의 연구』에서 "역사는 많은 사람들에 의해 발전하는 것이 아니다. 비전을 갖고 미래를 향해 오늘 닥쳐오는 시련을 이겨나가는 소수의 사람들에 의해 새롭게 창조되어 나간다."고 말했습니다. 이 소수의 사람들, 즉 내일을 만들어 가는 기수들을 가리켜 '창조적 소수'라고 말합니다. 창조적 소수라는 말과 같은 뜻을 가진 우리말은 무엇일까 생각해 보았지만 잘 생각이 나지 않습니다. 불씨, 종자와 같은 말이 비슷한 뜻을 가지고 있으나 똑같은 말은 아닌 것 같습니다.

그래서 성경 속에서 창조적 소수라는 말과 같은 뜻을 가진 말이 있는가 하고 찾아보았습니다. 그랬더니 바로 본문 말씀 속에 창조적 소수라는 말보다 더 훌륭한 뜻을 가진 말씀이 있는 것을 발견했습니다.

13절에 그루터기와 거룩한 씨 같은 단어들입니다. 이스라엘 민족이 강대국의 침략으로 다 멸망당해 흩어진 상황에 있을지라도 남은 자를 통해 다시 회복시키겠다는 하나님의 말씀입니다. 큰 나무를 베어내도 그루터기는 남습니다. 그 그루터기에서 새순이 나는 날이 올 것이라는 뜻입니다. 그래서 그것을 거룩한 씨라고 하고 '남은 자의 사상'이라고도 합니다.

남은 자를 히브리 말로 '세어리트' 라고 하는데, 이는 환난과 핍박 속에서도 살아남아 새 이스라엘을 구성하게 될 사람들을 뜻하는 말입니다. 이스라엘이 범죄하고 우상을 섬겨 하나님으로부터 떠날 때 하나님께서 진노하셔서 인생 막대기와 사람 채찍으로 애굽, 앗수르, 바벨론, 페르시아, 그리이스, 로마 등을 사용하셨습니다. 이런 대환난을 반복해서 겪는 가운데에서도 살아남는 자가 있습니다.

"팟종이가 남긴 것을 메뚜기가 먹고 메뚜기가 남긴 것을 늣이 먹고 늣이 남긴 것을 황충이 먹었도다"(요엘서 1장 4절)

여러 가지 메뚜기 종류가 계속 먹고 지나가 황량하게 된 들판과 같이 이스라엘을 여러 강대국이 훑고 지나갈 것을 예언한 말씀입니다. 그래도 남은 자가 있었습니다. 황충 떼가 휩쓸고 지나간 황량한 들판에 한 줄기 남은 풀잎처럼 살아남은 신실한 사람들을 남은 자라고 표현하고 있습니다.

엘리야 시절 아합과 이세벨의 모진 박해 속에서도 기도하는 용사 7,000명을 남겨 놓으신 하나님께서 아무리 열악한 환경이라 할지라도 하나님을 경외하는 소수의 무리를 소망의 싹으로 남겨 놓으신 것입니다. 이 소수의 무리들은 다른 사람들이 별로 심각하게 생각하지 않고 있는 진리를 사랑하고 귀중히 여기는 사람들입니다. 이사야는 당시 이런 사람들을 향하여 남은 자(Remnant, 셰어리트)라고 부른 것입니다. 그들은 악한 시대의 심판으로부터 남겨두신 소수의 의인들이었습니다.

창조적 소수와 남은 자가 다른 점이 있다면 전자는 자신이 똑똑해서 세상을 변화시키는 주역이 되는 사람들을 말하지만, 후자는 자신이 똑똑한 것이 아니라 하나님의 은총을 받아 남게 되었다는 점에서 다릅니다. 올해도 세상에서 많은 사람들이 죽고, 상하고, 사라지고, 믿음을 저버리고 하나님 곁을 떠나갔습니다. 그런 속에서도 하나님은 우리를 살려 주셔서 건재하게 남겨두셨습니다. 이것은 우리가 창조적 소수와 같이 똑똑한 사람이요, 생존 경쟁에서 승리했기 때문이 아닙니다. 순전히 하나님의 은총을 입은 것입니다. 그러기에 감사하고, 그러기에 주님 뜻대로 살겠다고 고백을 하게 되는 것입니다.

우리를 오늘까지 남겨두셔서 새날을 맞이하게 하신 주님의 뜻이 무엇일까요? 그 뜻을 발견하기 위해 오늘 하나님의 음성을 듣고, 사명을 재발견하고, 남은 자가 되어 이 땅을 하나님의 나라로 만들어 가는 거룩한 씨앗이 되고자 결단하는 우리 자신이 되기를 소망합니다.

하나님의 음성을 들어야 합니다

남은 자가 되기 위해서는 먼저 하나님의 음성을 들어야 합니다. 주인의 음성을 듣지 않는 종은 종의 자격이 없습니다. 아주 어리석은 종이 있었습니다. 저녁에 주인이 종을 불렀습니다. "애야, 내일 읍내에 5일장이 서는 날이다. 장을 볼 일이 있으니까 일찍 자고 새벽장에 갔다 오너라." "예, 나으리." 하고는 등불을 끄고 일찍 잠을 잡니다. 주인 나리가 새벽에 일어나 종을 깨우기 위해 방문을 여니까 종이 없습니다. '얘가 어딜 갔나?' 하고 여기저기 찾아도 없습니다. 얼마 후에 땀을 흘리며 가쁜 숨을 몰아쉬며 종이 뛰어 들어옵니다.

"주인 나리 다녀왔습니다."

"아니 어딜 다녀왔느냐?"

"예 새벽장에 다녀왔습니다."

"그래 무얼 사가지고 왔느냐?"

"주인 나리가 새벽장을 보고 오라고 하셔서 그냥 다녀오는 길인데요."

"이런 바보 멍청이 같은 놈이라고! 그래, 돈을 받아서 물건을 사와야지, 그냥 뭣 하러 뛰어갔다 오냐?"

하나님의 일꾼은 먼저 하나님의 음성을 들어야 합니다.

"… 때에 그 스랍의 하나가 화저로 단에서 취한바 핀 숯을 가지고 내게로 날아와서 그것을 내 입에 대며 가로되 보라 이것이 네 입에 닿았으니 네 악이 제하여졌고 네 죄가 사해졌느니라 하더라 내가 또 주의 목소리를 들은즉 이르시되 내가 누구를 보내며 누가 우리를 위하여 갈꼬"(이사야 6장 6-8절)

이사야가 하나님의 음성을 듣고 선지자로 소명을 받는 장면입니다. 6절에 말하는 '때'는 1절에 보면 웃시야(B.C 792-740 재위, 유다 왕국의 10대 왕) 왕이 죽던 해를 말합니다. 웃시야 왕은 농업을 발전시키고 군사력을 강화하였으며, 나라를 잘 다스렸습니다. 자그마치 52년 간 왕위에 있었는데, 말년에 교만해져서 제사장의 권리를 침해하므로 하나님의 진노를 사서 문둥병자로 죽게 되었습니다. 옛날 왕이 죽으면 하늘이 무너졌다고 말하고 국가적으로 큰 난리가 나는 법인데, 자그마치 52년 간 왕위에 있었으니 백성들의 마음이 얼마나 불안했을지 짐작할 수 있습니다.

그때 하나님께서 이사야에게 음성을 들려 주셨습니다. 백성들에게 '걱정하고 염려하지 말라. 하나님께서 우리와 함께하시면 어떤 어려움 속에서도 승리할 수 있다.'는 확신을 심어 주라는 메시지를 주신 것입니다. 하나님께서 이사야를 메신저로 삼으시기 전에 먼저 하나님 자신을 보여 주셨습니다. 그 다음에 스랍이 제단 화로에서 벌겋게 핀 숯을 화저로 집어서 이사야의 입에 대었습니다.

7절에 "네 악이 제하여졌고 죄가 사하여졌느니라"는 말씀처럼 부정한 모든 것을 태우시고 정결케 하기 위함이었습니다. 이제부터는 세상 이야기와 더럽고 추하고 악한 이야기는 입 밖에도 담지 마라 하시는 하나님의 명령인 것입니다. 그 다음에 하나님의 음성이 들려 왔습니다.

"내가 누구를 보내며 누가 우리를 위하여 갈꼬?"

하나님께서 쓰실 만한 신실한 종이 없어서 안타까이 찾으시며 탄식하시는 음성이었습니다.

"하나님! 위대한 대제사장도 있고, 수많은 제사장들이 있고, 서기관들이 있고, 선지학교 출신의 쟁쟁한 선지자들이 있지 않습니까?"

"아니다. 그들은 너무 기름이 끼었고 배불렀으며, 백성들의 아픔도 모르고 나 여호와 하나님의 심정을 모르느니라."

화려한 경력과 든든한 배경을 가진 수많은 사람들 중에 하나님께서 보실 때 쓸 만한 일꾼이 없었다는 사실은 우리에게도 시사하는 바가 대단히 큽니다. 몇 년 전만 해도 노무현 대통령 당선자가 대통령이 되리라고 생각하는 사람은 거의 없다시피 했습니다. 그보다도 유력한 사람은 수도 없이 많았습니다. 민주당에서조차 그가 후보가 되리라는 꿈도 꾸지 않은 채 경선이 시작되었습니다. 한화갑, 이인제, 정몽준, 이회창 등 그가 넘은 산이 많았습니다.

어떻게 이런 일이 일어났을까요? 그의 인물이 출중해서가 아닙니다. 그의 얼굴은 정치권에서 가장 못생겼습니다. 그의 학벌이 좋아서도 아닙니다. 그는 상고를 졸업한 사람입니다. 그의 배경이 든든해서가 아닙니다. 돈도 없고, 빽도 없고, 국회의원 한 사람의 지지로 시작했습니다. 그런데 결과는 대통령이 되었습니다. 왜냐하면 상대적으로 다른 사람들에게 흠이 너무 많았기 때문입니다. 반면에 그는 남들보다 잘난 것이라고는 하나 없지만 자신에게 주어진 고난의 길을 꿋꿋이 헤쳐 나오고, 국가의 큰 골칫거리였던 지역주의를 깨기 위해 자기의 몸을 던지면서 끝내 양지를 지향하기보다는 대의를 따라 소신 있게 살아왔기 때문입니다.

모든 사건 속에는 하나님의 뜻이 담겨 있습니다. 그 사건을 통해서 들려 주고자 하시는 하나님의 메시지를 들어야 합니다. 북한의 김정

일이 핵폭탄을 가지고 위험한 거래를 하고 있습니다. 이 사건을 통해서도 우리에게 주시는 하나님의 메시지를 들을 수 있어야 합니다. 북한 공산당을 지탱하는 정신이 주체사상입니다. 주체사상을 강조하다가 굶어 죽거나 망하게 되었습니다. 그런데도 주체사상은 자존심을 끝까지 지키자는 사상인고로 굽실거리며 얻어먹지 않겠다는 겁니다. 즉 알아서 가져다 달라는 것입니다. 저들이 얼마나 자존심을 세우냐 하면 김정일이 중국을 시찰하고서 중국을 모델로 삼고 경제 개혁을 선언했습니다. 그리고는 러시아 사람들을 데려다가 신의주 특구 계획을 세웠습니다. 그러니까 중국이 신의주 특구 장관에 임명한 양빈을 잡아간 것입니다. 북한에 가서 중국식 개방이라는 말을 하면 제일 싫어합니다. 중국 것을 베껴오고도 북한 사람들은 우리식 개방이라는 말을 사용합니다. 이런 자존심 덩어리와 강경한 미국의 부시가 부딪치면 전쟁이 날 수밖에 없는 것입니다.

그래서 하나님은 지금 우리에게 깨어 기도하라고 사인을 보내시고 있습니다. 노무현 당선자에게 겸비하라고 사인을 보내고 있습니다. 웃시야가 죽던 해에 왕을 잃고 망연자실한 백성들을 위해 음성을 들려주신 하나님께서 경험이 짧고 젊은 대통령을 맞아 불안해 하는 우리 국민들에게 깨어 기도하여 하나님의 음성을 들으라고 말씀하십니다.

"대저 저는 우리 하나님이시요 우리는 그의 기르시는 백성이며 그 손의 양이라 너희가 오늘날 그 음성을 듣기를 원하노라"(시편 95편 7절)

하나님의 음성을 들으십시오. 하나님께 나라를 위하여, 교회를 위하여, 가정을 위하여 부르짖으십시오. 하나님께서 이 나라를 안전하게 보호하시고 우리를 사랑과 평안의 길로 인도해 주실 것입니다.

사명을 깨달아야 합니다

아직까지 소명과 사명에 대해 분명하고 탁월하게 설명하는 책이 없다고 생각합니다. 소명(召命, Calling)은 사전적 의미로 임금이 신하를 부르는 명령을 뜻합니다. 성경적으로 볼 때는 하나님의 일을 하도록 부르심을 받는다는 뜻입니다. 반면에 사명(使命, Mission)은 사절이나 사신이 받든 명령입니다. 이것은 맡겨진 임무 그 자체를 의미합니다.

소명이나 사명 모두 주체는 내가 아니고 하나님입니다. 그런데 소명은 부르심 자체를 뜻하고 사명은 부르셔서 맡기신 일을 말합니다. 그러니까 사명을 깨달아야 한다는 말은 하나님이 나를 부르셨다는 분명한 확신, 즉 소명이 있느냐는 문제가 선행되어야 합니다. 소명은 체험과 관계가 깊습니다. 음성을 들었거나, 환상을 보았거나, 기적을 체험했거나 하는 경우가 이사야 선지자를 비롯한 모세와 사무엘 같은 선지자들에게 공통적으로 나타납니다. 모세는 떨기나무 불꽃을 보고 있을 때 "모세야 모세야 네가 선 땅은 거룩한 곳이니 네 발에서 신을 벗으라"(출애굽기 3장 4-5절)는 하나님의 음성을 들었습니다. 이것이 모세를 부르신(Calling) 것입니다. 그런 다음에 사명을 주셨습니다.

> "이제 내가 너를 바로에게 보내어 너로 내 백성 이스라엘 자손을 애굽에서 인도하여 내게 하리라"(출애굽기 3장 10절)

이것이 모세에게 주신 사명(Mission)입니다. 그렇게 모세에게 일을 맡기신 것입니다. 그 일이 바로 이스라엘 백성을 해방시키는 일이었습니다.

사무엘의 경우를 생각해보겠습니다. 사무엘은 젖을 떼자마자 어려서부터 성전의 엘리 제사장 밑에서 자랐습니다. 어느 날 성전 곁방에서 잠을 잘 때 "사무엘아, 사무엘아" 하는 음성을 들었습니다. 어린 사무엘이 하나님의 음성인 줄 깨닫지 못하고 벌떡 일어나 엘리 제사장에게로 달려갔습니다. 그런데 엘리 제사장은 "나는 너를 부르지 않았다. 헛소리를 들었나보구나. 가서 자라."며 돌려보냅니다. 그렇게 하기를 세 번이나 반복하고 나니 그제서야 엘리 제사장이 하나님께서 사무엘을 부르시고 계심을 깨달았습니다. 그래서 엘리는 "하나님께서 너를 부르시는가보다. 이번에 다시 부르는 소리가 들리면 '여호와여 말씀하옵소서. 주의 종이 듣겠나이다.' 그러려무나."라고 했습니다. 과연 잠자리에 누웠는데 "사무엘아, 사무엘아" 하고 하나님이 부르셨습니다. 사무엘이 얼른 일어나 무릎을 꿇고 "말씀 하옵소서 주의 종이 듣겠나이다"(사무엘상 3장 10절) 하며 응답했습니다. 이것이 바로 소명을 받은 것입니다.

영어로는 소명이 'Calling'이라고 합니다. 문자대로 해석하자면 하나님의 전화를 받은 것입니다. 한편 엘리는 하나님의 소명을 받은 것 같지 않습니다. 이 사실은 대제사장임에도 불구하고 소명을 받지 않을 수 있다는 것을 우리에게 깨우쳐 줍니다. 어떻게 이런 경우가 생길 수 있는 것인지 비근한 예를 통해 이해해 보겠습니다. 무당의 세계를 한 예로 놓고 생각해 봅시다. 무당도 다 같은 무당이 아니라 두 가지

종류의 무당이 있습니다. 신이 직접 내려서 된 강신무당(降神巫堂)이 있고, 선배 무당에게 기술을 배우고 일을 전수 받은 무당을 습득무당(習得巫堂)이라고 합니다.

누가 더 그럴싸할까요? 습득무당입니다. 그러나 누가 더 능력이 있겠습니까? 당연히 강신무당이지요. 강신무당은 사실상 제대로 되고 체계적인 방법 따위는 모릅니다. 능력으로 승부하기 때문에 체계적인 무당 기술을 배울 필요가 없었던 것입니다. 가끔 영화에도 나오지만, 학교 짱하고 태권도반 학생이 싸움이 났습니다. 폼은 누가 좋습니까? 잘 배운 태권도반 학생이지요. 그러나 결과적으로 보면 학교 짱이 이기는 경우가 많습니다.

그러니까 제일 좋은 경우는 무엇일까요? 습득무당이 신을 받으면 금상첨화가 되는 것입니다. 바로 사무엘이 그와 같은 경우였습니다. 어려서부터 대제사장 곁에서 자라나 좋은 종교 교육을 받았던 사무엘이 동시에 하나님의 음성을 직접 듣고 소명을 받아 한 시대를 이끄는 능력 있는 종으로 쓰임 받을 수 있었습니다. 그러면 사무엘은 무슨 사명을 받았을까요?

"사무엘이 자라매 여호와께서 그와 함께 계셔서 그 말로 하나도 땅에 떨어지지 않게 하시니 단에서부터 브엘세바까지의 온 이스라엘이 사무엘은 여호와의 선지자로 세우심을 입은 줄 알았더라"(사무엘상 3장 19-20절)

사무엘은 하나님의 말씀을 전하는 선지자의 사명을 받아 하나님의 말씀을 백성들에게 전했고, 그 말이 그대로 적중하므로 백성들의 마음에 꽂히고 땅에 떨어지지 아니했다는 말씀입니다. 먼저 소명을 받아야 합니다. 체험이 있어야 하고, 음성을 들어야 합니다. 음성을 들었고, 소명을 받았다면 그렇게 하나님의 부르심을 받은 사람은 무직자가 하나도 없습니다. 반드시 일을 주신다는 말입니다. 따라서 사명은 은사와 밀접한 관련이 있습니다. 은사를 주신 것은 은사를 통해 일하라고 사명을 주신 것입니다. 이사야는 이 사명을 깨달았습니다.

> "… 그 때에 내가 가로되 내가 여기 있나이다 나를 보내소서 여호와께서 가라사대 가서 이 백성에게 이르기를 너희가 듣기는 들어도 깨닫지 못할 것이요 보기는 보아도 알지 못하리라 하여 이 백성의 마음으로 둔하게 하며 그 귀가 막히고 눈이 감기게 하라 염려컨대 그들이 눈으로 보고 귀로 듣고 마음으로 깨닫고 다시 돌아와서 고침을 받을까 하노라 내가 가로되 주여 어느 때까지니까 대답하시되 성읍들은 황폐하여 거민이 없으며 가옥들에는 사람이 없고 이 토지가 전폐(全廢)하게 되며 사람들이 여호와께 멀리 옮기어서 이 땅 가운데 폐한 곳이 많을 때까지니라"(이사야 6장 8-12절)

사무엘은 왕을 잃고 나라의 앞날을 걱정하는 백성들에게 위로를 전하며 각성하여 하나님께로 돌아올 것을 외치는 선지자의 사명을 받았던 것입니다. 여러분은 과연 무슨 사명을 받았습니까? 사도 바울은 자신이 이방인의 사도로 임명 받았다는 사명을 깨달았습니다(갈라디아서 2장 8절, 로마서 11장 13절). 그리고 그 사명을 영광스럽게 생각하고 살아도 주를 위하여 죽어도 주를 위하여 주가 맡긴 사명을 위해 사명에 살다가 사명에 죽겠노라 외치며 이방에 나아가 복음을 전했습니다. 그러다가 감옥에 갇히기도 했으나 조금도 사명을 꺾지 않았습니다(에베소서 3장 1절).

사도 바울과 같이 사명을 분명히 깨달으면 감옥 안에서도 자유하고 감사하고 기뻐할 수 있습니다. 여러분의 사명은 무엇입니까? 잘 먹고 잘 사는 것입니까? 쌀밥에 쇠고기 먹는 것 입니까? 돈 많이 벌어 자식에게 상속하는 것입니까? 큰 차 타고, 큰 집 사고, 좋은 옷 입고, 그렇게 살다 그렇게 죽으면 세상 사람과 무엇이 다릅니까? 고상하고 아름다운 사명이 있어야 하지 않겠습니까? 사도 바울의 고백을 들어 보십시오.

"우리 중에 누구든지 자기를 위하여 사는 자가 없고 자기를 위하여 죽는 자도 없도다 우리가 살아도 주를 위하여 살고 죽어도 주를 위하여 죽나니 그러므로 사나 죽으나 우리가 주의 것이로라"(로마서 14장 7-8절)

오직 주의 영광을 위하여 복음 전하며 살겠다는 사명감에 불타는 고백입니다. 나이 많아 무슨 일을 하겠습니까? 그런 말 하지 마십시오. 꺼져가는 불이 마지막 불꽃을 피우면 화력이 강한 법입니다. 시인의 고백을 읽어 봅시다.

"하나님이여 내가 늙어 백수가 될 때에도 나를 버리지 마시며 내가 주의 힘을 후대에 전하고 주의 능을 장래 모든 사람에게 전하기까지 나를

버리지 마소서"(시편 71편 18절)

늙어도 병들게 말고 나로 건강하고 장수하게 해달라고 말하고 있습니다. 내가 오래 살고자 하는 것은 주의 능력과 사랑과 복음을 자자손손 전하고 황무한 이 땅을 성령의 바람이 부는 복음의 땅으로 바꾸고 싶은 사명이 있기 때문입니다. 이 얼마나 아름다운 고백입니까? 여러분들도 소명을 받으시기 바랍니다. 체험하고 음성을 들으십시오. 나아가 사명을 깨닫고 사명에 살고 사명에 죽는 사명자가 되시기를 바랍니다.

거룩한 씨가 됩시다

세상에 믿을 사람 없다고 원망하고 한탄할 것이 아니라 내가 믿을 만한 사람 되면 됩니다. 이것이 거룩한 씨입니다. 세상이 다 썩었다고 원망하고 한탄할 것이 아니라 내가 깨끗한 사람이 되어 세상의 맑은 샘물이 되고, 정화하는 소금이 되면 됩니다. 이것이 거룩한 씨입니다.

옛날 바이킹들이 점점 힘을 얻어 북해의 해상권을 장악하면서 나라들을 침략해 들어가기 시작했습니다. 그들은 여러 나라를 노략질 하다 보니 세상 물정에 도가 텄습니다. 그래서 왕족이나 귀족들이 성적으로 더 타락하고 형편없다는 것을 알았습니다. 그런 가운데 개신교인들의 생활이 단정하고 깨끗한 것을 보고는 개신교 처녀들을 강탈하여 아내로 삼았습니다. 그들 사이에서 자녀가 태어났습니다. 그러나 아버지들은 직업상 집에 있는 날보다는 해적질 하러 나가는 날이 많았기 때문에 가정 교육은 고스란히 어머니들의 몫이 되었습니다. 그래서 아버지는 해적이었지만, 자녀들은 그리스도인으로 자라날 수 있었습니다. 그 덕분에 가정이 변하고 나아가 사회가 변했습니다. 나라는 해적 바이킹들이 이룬 나라인데, 기독교 가정에서 신앙 교육을 받은 2세들이 다스리게 되면서 신사의 나라이자 가장 부유한 나라로 북구 유럽의 국가들이 된 것입니다. 강제로 붙잡혀간 처녀들이 거룩한 씨가 되었던 것입니다.

"그 중에 십분의 일이 오히려 남아 있을지라도 이것도 삼키운 바 될 것이나 밤나무, 상수리나무가 베임을 당하여도 그 그루터기는 남아 있는 것같이 거룩한 씨가 이 땅의 그루터기니라"(이사야 6장 13절)

하나님께서 심판하시는 날이 되면 유대 땅의 모든 사람들이 다 전쟁에 죽고 포로로 잡혀가고 십분의 일도 남지 않게 될 것입니다. 그들 중에도 기근과 전염병과 떼강도와 여러 가지 환난으로 인하여 다 쓰러져서 마치 산의 나무가 다 쓰러지고 그루터기만 남아 있는 것 같이 될 것이라고 말씀하고 있습니다.

하나님께서 명령하셔서 에스겔이 골짜기의 해골들을 향하여 "마른 뼈들아 너희가 살리라"라고 외치니 이 뼈 저 뼈가 들어맞아서 서로 연락하고, 그 위로 힘줄이 생기고, 살이 돋아 오르고 가죽이 덮였습니다. 아직 생기가 없을 때에 "생기야 사방에서부터 와서 이 사망당한 자에게 불어서 살게 하라"고 외치자 생기가 들어가 그 뼈들이 일어나 사람이 되고 큰 군대를 이루게 되었습니다(에스겔 37장 4-10절). 이 환상에서와 같이 아무 소망이 없어 보이는 그루터기에서 새롭게 싹이 나고 잎이 돋고 꽃이 피고 열매를 맺어 나아가 숲을 이루게 되리라는 희망의 메시지를 주시는 것입니다. 내가 거룩한 그루터기요 거룩한 씨앗이 되는 것이 중요합니다.

여호와께서 사람의 죄악이 세상에 관영함과 그 마음의 생각과 모든 계획이 항상 악할 뿐임을 보시고 땅 위에 사람 지으셨음을 한탄하사 사람과 육축과 기는 것과 공중의 새까지 쓸어버리시기로 작정하여 사십 주야로 비를 쏟아 부으셨습니다. 완전히 세상에 있는 모든 동물이 다 멸절되는 엄청난 재앙이 임한 것입니다. 이것이 이름하여 노아 대홍수입니다. 이 때 몇 사람이 살아남았습니까? 오직 노아의 가족 8명, 이들이 바로 이 땅의 거룩한 씨앗이 되었던 것입니다.

혹시 롤랑 조페(Roland Joffe)가 감독을 맡고 로버트 드니로(Robert De Niro)가 주연한 영화 〈미션(Mission)〉을 보셨습니까? 감동의 명화인데 줄거리는 다음과 같습니다. 노예 사냥꾼 멘도사는 동생이 자신의 애인을 사랑한 것을 참지 못한 나머지 그를 살인하여 감옥에 들어갑니다. 선교사인 가브리엘은 멘도사를 교화시키기로 하고 감옥에서 끌어내어 멘도사가 노예 사냥을 하던 밀림 깊숙한 원주민 마을로 데리고 들어갑니다. 자기 가족들을 잡아간 멘도사가 나타나자 심하게 거부하던 원주민들도 멘도사의 변화된 모습을 보자 용서하고 함께 생활하게 됩니다. 온 마을 주민과 멘도사가 가브리엘 선교사를 도와 신앙 공동체 생활을 평화롭게 영위해 나가던 때에 밀림 숲 속 원주민 마을이 강대국들의 영토 싸움에 휘말리면서 총으로 무장하고 쳐들어오는 군인들과 맞서게 됩니다. 가브리엘 선교사는 자신의 믿음대로 십자가를 들고 적들을 향해 나아가다가 총에 맞아 죽고, 멘도사는 과거 자신이 잘

쓰던 칼과 총을 가지고 맞서 싸우다가 결국 총에 맞아 죽습니다. 이 같은 혈전으로 마을 사람들이 다 죽어 폐허가 된 마을을 뒤로 한 채 살아남은 몇몇의 어린 아이들이 통나무배 한 척을 타고 쓸쓸히 떠나가는 장면으로 영화는 막을 내립니다.

영화의 내용과 아름다운 장면, 장엄한 음악, 특히 오보에 연주는 잊을 수가 없습니다. 영화가 끝나면 관람하던 사람들이 눈물을 닦느라고 한동안 정신이 없을 정도로 감동적인 영화입니다. 저는 영화의 마지막 장면을 자주 음미하며 그것이 시사하는 바를 묵상해 보았습니다. 그렇습니다. 그들이 바로 남은 자입니다. 그 어린이들이 있는 한, 복음으로 거듭났던 그 부족은 다시 이 땅 어딘가에서 생명력을 이어가게 될 것입니다. 이 어린이들이 거룩한 씨앗인 것입니다. 저는 그 장면을 통해 감독이 말하고자 한 메시지가 바로 이것이었으리라고 이해했습니다. 우리 그리스도인들은 단순히 살아남은 자가 될 것이 아니라 궁극적으로 거룩한 씨앗 되는 것이 목적임을 알아야 합니다. 거룩한 씨앗이 되고자 하는 성도들의 삶에 대하여 아모스 선지가가 다음과 같이 말했습니다.

> "너희는 악을 미워하고 선을 사랑하며 성문에서 공의(公儀)를 세울찌어다 만군의 하나님 여호와께서 혹시 요셉의 남은 자를 긍휼히 여기시리"(아모스 5장 15절)

악을 미워하고, 선을 사랑하며, 공의를 세울 때 그 남은 자에게 하나님께서 긍휼을 베푸사 거룩한 씨앗을 삼으시고 30배, 60배, 100배로 창대하게 넘치는 복을 내려 주실 것입니다. 예수님은 죽어야 사는 법을 가르쳐 주셨습니다. 내가 죽으면 가정이 살고, 내가 죽으면 교회가 살고, 내가 죽으면 나라가 삽니다. 나라를 살리고, 교회를 살리고, 가정을 살리려면 잘 죽어야 합니다. 잘 썩어야 합니다.

> "내가 진실로 진실로 너희에게 이르노니 한 알의 밀이 땅에 떨어져 죽지 아니하면 한 알 그대로 있고 죽으면 많은 열매를 맺느니라"(요한복음 12장 24절)

어제를 보내고 오늘 새 하루를 살아가는 남은 자 되게 하신 하나님께 감사를 드립시다. 우리 모두 나를 향한 하나님의 음성을 들으시기 바랍니다. 사명을 깨달아 사명에 살고 사명에 죽는 참 사명자가 되시기 바랍니다. 거룩한 씨앗이 되어 가정과 교회와 나라를 살리는 남은 자들이 되시기 바랍니다.